财富直通车

基金投资入门与技巧

杨　琪　编著

U0360404

清华大学出版社

北　京

内 容 简 介

本书以介绍基金投资的知识和技巧为主,内容全面、案例丰富。将初学者投资基金所必须掌握的知识进行了搜罗归纳,并且配以详尽的要点解析、大量的经典案例讲解,使读者能够尽快掌握各种实战能力和操作技巧,更好地选择投资目标,及时把握市场投资机会。

本书共分为 7 章,主要内容包括快速认识基金、如何选择适合自己的基金、如何购买基金、各类型基金交易要点、基金投资的操作技巧、基金投资的风险防范及投资基金的常见问题等相关知识。

本书适合广大初学者、爱好者进行基金投资的入门学习,同时,也可供基金投资的从业者、研究者、高校师生以及所有立志成功的人士阅读参考。

图书在版编目(CIP)数据

基金投资入门与技巧/杨琪编著. 一北京:清华大学出版社,2012.1(2021.1 重印)
(财富新观念)
ISBN 978-7-302-27149-9

Ⅰ. ①基… Ⅱ. ①杨… Ⅲ. ①基金—基本知识 Ⅳ. ①F830.59

中国版本图书馆 CIP 数据核字(2011)第 214049 号

责任编辑:邹 杰 杨作梅
封面设计:山鹰工作室
版式设计:杨玉兰
责任印制:吴佳雯
出版发行:清华大学出版社
    网 址:http://www.tup.com.cn, http://www.wqbook.com
    地 址:北京清华大学学研大厦 A 座   邮 编:100084
    社 总 机:010-62770175   邮 购:010-62786544
    投稿与读者服务:010-62776969, c-service@tup.tsinghua.edu.cn
    质量反馈:010-62772015, zhiliang@tup.tsinghua.edu.cn
印 装 者:三河市龙大印装有限公司
经 销:全国新华书店
开 本:170×240 印 张:15.75 字 数:248 千字
版 次:2012 年 1 月第 1 版   印 次:2021 年 1 月第 17 次印刷
定 价:45.00 元

产品编号:041344-02

前　　言

投资理财的方式有很多种。在过去，人们乐于将钱存入银行，这样做既安全又可以得到利息。进入 20 世纪 90 年代，炒股大军改变了人们先前的存钱心理，一部分人倾向将资金投入股市。炒股有很大的收益，但是高收益伴随着的是高风险，这让很多投资者尝到了亏损的苦果。近几年，艺术品收藏市场不断升温，但是如果投资者没有相应的专业知识和一定的收藏经验，很容易遭受巨大损失。

基金，在我国兴起于 20 世纪 90 年代初期，由于其风险相对较低、收益较高，同时又有专业人员帮助管理，因此得到越来越多投资者的青睐。在众多的投资理财产品中，基金是最适合大众的投资选择。

本书从基金的基本知识入手，逐层递进介绍投资基金的相关知识，并且通过大量的实际案例和专业的投资分析，为广大基金投资者的理财之路奠定基础。本书从基金的基本概念到基金的选择购买、从基金的投资技巧到风险防范，以及投资基金常见问题的解析，力求全面介绍基金的相关知识，帮助投资者走好基金理财的每一步。

如果你还在为选择投资理财方式而犹豫，那可以阅读此书，我们将为你打开投资理财的大门；如果你是基金投资的新手，可阅读此书，我们会帮助你快速掌握基金的基本知识和投资技巧；如果你已经投资基金，依然可以阅读此书，他人的投资经验和教训都会对你的投资有所帮助，让你在未来的基金投资中少走弯路。

衷心地祝愿广大投资者通过阅读此书能够对自己的基金投资有所帮助，更希望大家能够通过投资基金的理财方式，充实自己的"钱袋子"，过上更幸福的生活！

编　者

目　　录

第1章

快速认识基金

本章导读

基金作为一种投资理财方式，有着与股票、债券等投资形式不同的特点。掌握基金的基本知识，是参与基金投资的第一步。

现在的基金市场品种繁多，了解各类基金的特点，可以帮助投资者更好地选择适合自己的基金品种，进行合理的理财投资。

本章主要介绍基金的基本知识以及基金的发展情况。同时，通过实际的投资基金案例，带你快速入门。

精彩看点

💲 基金理财方式的三大特点

💲 基金的分类方式

💲 投资基金的优势

💲 通过基金的评级选择基金

💲 获取基金信息的各种途径

💲 三种特殊类型的基金

💲 基金的认购、申购及管理

💲 正确认识基金的盈利与风险

投资基金 改变生活

今年63岁的老李，退休已经3年了，生活过得有滋有味，那些老同事们都对他羡慕不已。可是，刚退下来的时候，老李的状态并不好。从常年工作在一线到整天在家里待着无事可做，老李实在是闷得慌。养花、喂鸟、打牌，并不能解决老李心中的苦闷，时间一长，他的脾气也变了，经常和儿女们吵架。

为了避免和家人的矛盾，老李经常外出散步。在散步的时候，他总是听人们谈论基金。一打听，才知道身边的许多人都在购买基金。老李一下子心血来潮，跑到图书馆里查阅有关基金的书籍，还学会了上网，了解了不少有关基金的情况。兴奋之余，老李开始琢磨：每个月的退休金也不少，可以拿出一部分来试试看，就当是打发时间。第二天一早，老李就去了银行，如愿以偿买到了自己的第一笔基金。由于在购买之前对基金进行了比较深入的了解，对基金风险也有自己的认识，加之打发时间的想法，这让老李在买基金的时候保持了一颗平常心，对是赔是赚并没有太在意。可几个月下来，老李的基金居然赚了2000多元。这下子，老李的生活忙碌起来了，他每天都要关注一些基金的发展动向，还时不时地跟几个"志同道合"的朋友碰碰头，探讨一下自己的经验体会。苦闷的老李变得精神焕发起来。

儿女们看到父亲的变化，都觉得有些奇怪。当老李说自己现在是一位基民的时候，儿女们先是一脸愕然，转而又大笑，接着告诉父亲，其实大家都在炒基金，由于怕父亲观念落后守旧，就没敢跟父亲说。说完，大家都乐了。

从那之后，老李的家庭变得其乐融融，老李还时不时开个家庭会议，和儿女们一起聊聊基金的事儿。

一、基金——一种证券投资方式

我们现在所说的基金一般是指证券投资基金，它既是一种投资方式，也是一种理财工具。

1．什么是基金

基金是基金管理公司通过金融发行单位，集中投资者的资金，由基金管理人员进行管理和运用，从事股票、债券、货币等金融投资，使投资者从中获利的一种证券投资方式。它具有风险共担、利益共享的特点。

《中华人民共和国证券投资基金法》中对"基金"或"证券投资基金"的定义是：在中华人民共和国境内，通过公开发售基金份额募集证券投资基金(简称基金)，由基金管理人管理，基金托管人托管，为基金份额持有人的利益，以资产组合方式进行证券投资的活动。

《证券投资基金管理暂行办法》中对基金的定义是：本办法所称证券投资基金(简称基金)是指一种利益共享、风险共担的集合证券投资方法，即通过发行基金单位，集中投资者的资金，由基金托管人托管，由基金管理人管理和运用资金，从事股票、债券等金融工具的投资。

投资基金的风险相对较低，回报率较高，且有专业人员管理，所以成为很多人选择投资理财的一种方式。

知识补充→→→

基金起源于 19 世纪的英国。当时，产业革命推动了生产力的大幅发展，使得社会财富迅速增长，国民收入也持续增加，人们的投资欲望也随之产生。在这种情况下，出现了集合投资人资金，进行委托管理经营的投资模式，基金投资由此产生。1868 年英国成立的"海外及殖民地政府信托基金"是世界上最早的证券投资基金。1879 年，英国颁布了《英国股份有限公司法》，使投资基金从契约型进入了由公司专业管理的新时代。

2．基金理财方式的三大特点

基金不同于股票、债券、黄金等投资理财方式，它有自己独特的魅力。相比较其他投资理财方式而言，基金理财的风险更低，管理也更为专业化，是一种适合普通大众的投资理财方式。

具体来说，基金理财方式有以下三大特点。

◆ 专业管理。基金是由专业人员管理、运营的，丰富的实战经验、专业的业务知识，更能提高资产的运作效率，创造更多的财富。

◆ 分散风险。在基金投资过程中，管理人员通常都会进行分散投资，某些基金的损失可以用其他的盈利来补充。用这种方法达到降低风险、提高收益的目的。

◆ 信息透明、监管严格。为保护投资者的利益，中国证监会对基金业实行严格的监管，并以强制的手段对基金进行信息披露。

3．了解基金的主要当事人及其主要责任

基金的主要当事人包括基金持有人、基金管理人、基金托管人、基金注册登记机构、基金销售机构、注册会计师、律师事务所等。

基金持有人：基金投资者，是基金资产的所有者和基金投资收益的受益人。

基金管理人：负责基金的具体投资操作和日常管理的机构。证券投资基金的管理人由基金管理公司担任。

基金托管人：投资人权益的代表，是基金资产的名义持有人或管理机构。通常由取得托管资格的商业银行担任，在我国，根据《证券基金投资管理暂行办法》的规定，目前只有中国工商银行、中国农业银行、中国银行、中国建设银行、交通银行五家商业银行符合托管人的资格条件。

基金注册登记机构：主要负责投资者账户的管理和服务、基金单位的注册登记以及红利发放等具体服务内容。注册登记机构通常由基金管理人或其委托的商业银行或其他机构担任。

基金销售机构：依法办理基金份额的认购、申购和赎回的基金管理人以及取得基金代销业务资格的其他机构。

注册会计师、律师事务所：作为专业、独立的中介服务机构，为基金提供专业、独立的会计、法律服务。

基金管理人的主要职责如下。

◆ 依法募集基金，办理或者委托经国务院证券监督管理机构认定的其他机构代为办理基金份额的发售、申购、赎回和登记事宜。

◆ 办理基金备案手续。

◆ 对所管理的不同基金财产分别管理、分别记账，进行证券投资。

◆ 按照基金合同的约定确定基金收益分配方案，及时向基金份额持有人分配收益。

- ◆　进行基金会计核算并编制基金财务会计报告。
- ◆　编制中期和年度基金报告。
- ◆　计算并公告基金资产净值，确定基金份额申购、赎回价格。
- ◆　办理与基金财产管理业务活动有关的信息披露事项。
- ◆　召集基金份额持有人大会。
- ◆　保存基金财产管理业务活动的记录、账册、报表和其他相关资料。
- ◆　以基金管理人的名义，代表基金份额持有人利益行使诉讼权利或者实施其他法律行为。
- ◆　国务院证券监督管理机构规定的其他职责。

基金托管人的主要职责如下。

- ◆　安全保管基金的全部资产。
- ◆　执行基金管理人的投资指令，并负责办理基金名下的资金往来。
- ◆　监督基金管理人的投资运作，发现基金管理人的投资指令违法违规的，不予执行，并向中国证监会报告。
- ◆　保存基金的会计账册、记录15年以上。
- ◆　出具基金业绩报告，提供基金托管情况，并向中国证监会和中国人民银行报告。
- ◆　基金章程或基金契约、托管协议规定的其他职责。

在基金的主要当事人中，基金经理在基金管理过程中起着决策作用，其好坏对整个基金业绩具有至关重要的影响。基金经理，是受基金管理人(基金公司)的委托，对基金进行管理和运作的负责人。每种基金均由一个经理或一组经理负责决定该基金的组合和投资策略。投资组合须按照基金说明书的投资目标去选择，或者由该基金经理的投资策略决定。因此，投资者在选择基金作为投资理财方式的同时，一定要选择一名优秀的基金经理，这样才能更有效地实现自己的既定收益。

4．掌握基金的重要概念

对于第一次选择投资基金理财的投资者来说，学习、了解基金的一些重要概念是进行投资的基础，也是一个十分必要的学习过程。只有了解了这些基础知识，才能有效地进行基金投资，避免一些不必要的麻烦，甚至是损失。

基金所涉及的概念很多，在投资的不同阶段，投资者需要用到不同的概念。下面介绍一些最常见的，也是比较重要的概念。

◆ **基金发起**：指发起设立基金的机构，它在基金的设立过程中起着重要作用。国外基金的发起人大多数为有实力的金融机构，可以是一个也可以是多个。在我国，基金发起人通常也是基金管理人。

◆ **开放式基金的注册登记**：投资者买入基金份额后，由注册登记机构在其基金账户中进行登记，表明其所持基金份额的增加。投资者卖出基金份额后，取得款项，并由注册登记机构在其基金账户中登记，表明所持基金份额的减少。

◆ **基金合同**：契约型投资基金设立和运作的首要文件。其内容包括投资基金从设立、运作到终止全过程中基金公司、基金托管人和投资者之间的行为、权利和义务。

◆ **基金托管**：规范基金组织和基金托管人之间的资产托管关系、各自职责和权益及其他有关事宜的法律性文件。其内容包括基金资产构成、托管期限和方式、基金组织和基金托管人的各自职责和权益、托管费用。

◆ **基金转托**：指投资者在变更办理基金申购与赎回等业务时，销售机构(网点)之间不能通存通兑的，可办理已持有基金份额的转托管。办理人在原销售机构(网点)办理转托管转出手续后，可到其新选择的销售机构(网点)办理转托管转入手续。

◆ **基金资产总值**：包括基金购买的各类证券价值、银行存款本息、应收申购款以及其他资产等形式存在的基金财产的价值总和。

◆ **基金价格**：主要分为封闭式基金价格与开放式基金价格。封闭式基金的价格包括一级市场的发行价格和二级市场的交易价格。基金的发行价格是指基金发行时由基金发行人确定的向基金投资人销售基金份额的价格；基金的市场价格是指基金投资人在证券市场上买卖基金份额的价格。开放式基金的价格是指基金持有人向基金公司申购或赎回基金份额的价格，以基金份额资产净值为基础加一定手续费进行计算。

◆ **基金持有人**：基金投资人，是基金份额或受益凭证的持有人。基金持有人可以是自然人，也可以是法人。基金持有人的权利包括本金受偿权、收益分配权、剩余财产分配权及参与持有人大会表决权等。

◆ **基金持有人大会**：由全体基金份额持有人或委托人代表参加。大会主要讨论有关基金持有人利益的重大事项，比如修改基金合同、终止基金合同、更换基金托管人、更换基金管理人、延长基金合同期限、变更基金类型以及召集人认为要提交基金持有人大会讨论的其他事项。

◆ **机构投资者**：指符合法律法规规定可以投资证券投资基金的、在中国注册登记或经中国政府有关部门批准设立的机构。

◆ **个人投资者**：相对于机构投资者而言，指符合法律法规规定的条件可以投资证券或者基金的自然人。

◆ **合格境内机构投资者(QDII)**：指允许在资本账户未完全开放的情况下，对海外资本市场进行投资的投资者。QDII 将通过中国政府认可的机构来实施，意味着允许内地居民外汇投资境外资本市场，即内地居民将所持外币通过基金管理公司投资海外证券的机构投资者。

◆ **合格境外机构投资者(QFII)**：指符合《合格境外投资者境内证券投资管理暂行办法》的可投资于中国境内证券的中国境外投资者。

◆ **投资风险**：指证券投资遭受损失的可能性。表现为预期投资收益未能实现或未能全部实现，以及投资资本金遭受损失等。投资风险包括系统性风险和非系统性风险。系统性风险包括政策风险、利率风险和通货膨胀风险等；非系统性风险包括信用风险、经营风险和财务风险等。有效的投资组合不能避免系统性风险，但可以分散非系统性风险。

◆ **开放日**：指可以办理开放式基金的开户、申购、赎回、销户、挂失、过户等一系列手续的工作日。

◆ **基金合同生效日**：指在基金合同和招募说明书中载明的，中国证监会核准的最低募集份额，且基金份额持有人人数符合相关法律法规和基金合同规定的，基金管理人依据《基金法》向中国证监会办理备案手续后，中国证监会书面确认的基金合同生效日期。

◆ **基金募集期**：指基金合同和招募说明书中载明，并经中国证监会核准的基金份额募集期限，自基金份额发售之日起最长不超过 3 个月。

◆ **基金清算费用**：指基金合同终止时清算基金资产所需要的费用，按清算时实际支出并从基金资产中提取。

◆ **销售服务费用**：主要用于支付销售机构的佣金，以及基金管理人的基金营销广告费、促销活动费、持有人服务费等。

◆ **基金年度运作费**：主要包括管理费、托管费、证券交易费和其他费用等，这些费用从基金资产中直接扣除。

- ◆ 基金托管协议：指规范基金组织和基金托管人之间的资产托管关系、各自职责和权益及其他有关事宜的法律性文件。其内容包括基金资产构成、托管期限和方式、基金组织和基金托管人的职责和权益、托管费用、投资项目的清算事项、资产估算等。

- ◆ 公募基金：指以公开发行方式向社会大众投资者募集基金资金并以证券为投资对象的证券投资基金。一般而言，公募基金有如下特征：募集的对象不固定；监管机构实行严格的审批或核准制，因为这涉及众多投资人的利益；公募基金允许公开进行宣传，以多种方式向投资人进行推介。

- ◆ 私募基金：指以非公开方式向特定投资者募集基金并以证券为投资对象的证券投资基金。一般而言，私募基金有如下特征：募集的对象是固定的；监管机构一般实行备案制；一般不上市交易；不允许公开进行宣传。

- ◆ 对冲基金：意为"风险对冲过的基金"，其操作宗旨在于利用期货、期权等金融衍生品以及对相关联的不同股票进行买空卖空、风险对冲的操作技巧，在一定程度上可以规避和化解证券投资风险。

- ◆ 社保基金：全称为全国社会保险保障基金，是指全国社会保障基金理事会负责管理的，由国有股减持划入资金及股权资产、中央财政拨入资金、经国务院批准以其他方式募集的资金及其投资收益形成的由中央政府集中起来的社会保障基金。

- ◆ 离岸基金：指一国的证券基金组织在他国发行证券基金份额，并将募集的资金投资于本国、他国或第三国证券市场的证券投资基金。

- ◆ 在岸基金：指在本国募集资金并投资于本国市场的证券投资基金。

5. 获取基金信息的各种途径

"我想知道什么时候会发行新的基金？"

"我购买的基金现在是什么状况？赚钱了吗？"

每个基金投资者都在关注着各种关于基金的信息，可是如何才能获取更多、更准确的基金信息呢？其实，获取基金信息的途径有很多。

首先，是通过基金公司自己的网站获取信息。

目前国内各大基金公司都有自己的网站，这些网站对公司的背景、旗下的基金产品、基金的业绩表现和最新的市场观点都有详尽的报道。直接登录基金公司的网站是有目标的投资者了解基金公司快捷方便的方法之一。从中我们不仅可以了解基金产品，还能学到很多与基金有关的知识，很多公司都把它的网站作为一个普及基金知识的平台。当我们已经有了明确的投资目标，或者已经持有了某只基金，其所属公司的网站就是最好的信息了解渠道。

其次，是在购买基金的机构获取相关信息，如银行、证券公司。

我们在基金代理销售机构可以获得与基金有关的全面信息，银行或证券公司的客户经理也会对购买基金的客户给予专业的投资建议。应将从代销机构获得的基金信息和其他途径得到的信息综合起来考虑，因为很多基金信息都是为了促进基金的销售，我们在确定投资前应该有自己的主见。

再次，也是最大众化的途径——各种媒体，比如报纸、网络，另外电视中一些投资理财或股票、基金的栏目也有大量的信息供投资者参考。

21世纪是网络信息的时代，它提供给基金投资者更广泛、全面的信息，而且信息的更新速度也更加及时。通过一些权威的基金评级机构，我们很快就能对市场上各种各样的基金有一个大致的了解。同时，有很多专业的财经类门户网站，如和讯、新浪财经等都开通了专门的基金频道，其中汇集了众多的基金投资知识和最新的咨询信息，还有很多投资者的经验故事。我们可以通过基民网友的评论，了解并认识一些口碑好、信誉高的基金管理公司和基金经理，进而做出明确的投资选择。

一些专业的财经报纸对基金的发售与分红信息、基金的优惠活动、基金的净值公布、基金的各种指标排行、基金公司的投资策略、基金经理的投资风格、市场的宏观环境都有详尽及时的报道。一些都市生活类报纸的财经版块也经常会有一些有关基金的信息，我们经常留意这些信息也能取得不小的收获。

在众多的媒体中，三大证券报是很多投资者获取信息的重要参考。

知识补充→→→

三大证券报是指《中国证券报》、《证券时报》和《上海证券报》，作为证券投资的专业媒体，它们为投资者提供了大量的信息，其中每周一的信息是最为丰富的；同时三大证券报还开辟了黄金周刊或者专版，投资者可以根据需要，自行选择和查阅。

对于普通的基金投资者来说，通过权威机构给予基金的评价来判别和选择基金是一条快捷的途径。投资者可以从权威的投资咨询机构获取信息，不同的投资咨询服务机构对同一只基金的评价可能稍微会有些差别，但这些差别不会太大，我们完全可以根据权威机构的评级和评奖来对基金有一个大致的认识。

6. 哪些人适合投资基金

股票、基金、债券、黄金，市场上可供投资的金融品种不胜枚举。基金，作为其中一种，适合什么样的人投资购买？投资基金的风险又是怎样的呢？

首先，投资基金要有较强的理财意识，同时要明确投资目标，具有长期投资的理念；其次，偏好风险，希望快速赚钱，有投机心理的人，是不适合投资基金的。

当你的手中有一定的闲钱，计划投资收益，却没有时间天天盯着股市看，又希望得到比银行存款更多的收益，那么，基金无疑是一个比较好的选择。

金融市场，总是风险与收益并存的，投资基金也一样存在风险，应树立风险意识、把握资金投入，选择适合自己的基金进行投资，在投资基金的路上，利用好自己的每一笔钱。

案例 1：李小姐定期定额投资基金，收益稳定

李小姐是一名公司白领，每个月除去各种开销之外，总会有一些闲钱。她看到很多朋友都在各种投资中受益，自己也希望手中的钱增值，可是却苦于工作太忙，没有时间。2009 年年初，经一个朋友介绍，李小姐开始进行定期定额的基金投资。购买基金后，她每月定额投入 500 元，两年来，共计投入 12 000 元，净获利约 1500 元，投资的回报率约达到 12.5%。取得收益的李小姐准备继续进行基金定投，"第一次我只是牛刀小试，投入的不多，但是一定的回报让我有了信心。这次我会加大定投的金额，当然选择投资哪个基金是很重要的。毕竟投资基金也是有风险的。"

二、基金的分类方式

很多投资者在投资基金时，往往缺乏对基金分类的了解，从而导致在基金品种的选择上进入某种误区。投资者在投资前，掌握基金的大致分类情况，有助于更好地选择投资品种，进行合理的投资组合，使得收益更为高效。根

据不同的标准,基金有不同的分类方式,不同分类的基金有各自不同的特点、收益比率及风险情况。

1. 封闭式基金与开放式基金的区别

根据基金是否可赎回,可将基金划分为封闭式基金和开放式基金。

封闭式基金是指事先确定发行总额,在封闭期内基金单位总数不变,基金上市后投资者可以通过证券市场转让、买卖基金单位的一种基金。封闭式基金单位的价格更多地会受到市场供求关系的影响,价格波动相对较大;同时,封闭式基金只需要每周公布一次单位资产净值。

开放式基金是指基金发行总额不固定,基金单位总数随时增减,投资者可以按照基金的报价在国家规定的营业场所申购或赎回基金单位的一种基金。与封闭式基金不同,开放式基金的买卖价格是以基金单位对应的该基金净值为基础,不会出现折价现象。同时,开放式基金要求基金公司每个开放日公布基金单位资产净值,并以基金单位资产净值为基础确定交易价格,受理基金的申购与赎回业务。

开放式基金与封闭式基金的区别具体表现为以下几个方面。

- 规模不同。封闭式基金规模固定,且有固定的续存期;开放式基金规模不固定,投资者可以随时申购、赎回,没有固定的续存期。
- 交易价格不同。开放式基金的交易价格以基金单位对应的净值为基础,不会出现折价现象;封闭式基金的交易价格会更多地受市场供求关系的影响,从而使价格波动较大。
- 买卖途径不同。开放式基金可随时向基金管理公司购买或者赎回;而封闭式基金的买卖类似于股票交易,在市场买卖,需要缴纳手续费和证券交易税。二者比较,开放式基金的费用要低于封闭式基金。
- 投资策略不同。开放式基金必须保留一部分基金,以便应付投资者随时赎回;封闭式基金不可赎回,无须提取准备金,可以充分运用资金,进行长期投资。
- 管理要求不同。由于开放式基金可以随时赎回,其流动性较高,风险较大,所以相应地对基金管理人所具备的投资管理水平的要求也较高。

2．如何区别股票基金、债券基金、货币市场基金和混合基金

根据投资对象的不同，可将基金划分为股票基金、债券基金、货币市场基金和混合基金。

《证券投资基金运作管理办法》中的规定如下。

(1) 60%以上的基金资产投资于股票的，为股票基金。

(2) 80%以上的基金资产投资于债券的，为债券基金。

(3) 仅投资于货币市场工具(如央行票据、短期债券、债券回购及同业存款和现金等)的，为货币市场基金。

(4) 投资于股票、债券和货币市场工具，并且股票投资和债券投资的比例不符合第(1)项、第(2)项规定的，为混合基金。

在上述四种基金中，股票型基金的风险相对来说是最高的，其次是债券基金、货币市场基金。

3．公司型基金和契约型基金的异同

根据组织形态的不同，可将基金划分为公司型基金和契约型基金。

公司型基金，又称为"共同基金"，是具有共同目标的投资者依据公司法组成以盈利为目的的、投资于特定对象(如有价证券、货币等)的股份制投资公司，通过发行股份来筹集资金，是具有法人资格的经济实体。基金持有人是投资者，同时也是公司的股东。

公司型基金的主要特点如下：其形态为股份公司，但又与一般的股份公司有所不同，公司业务主要集中于从事证券投资信托；公司型基金的资金是公司法人的资本，即股份；公司设有董事会和股东大会，基金资产由公司拥有，投资者是这家公司的股东，也是公司资产的最终持有人，股东根据拥有的股份大小在股东大会上行使权利；董事会对基金资产负有安全增值的责任，如果基金出现了问题，投资者有权直接向公司提出索取要求。

契约型基金，也称为"单位信托基金"，是基于一定的信托契约而成立的基金，一般由基金管理公司(委托人)、基金保管机构(受托人)和投资者(受益人)三方通过信托投资契约而建立。我国市场上交易的基金均为契约型基金。

契约型基金的特点如下：契约型基金实际是经理公司，基金经理公司自

己作为委托公司设立基金，自行或聘请经理人管理基金的经营和操作，通常还会指定一家证券公司或承销公司来办理受益凭证；受托人接受公司委托，并以信托人或信托公司的名义为基金注册和开户，基金户头独立于基金保管公司的账户，即使基金保管公司倒闭，其债权方都不能动用基金的资产；在基金出现问题时，信托人对投资者负有索偿的责任。

从投资者的角度看，公司型基金和契约型基金在运作上没有什么区别，但二者在法律依据、法人资格、融资渠道等方面还是存在一些区别，具体表现为以下几个方面。

- ◆ 法律依据不同。契约型基金依照基金契约组建，信托法是其设立的依据；而公司型基金是依照公司法组建的。
- ◆ 法人资格不同。契约型基金不具有法人资格；而公司型基金是本身就具有法人资格的股份有限公司。
- ◆ 投资者的地位不同。契约型基金的投资者作为信托契约中规定的受益人，对基金在具体运用中所做出的重要投资决策通常不具有发言权；而公司型基金的投资者作为公司的股东，有权对公司的重大决策发表自己的意见并进行审批。
- ◆ 融资渠道不同。公司型基金具有法人资格，如果在资金运用状况良好、业务开展顺利的情况下，需要扩大公司规模、增加资产，可以向银行贷款；而契约型基金不具有法人资格，一般不能向银行贷款。
- ◆ 经营财产的依据不同。契约型基金凭借基金契约来经营基金财产；而公司型基金则依据公司章程来经营。
- ◆ 基金运营不同。公司型基金与一般的股份公司一样，除非依据公司法到了破产、清算阶段，否则公司一般都具有永久性；而契约型基金则依据基金契约建立、运作，契约期满，基金运营也就结束。

知识补充→→→

公司型基金和契约型基金在不同的金融市场上，其地位和所占的比重也各不相同。美国的基金市场是公司型基金称霸的天下，而在英国、日本、新加坡、中国香港和中国台湾地区的基金市场上则是契约型基金占主导。

对于投资者来说，这两种基金在功能和运作上没有什么分别。世界权威性工具书——《简明不列颠百科全书》在"共同基金"词条中认为，"共同基金

又称为单位信托基金",基本上将公司型基金与契约型基金等同起来。

4.了解成长型基金、价值型基金和平衡型基金

根据投资目标、风险和收益的不同,可将基金划分为成长型基金、价值型基金和平衡型基金。

成长型基金是以资本的长期增值为目的的基金,其投资对象主要是市场中有较大升值潜力的小公司股票和一些新兴行业的股票。这类基金一般很少进行分红,而是经常将投资所得的股息、红利和盈利进行再投资,以实现资本的增值。

成长型基金的主要特点如下。①选股时注重上市公司的成长性。上市公司的成长性表现为其所处行业的良好前景,行业利润远高于其他行业的平均水平,属于朝阳产业,同时上市公司的主导业务在市场上占有比较突出的地位,国家政策对这些行业也有财政税收方面的优惠。②持股相对集中。成长型基金通常对一些重点看好的股票保持相对较高的持仓比例。③收益波动性较大。从单位净值来看,通常新的成长型基金净值变化幅度较大,而"老牌"基金一般能在强势中实现净值的相对较快增长,在弱市中也能够表现出相对较强的抗跌性。

知识补充→→→

成长型基金又分为积极成长型基金和稳定成长型基金两种。其中,积极成长型基金追求资本的长期增值,在目标的选择上偏好规模较小的成长型企业,风险高,但收益大;而稳定成长型基金一般不从事投机活动,追求资本的长期增值,以稳定持续的长期增长为目标。

价值型基金,也称为收入型基金,是以追求基金当期收入为目的的基金,其投资对象主要是绩优股、债券、可转让大额定期存单等收入比较稳定的有价证券。这类基金一般将所得的利息、红利都分配给投资者。与成长型基金相比,价值型基金的风险较低,收益也相对较低。

平衡型基金的目标介于成长型基金和价值型基金之间,既追求长期资本增值,又追求当期收入。在投资对象方面,兼顾股票和债券的成长性与收益性。其风险和收益状况介于成长型基金和价值型基金之间。

5. 三种特殊类型的基金

除了上述四种常见的基金分类之外，还有几种特殊类型的基金需要投资者格外注意。

1) 交易所交易基金(ETF)和上市开放式基金(LOF)

交易所交易基金，即 ETF(Exchange-Traded Fund)，以某一指数的成分股为投资对象，一只成功的 ETF 可以尽可能与标的指数走势一模一样，使投资人安心获取指数的收益。ETF 具有独特的实物申购和赎回机制，投资者向基金管理人申购 ETF 基金，需要拿这只 ETF 基金指定的一篮子股票来换取，赎回时得到的不是现金，而是相应的股票。如果想变现，需要再卖出这些股票，而且赎回份额有一定的数量限制，一般为 50 万个以上的基金单位。ETF 基金通常实行一级市场与二级市场并存的交易制度，是一种更为纯粹的指数基金。

上市开放式基金，即 LOF(Listed Open-Ended Fund)，是指在交易所上市交易的开放式基金，在其发行结束后，投资者既可以在指定网点申购与赎回基金份额，同时也可以在交易所买卖该基金。在产品特性上，LOF 与一般开放式基金没有本质区别，只是在交易方式上增加了二级市场买卖这个新渠道。值得注意的是，如果在指定网点申购的基金份额想要上网抛出，必须办理转托管手续；同样，如果是在交易所网上买进的基金份额想要在指定网点赎回，也需要办理转托管手续。

2) 指数型基金

指数型基金是指基金的操作按照所选定指数(如标准普尔指数)的成分股所占的比重，选择同样的资产配置模式投资，以获取和大盘同步利益的投资模式，是一种与市场同步成长的基金品种。在基金的运作上，指数基金比其他开放式基金更具有操作简便、交易费用低、延迟纳税等特点。同时，指数型基金能更有效地规避非系统性风险，从长期持有的角度看，它优于其他基金。

知识补充→→→

美国是指数型基金最发达的西方国家。1976 年，先锋集团率先在美国创造了第一只指数型基金——先锋 500 指数型基金。指数型基金的出现，造就了美国证券投资业的革命，迫使竞争者不得不设计出低费用的产品来迎接挑战。至今，在美国证券市场已经有超过 400 种指数型基金，而且仍在不断快速增长。在美国，指数型基金的类型不仅包括债券指数型基金、美国权益指数型基金、美国行业指数型基金、全球和国际指数型基金，还包括成长型、杠杆型和反向指数型基金，而交易所交易基金则是新开发出的一种指数型基金。

在我国，上海证券交易所于 2002 年 6 月推出了上证 180 指数，继而深圳证券交易所也推出了深证 100 指数。之后，国内第一只指数型基金——华安上证 180 指数增强型证券投资基金也面市。2003 年初，紧密跟踪上证 180 指数走势的基金——天同上证 180 指数型基金正式上市发行。

然而指数型基金在中国的发展并不是一帆风顺的，为了规避风险，我国的优化指数型基金采取了与国外指数型基金不完全相同的操作原则。其差异是：国内优化指数型基金的管理人可以根据对指数走向的判断，调整指数化的仓位，且在选股的过程中，可以运用调研与财务分析优势，防止一些风险较大的个股进入投资组合。随着基金业的蓬勃发展，以及证券市场的不断完善，相信指数型基金在中国将有更大的发展潜力。

在交易模式上，不同的指数型基金，有各自不同的交易机制，投资者在购买指数型基金时，需要特别注意。

封闭式指数基金：可以在二级市场交易，但是不能申购和赎回。
开放式指数基金：不能在二级市场交易，但是可以向基金公司申购和赎回。
指数型 ETF 基金：可以在二级市场交易，也可以申购、赎回，但是申购和赎回必须采用组合证券的形式。
指数型 LOF 基金：可以在二级市场交易，也可以申购和赎回。

3) 伞形基金

伞形基金是开放式基金的一种组织结构，指在一个母基金之下再设立若干个子基金，各子基金独立进行投资决策的基金运作模式。伞形基金在基金内部为投资者提供多种选择，投资者可根据自己的需要转换基金类型(不用支付转换费用)，在不增加成本的情况下为投资者提供一定的选择余地。准确地说，伞形基金并不是某一只具体的基金，而是基金管理经营的一种方式。

三、投资基金的优势

理财的方式是多种多样的，在我国，银行储蓄是延续多年也是人们最常用的理财方式。可是，银行储蓄就一定能保值和升值吗？答案是否定的。随着利率的波动、利息税的出现，以及各项储蓄业务费用的产生，有时把钱存到银行非但没有升值和保值，反而贬值了。很显然，银行储蓄在众多投资理财方式中的竞争力明显不高。而股票、期货，甚至古玩的投资，又不能被绝大多数投资者准确把握。

基金作为一种集合投资的渠道，由专业的基金管理人管理，他们较一般投资者而言具备更专业的研究能力，为投资者获取稳健投资回报的可能性更大。从投资理财的长期性而言，购买基金是一个不错的选择。

同时，投资者购买基金的安全性也是有保障的。目前在中国，基金资产只能独立存放于托管银行的独立账户中，而国内有托管业务资格的只有几个大的银行，如中国工商银行、中国农业银行、中国银行、中国建设银行、交通银行、招商银行等。这些信誉良好的银行可以作为投资者投资资金的保管人，能严格按照法律法规和基金契约的规定保管基金资产，确保不被挪作他用，并对基金管理公司的运作进行监督。

此外，基金的运作模式都是透明化的。基金管理公司将向投资者公开招募说明书，定期报告包括半年报告、年度报告、基金投资组合公告、基金净值公告及公开说明书等，这些都可以使投资者充分了解基金的经营情况，避免一些纠纷的产生。

基金还具备管理专业、集合投资以及信息透明的特点，这些特点决定了投资基金的风险相对股票、期货较低。

首先是管理专业。基金由专业的基金管理人负责管理，他们都受过专业的训练，掌握了投资分析和投资组合的理论知识，在投资领域有丰富的经验。同时他们拥有更好的信息搜集渠道和分析手段，比大多数个人投资者更能把握证券市场的走势，这也是投资基金的最大优势。

其次，基金具有集合投资的优势。一般来说，个人投资者的资金量相对较少，在市场运作过程中可能没有什么优势，而大量的个人投资者资金集合成基金时就能显现出一定的资金优势。基金就是把大量个人投资者的资金聚集起来，由专业的基金管理人代为理财且收益共享的金融品种。集合投资提升了中小投资者的资金优势和竞争实力。

最后，基金的运作、管理过程是透明化的。开放式基金每日都要公布资产净值，封闭式基金通过市场的买卖供求关系产生合理交易价格。投资者可

以随时准确地了解基金管理人在市场上的运作。

总之，基金通过各类股票、债券等投资组合，通过专业化、透明化的管理、运作来实现较为平均、稳定的收益。

相对投资股票、期货、古玩来说，投资基金在操作上更为便利。无须深厚的专业知识，也不用识别收藏品的专业能力，只需了解最基本的理财要领，基金可以说是人人都能参与的投资理财方式。

首先，基金的品种多。随着基金业的不断发展，现在的基金品种可谓多种多样。不同的基金品种有着各自不同的特点，适合不同的投资者选择。保守的投资者可以投资货币市场基金和债券型基金，这类基金投资期短、风险低，适合随时取用；希望获得稳定增值并具有长期投资能力的投资者可以选择债券基金，它的风险和预期收益率均高于货币市场基金或者超短债基金，适合长期的低风险投资，可以代替定期储蓄；激进型的投资者可以选择股票或以其他金融衍生品为主要投资对象的基金，这类基金的特点是风险大，但可能的回报率也大。投资者可以根据需要选择适合自己的基金品种进行投资，也可以选择几种基金品种进行多元化的投资。

其次，基金的流动性强。开放式基金可以随时按基金净值进行赎回变现，投资者既可以向基金管理人申购和赎回基金，也可以通过证券公司等代理销售机构进行申购和赎回基金；封闭式基金变现方式与股票相似，可以直接在二级市场通过买卖交易变现。另外，开放式基金的管理人为了应付可能出现的巨额赎回，不会集中持有大量难以变现的资产，基金的投资方向也是流动性强的资产。

最后，投资基金门槛低。基金是一种将中小投资者的资金汇集起来进行投资操作的金融品种，投资者可以根据自己的财力进行投资。一般情况下，只需要 1000 元就可以进行基金投资了，有些基金是定期定额投资，每月只需要固定投入几百元即可。

品种多、流动性强、门槛低的特点使得投资基金具有了便利、好操作的优势，成为普通大众所青睐的投资理财产品。

四、基金的认购、申购及管理

投资基金并不是简单的购买和赎回，更不是在投资后坐等渔利。投资者在购买基金时，需要了解基金认购和申购的区别，以及赎回的方式方法，同时应该明确在整个投资过程中会产生很多相关费用。投资基金需要投资者亲力亲为，了解从申购到赎回的相关事宜及所需费用，而不能像银行定期存款那样，存入后只等到期取回。

1. 什么是基金的认购和申购

基金的认购和申购是购买基金在两个不同阶段的说法。

基金的认购是指投资者在一只基金募集期购买基金份额的行为，此时购买的基金，每单位基金份额净值为人民币 1 元。

基金的申购是指基金募集期结束后，投资者根据基金销售网点规定的手续购买基金份额的行为。此时，由于基金的净值已经反映了其投资组合的价值，所以每单位基金份额的净值不一定为人民币 1 元。

由此可见，用同一笔资产认购和申购同一只基金所得到的基金份额数不一定相同。

投资基金，选择认购还是申购要分情况而定。认购基金有几个月的封闭期，基金在封闭期内几乎是没有运作收益的，而且在封闭期过后，基金的运作水平也不确定。所以选择认购基金时，必须对所认购的基金有比较深入的了解，包括基金的预期投资方向、基金公司的信誉、基金经理的能力等。此外，投资者需要注意到同样一只基金的认购和申购费率是不一样的。一般情况下，基金公司为了保证发行规模鼓励认购，认购费率会低于申购费率。如果仅从手续费方面考虑，选择认购基金是比较划算的。但是，由于认购基金有很大的不确定性，基金未来的前景是未知数，同时也没有过往收益情况来参考，万一对基金把握不准，很可能会踩着"地雷"，导致损失。因此，越来越多的人开始青睐于用申购的方式来购买基金。投资者选择申购基金，可以根据这只基金封闭期过后的运行表现来决定是否购入，如果运行情况不好，可以避免做出错误的操作。采用申购的方式买入基金，手续费虽然贵一些，但是却在很大程度上避免了投资风险。

2. 区别基金的赎回、巨额赎回与连续赎回

基金的赎回，就是指基金的卖出。上市的封闭式基金卖出的方法和卖出一般的股票类似。开放式基金的赎回，是以手上持有基金的全部或一部分，

直接或者通过代理机构申请卖给基金公司，赎回投资者的价金。赎回基金时，投资者需要填写赎回申请书，写明要赎回的基金名称、基金份额以及赎回款欲汇入的账户。投资者从申请基金赎回到资金最终到账，一般需要3～4个工作日。赎回所得的金额，按照卖出基金的单位数乘以卖出当日的基金净值计算。同时，基金在赎回时需要缴纳一定的赎回费。

巨额赎回，是基金赎回方式的一种。在基金单个开放日，基金赎回申请超过上一日基金总份额的10%时，即为巨额赎回。

在出现巨额赎回时，基金管理人一般有两种处理方法：一是全部赎回，当基金管理人认为有能力兑付投资人的全部赎回申请时，即按照正常赎回程序执行。全部赎回对投资人的利益没有影响。二是部分赎回，即基金管理公司认为兑付投资人的赎回申请有困难或可能引起基金资产净值的较大波动等情况下，可以在当日接受赎回比例不低于上一日基金总份额的 10%的前提下，对其余赎回申请延期办理。

需要注意的是，由于延期办理的赎回将按下一开放日或更后的开放日的基金单位净值计价，因此在提出赎回申请时，投资者应在申请表中选择如发生巨额赎回是否延期赎回或者取消赎回。选择延期赎回，未赎回的基金将自动转入下一开放日继续赎回，直至全部赎回为止；选择取消赎回，则当日未赎回的部分将被直接撤销赎回申请。

投资者在申请赎回时如果没有明示延期赎回或取消赎回，那么一旦出现部分赎回的情况，将会按照注册登记中的默认方式进行操作。注册登记中的默认方式为取消赎回。

此外，当开放式基金连续发生巨额赎回时，基金管理公司可按基金契约及招募说明书载明的规定，暂停接受赎回申请。已经接受的赎回申请可以延缓支付赎回款项，但不能超过正常支付时间的 20 个工作日，并必须在指定媒体公告。

基金的连续赎回，是指在巨额赎回时，投资者对于延期办理赎回申请的部分，选择依次在下一个基金开放日进行赎回。投资者在申请赎回时，必须注意选择是否要"连续赎回"，如果投资者不做出选择，则会被默认为连续赎回。

在某些特殊情况下，基金管理人可以拒绝接受或者暂停基金投资者的赎回申请。

- 出现不可抗力的情况，如地震、海啸等自然灾害。
- 证券交易场所交易时间出现非正常停市。
- 由于市场剧烈波动或其他原因而出现连续巨额赎回，导致本基金的现金支付出现困难。
- 法律、法规中允许的其他情形或者是在《基金契约》中已载明并获中国证监会批准的特殊情形。

发生上述情况时，基金管理人必须在发生当日立即向中国证监会申请备案。对已经接受的赎回申请，基金管理人应向投资者足额支付款项；如果暂时不能全额支付，则需按照已经接受的赎回申请量占赎回总量的比例分配给申请人，其余部分可延期兑付。

知识补充→→→

基金赎回的常见问题如下。

(1) 什么时候开始接受赎回？

基金自成立之日起不超过3个月开始接受赎回，并提前进行公告。

(2) 什么时候可以办理赎回？

办理赎回的时间与申购的时间一样，开放日的9：30～15：00，在这期间的赎回视为当日赎回。

(3) 赎回申请何时可以得到确认？

投资者在T日提出的赎回申请一般在T+1日得到注册登记机构的处理和确认，投资者自T+2日起可以查询到赎回是否成功。

(4) 赎回款项何时从托管行划出？

基金持有人赎回基金份额，赎回款项通常在T+4日，最长不超过T+7日收到。

(5) 投资者每笔赎回份额有限吗？

有，具体赎回最低限额根据各只开放式基金的规则不同而不同，应以《基金契约》要求为准。

(6) 在赎回时为何要选择"取消赎回"或者"继续赎回"？

按照有关规定，当大量的基金份额同时申请赎回时，基金管理人立即兑付投资者的赎回可能会有困难。在这种情况下或者基金管理人认为兑付投资者的赎回申请而进行的资产变现可能对基金资产净值造成较大波动，那么基金管理人可在当日接受赎回比例不低于上一日基金总额的10%的前提下，对其余赎回申请延期办理。因此，投资者在提出赎回申请时，应明确表示一旦发生这种情况时是否要将当日未获受理的部分赎回予以撤销，即选择"取消赎回"还是"继续赎回"。如果投资者未做出选择，则将被默认为继续赎回。

3．了解基金管理费与基金托管费

在基金的运作过程中，会产生一些开支和费用，如基金管理人管理和运作基金需要给基金公司员工和经理人发工资，基金公司的各项设施设备等开支都属于管理费用。同时，为了确保基金资金的安全，需要委托银行等信誉度较高的机构进行资金的托管，托管过程所要支付的费用属于托管费用。管理费用和托管费用的最终承担者是基金的购买者，即投资者。

1）基金管理费

基金管理费是指支付给实际运用基金资产、为基金提供专业化服务的基金管理人的费用，也就是管理人为管理和操作基金而收取的报酬。支付给基金管理人的基金管理费用，其数额一般按照基金净资产值的一定比例从基金资产中提取。基金管理人是基金资产的管理者和运用者，对基金资产的保值和增值起着决定性的作用。因此，基金管理费用收取的比例比其他费用相对要高。基金管理费是基金管理人的主要收入来源，基金管理人的各项开支不能另外向基金或基金公司摊销，也不能另外向投资者收取。在国外基金管理费用通常按照每个估值日基金净资产的一定比例(如年利率)逐日计算，定期支付。

管理费用的高低还与基金的规模有关。一般而言，基金的规模越大，管理费率相对就越低。同时，基金管理费率与基金类别以及不同的国家和地区也有关系。一般来说，基金风险程度越高，其基金管理费率就越高。其中费率最高的基金为证券衍生工具基金，如认股权证基金、期货期权基金等；管理费率最低的要数货币市场基金。中国香港基金公会公布的几种基金的管理年费率：债券基金年费率为0.5%～1%，股票基金年费率为1%～2%；在美国等基金业发达的国家或地区则更高些。如我国台湾的基金管理年费率一般为1.5%，有些发展中国家的基金管理年费率甚至超过了3%。为了激励基金管理公司更加有效地运用基金资产，有的基金还规定可以向基金管理人支付基金业绩报酬。基金业绩报酬，通常是根据所管理的基金资产的增长情况规定一定的提取比例。不同的国家和地区对基金业绩报酬的提取次数也有不同的规定，比如中国香港规定每年最多提取一次。

2) 基金托管费

基金托管费，是指基金托管人为基金提供保管、处置基金资产等托管服务而向基金或基金公司收取的费用。

托管费通常按照基金资产净值的一定比例提取，逐日计算并累计，在每月月末支付给托管人，这项费用也需要从基金资产中支付，不必另向投资者收取。基金的托管费计入固定成本。基金托管费收取的比例同基金管理费相似，与基金的规模和所在地区有一定关系。一般来说，基金规模越大，基金托管费费率越低，而新兴市场国家和地区的托管费收取比例相对要高。托管费费率国际上通常为0.2%左右，美国一般为0.2%，我国内地及台湾和中国香港地区则为0.25%。我国还规定，基金托管人可以根据具体情况，酌情调低基金托管费，但必须经过中国证监会的核准，并在核准后予以公告，但无须召开基金持有人大会。

基金管理费和托管费是管理人和托管人为基金提供服务而收取的报酬，是管理人和托管人的业务收入。管理费和托管费费率一般须经基金监管部门认可后在基金契约或基金公司章程中订明，不得任意更改。基金管理人和托管人因未履行或未完全履行义务导致的费用支出或基金资产的损失，以及处理与基金运作无关的事项发生的费用，不得列入基金管理费和托管费。

4. 申、赎基金的费用计算方式

认购、申购费是指购买基金份额时所要交纳的手续费，在发行期间购买交纳的费用称为认购费用，在基金成立之后购买交纳的手续费称为申购费用。根据相关法规规定，认购、申购费用费率一般不得超过申购金额的5%。一般股票型基金的认购费率为1.2%左右，申购费率为1.5%左右。

赎回费用是指基金变现时所要交纳的费用，一般不会超过赎回金额的3%。赎回费中至少有25%是归入基金资产的，由基金持有人分享其资产的增加。赎回费率随赎回基金份额持有年份的增加而递减，一般持有两年以上就可以免费赎回了。

封闭式基金可以通过在二级市场的买卖交易变现，开放式基金的赎回价

格是以基金单位净值(NAV)为基础计算出来的。基金单位净值即指每一基金单位代表的基金资产的净值。其计算公式为

基金单位净值=(总资产−总负债)/基金单位总数

知识补充→→→

如何计算申购费用和份额

2007年3月，证监会基金部发出《关于统一规范证券投资基金认(申)购费用及认(申)购份额计算方法有关问题的通知》，要求基金管理人应当在通知下发之日起3个月内统一调整为外扣法。此前国内基金公司在计算认购、申购费用和份额的时候，采用的是内扣法。

外扣法和内扣法是基金申购费用和申购份额的两种计算方法。外扣法主要是针对申购金额而言的。其中，申购金额包括申购费用和净申购金额两部分。内扣法针对的是实际(净)申购金额，即从申购款总额中扣除申购费用。具体计算方法如下。

内扣法：申购费用=申购金额×申购费率，净申购金额=申购金额−申购费用，申购份额=净申购金额/当日基金份额净值。

外扣法：申购费用=申购金额−净申购金额，净申购金额=申购金额/(1+申购费率)，申购份额=净申购金额/申购当日基金份额净值。

假如投资者用10万元投资某基金，基金的申购费率为1.2%，基金的单位净值为1.00元。

若按照内扣法计算：申购费用=申购金额×申购费率=100 000×1.2%=1200元。

申购份额=(申购金额−申购费用)/基金单位净值=(100 000−1200)/1.00=98 800份。

若按外扣法计算：净申购金额=申购金额/(1+申购费率)=100 000/(1+1.2%)=98 814.229元。

申购费用=申购金额−净申购金额=100 000−98 814.229=1185.771元。

申购份额=净申购金额/申购当日基金份额净值=98 814.229/1.00=98 814.229份。

结果比较：与采用内扣法相比，采用外扣法可以多得基金14.229份。也就是说，在同等申购金额的条件下，采用外扣法投资者可以用更少的费用，多申购些基金份额。

案例2：张先生的基金认购经验

张先生是一位"基民"，看到股指连续下跌，他想通过购买开放式基金来实现"曲线炒股"的目标。于是他去银行找了一位理财师咨询。理财师告诉他，买基金有认购和申购两种方式，认购就是在基金发行的时候购买，和买股票原始股类似；申购就是在基金募集期结束之后再购买，和在二级市场上买股票一样。

听了理财师的介绍，有一定炒股经验的张先生想：认购肯定比申购合算！于是，张先生拿出了自己的部分积蓄，认购了一只正在发行的新基金。几个月后，这只基金的募集期结束，刚开始基金净值还比较稳定，一直在1.03元左右，还一度上涨到1.05元，可是好景不长，没过多久，这只基金的基金净值就"跳水"到了1.01元。张先生这才知道：认购基金并不是购买股票原始股，早知道出现这种情况还不如等到现在再申购了。

五、通过基金的评级选择基金

随着经济的快速发展，以及金融投资业的不断扩大，基金投资也日益发展壮大，基金公司在增多，基金的种类和数量也在不断增加。面对众多的基金品种，很多投资者显得有些无所适从。该投资哪种类型的基金，如何选择基金，成为投资者面临的一大难题。于是，各种评级机构开始不断涌现，甚至一些证券公司和保险公司也有了自己的基金评级部门。这些评级机构和评级部门，通过对国际先进评级方法的学习，逐渐建立并不断完善自己的基金评级体系，为广大的基金投资者在选择基金的问题上，提供了十分重要并且有价值的参考依据。

1. 什么是基金评级

基金评级，即基金收益评级，是专业的基金评级机构依据一定的标准对基金产品进行分析，并给出优劣评价。

基金评级机构会根据评级模型对各种基金进行专业评估，评估的结果按星级排名，最高为五星，最低为一星。

一般来说，基金评级机构主要是根据基金的收益评价指标、风险评价指标和风险调整后收益指标这三项来对基金进行综合衡量。但是，不同的基金评级机构都有自己的评级原理和评估标准，因此在具体操作上会有些差异。

比如，晨星公司根据基金的收益和风险进行分别评级，先计算出收益评级和风险评级的差额，再根据差额大小按照 5 个不同的星级对基金进行排名；而理柏则是把所有的基金分成五档，按照排名进行分档。与晨星不同的是，理柏评级考查的是基金公司，而晨星评级考查的是基金。

值得投资者注意的是，基金的评级是对基金过去(一年、一月、一周)业绩的分析评估，并不代表其未来的走向和收益状况。投资人在购买基金时，星级标准可以作为一种借鉴，而非决定性因素，更重要的应该是对基金进行较全面的了解。

2．基金评级的三大优点

基金评级给广大基金投资者带来了很多便利，有了基金评级的帮助，投资者可以轻松、快速地找到符合自己需求的投资目标，减少选择的时间和精力，在一定程度上提高了投资效率。

基金评级的主要优点如下。

第一，简单而且容易掌握。基金评级机构会将评级结果以列表形式公布，基金的星级排名与以往对比的升降情况在表格中一目了然，投资者只需在表格中找到自己计划购买的基金，即可看到评级情况。同时，基金评级结果中还会公布该基金所属的基金公司、目前的基金经理、该基金的日增长率以及其近一年、两年甚至更长时间的涨幅情况，使得投资者尽可能多地了解基金的现状。

第二，客观且时效性强。基金机构对基金的星级评定是根据相关数据做出的客观评定，而且时效性极强。基金评级机构通常为独立于销售方和投资方的第三方，因此其做出的评级结果也更为科学、公平、公正和客观。一般情况下，基金评级每个月进行一次，在月初会公布上个月的评级结果，评级结果包括一年期、两年期、三年期等。

第三，与投资收益紧密相连。基金评级的主要依据是基金的业绩，业绩好的基金排名相对靠前，星级较高，因此投资者可以根据基金的星级评定结果，观察其排名和星级来判断该基金的过往业绩表现情况。

3．我国有哪些基金评级机构

目前，在我国的基金评价市场中，主要有以下几种类型的基金评级机构或媒介：以银河证券为代表的券商，以天相投顾为代表的证券投资咨询机构，以国外的晨星、国内的好买等为代表的独立第三方评价机构，以及部分财经媒体。

其中，银河证券、理柏、和讯和晨星四家机构在权威性和专业性上得到了业界较大的认可。

◆ 银河证券。中国银河证券基金研究中心在2001年推出基金评级。银河证券的评级指标包括收益评价、风险评价和风险调整后收益。银河证券基金评级主要是对单个基金的评价。

◆ 理柏。理柏是一家国际知名的基金研究机构，成立于1973年，2006年在中国推出基金评级。理柏基金评级主要考查的是基金公司。其考核要素包括总回报、稳定回报、保本能力和费用。

◆ 和讯。和讯评级开始于2007年，主要对成立在1年以上的股票型、债券型和配置型基金进行测评。测评的项目主要是基金的业绩表现。和讯中国基金评级相对更为专业，包含了多种专业指标。因此其对于机构投资者，或者是资深"基民"更为适用。

◆ 晨星。晨星评级开始于1985年，1996年引入了分类星级评价方法。2002年推出了新的评价体系，该体系以期望效用理论为基础衡量基金的风险调整后收益，可以体现基金月度业绩的波动变化，反映基金资产的下行波动风险。晨星基金评级每个月进行一次，评级结果包括一年评级、两年评级、三年评级、五年评级和十年评级，并根据上述结果，综合计算出该基金的总评级。晨星评级标准对成立时间长的基金较为有利。

投资者可以根据这些专业的基金评级机构对基金做出的测评结果，加以参考，并结合自身需要以及对基金其他方面的综合考查，来最终确定自己的投资目标。

六、正确认识基金的盈利与风险

投资，总是盈利与风险并存的。要想获得高额的利益，就必须相应承担较高的风险。基金作为一种投资理财方式，尽管有着组合投资、收益稳定等优点，但是投资基金也是有一定风险的。影响基金盈利的因素是多方面的，其中，对风险的准确判断是十分重要的因素。只有准确把握投资基金的风

险，才能及时、有效地面对风险，采取一定的措施规避风险，从而避免收益受损，甚至可以在风险中博取更大的收益。

1. 投资基金——盈利与风险并存

投资基金，不是百分百的盈利，伴随盈利的必定是风险。风云变化的市场，有着影响基金盈利的诸多因素，如市场大势、投资组合风险、基金经理团队的能力、基金费用比率、运气等。其中市场大势等无法控制的因素，往往比可控制因素的影响力要大得多。收益与风险在投资市场总是共存的，随着基金类别风险的增大，它的收益率及波动幅度也明显增大。此外，投资时间长短、变现能力与投资风险也是密切相关的。一般来说，基金的投资时间越短，流动性越高，它的风险越小，收益也越小；基金的投资时间越长，变现能力越弱，它的风险越大，收益也就越大。

基金的风险可分为非系统性风险和系统性风险。

非系统性风险是指对某个行业或个别证券产生影响的风险，它通常由某一特殊的因素引起，与整个证券市场的价格不存在系统的全面联系，而只对个别或少数证券的收益产生影响。非系统性风险，是发生于个别公司的特有事件造成的风险。这种风险可以通过多样化投资来分散，即发生于一家公司的不利事件可以被其他公司的有利事件所抵消，一只股票发生的亏损可以被另一只股票的盈利所补充。投资基金一般可以通过组合性投资来削减非系统性风险。由于非系统性风险可以通过分散投资消除，因此一个充分的投资组合几乎没有非系统性风险。

对于股票型基金而言，当股市大涨时最差的基金也能取得很好的收益，而市场行情不好时几乎所有的基金都难逃厄运，这就是人们通常所指的系统性风险。系统性风险即市场风险，是指由整体政治、经济、社会等环境因素对基金的收益所造成的影响。系统性风险包括政策风险、经济周期性波动风险、利率风险、购买力风险、经营风险以及汇率风险等。这些风险我们几乎不能够回避，这也是投资基金的主要风险。

总之，基金投资和其他的投资方式一样，都是盈利与风险并存的。掌握相关知识，选择适合自己的基金，合理、理性地投资，也是规避风险的重要因素。

2．区别基金的净值、份额净值、份额可分配净收益与分红

基金的净值、份额净值、份额可分配净收益以及分红，都是与投资基金最终盈利紧密相关的几个概念。

1）基金的净值

基金净值，即基金的净资产价值，等于当天基金资产的总市值扣除负债(包括基金公司的管理费用等)之后的余额。

2）基金的份额净值

基金的份额净值，即资金份额净资产值，也称为单位净值，其具体计算公式是：资金份额净值=基金资产总净值(总资产-总负债)/基金总份额数，是反映在某一时点上某一个投资基金每份基金单位实际代表的价值，相当于基金的单位价格。其中，总资产就是基金目前拥有的全部资产(包括股票、债券以及其他有价证券等)按照公允价格所计算出的资产总额；总负债是基金在运作过程中所形成的各类负债，主要包括应付给基金公司、基金经理等的各项费用以及相关的费率等。基金的份额总数是当时正在发行的基金份额的总量。基金的份额净值在很大程度上代表了基金的业绩水平，刚上市的新基金，份额净值一般是 1 元人民币，之后份额净值越高说明基金的收益越大。

知识补充→→→

基金资产总额，即基金总资产包括基金投资组合的所有内容，具体如下。

(1) 基金拥有的上市股票、认股权证，以计算日集中交易市场的收盘价为准。未上市的股票、认股权证需要由有资格指定的资产评估机构或者会计师事务所进行测算。

(2) 基金拥有的公债、金融债券、公司债券等，已经上市的，应以计算日的收盘价为准；未上市的，一般以其面值加上至计算日应收的利息为准。

(3) 基金所拥有的短期票据，以买入成本加上自买入日至计算日共应收取的利息为准。

(4) 现金以及相当于现金的资产，包括存放在金融机构的存款。

(5) 有可能无法全部收回的资产以及因为有负债而预留的准备金。

(6) 已经订立契约但是尚未履行的资产，这类资产应当视为已经履行的资产，计入资产总额。

在上述各项资产中,如果(1)、(2)所规定的计算日没有收盘价或参考价,则应当用最近的收盘价或参考价来代替计算。

基金负债总额,即基金总负债,包括的内容如下。

(1) 按照契约规定,从买入日至计算日共应对基金管理人和托管人支付的报酬。

(2) 其他的应付款项,包括应支付的税金等。基金的债务应该按照逐日提列的方式计算。

3) 份额可分配净收益

份额可分配净收益是指某一时期内基金可分配收益除以该时期内加权平均基金份额,相当于在基金的单位净收益中扣除了已分配的收益。

4) 基金的分红

基金的分红,是将基金收益的一部分以现金的形式分配给基金投资人,这部分收益实际上是基金单位净收益的一部分,也就是说,投资者拿到的分红是自己账面资金的一部分。

按照《证券投资基金管理暂行办法》的规定:基金管理公司必须以现金形式分配至少90%的基金净收益,并且每年至少一次。

对于投资者来说,分红是不是越多越好呢?由于体现基金业绩的最大标准是基金净值的增长,而分红只是净值增长的兑现,所以投资者应该根据自己的需求,正确、理性地选择分红方式。

基金的分红主要有两种方式:一种是现金分红,另一种是红利再投资。现金分红,就是将现金直接分配给投资者。红利再投资,是将分红资金转换成相应的基金单位并记入投资者的账户,一般免收再投资的费用。

知识补充→→→

假如在某基金分红时,你持有该基金10万份,每基金份额分红为0.08元。如果选择现金分红,你可以得到0.8万元(0.08元×10万份)的现金红利。如果选择红利再投资,假设分红基准日该基金的份额净值为1.25元,那么你就可以分到6400份(8000元÷1.25元/份)基金份额,你的基金总份额就变成了10.64万份。

由于分红会带来基金总资产的减少,因此在分红之后,基金的净值将有所降低。基金的分红需要具备如下条件。

◆ 基金的当期收益弥补前期亏损后，可进行红利分配。

◆ 基金收益分配后，单位净值不得低于面值。

◆ 基金当期出现亏损，不能进行分配。

◆ 基金成立不满 3 个月，可以不进行收益分配。年度分配在年度结算后的 4 个月内完成。

知识补充→→→

基金的分红方式是可以选择的。开放式基金的默认分红方式是现金分红，但是基民可以根据自己的实际情况和需要变更分红方式。变更分红方式时，代销客户需要用本人身份证和证券卡到办理基金业务的基金公司或代销机构营业网点办理；直销客户可直接通过基金公司网站或电话交易系统进行更改。

案例 3：80 后杨小姐在投资基金中学会理财

80 后的杨小姐，是个标准的"月光族"，不攒钱，也没想过攒钱。她以前常说："我不理财，所以财也不理我。"因此，工作两年了，她还是一点积蓄也没有。

2009 年春节，杨小姐回老家，顺便参加了一个高中同学的聚会。几年没见，没想到同学们的变化特别大，绝大多数都已经和她一样参加工作了，有一些同学还在继续读书深造。杨小姐自己也在暗自比较着，她惊奇地发现，大家之间的工作情况、月收入并没有多大的差别，可是那些和自己情况差不多的同学很多都已经买房买车了。就连正在读博士的小赵，居然也按揭贷款买了房。杨小姐纳闷了，小赵没有收入，还在上学，他哪来的钱交首付、付按揭款呢？

聚会后，杨小姐和几个多年未见的好友约到一起聊天。聊天之中，杨小姐得知，同学们多数都有自己的理财方法，有的从上大学就开始了。就拿小赵来说吧，他从上大学开始，就利用课余时间打工，甚至还做点小生意，慢慢地就攒了一些钱；读了研究生、博士，小赵还和教授一起做课题研究，写论文发表，这样稿酬又是一笔不小的收入。小赵并没有让这些钱躺在银行里，也没有都花掉，而是对这些钱进行了合理的"安排"。小赵说："我每年都有一定的奖学金，这些钱就足够我的日常开销了，毕竟我现在还是学生嘛，消费不高。另外，我大学挖到的那桶金，在读研究生时，就基本上用来买基金了，3 年的研究生下来，赚了不少呢。加上我考博时成绩好，得到的一些奖金，就用来付房子的首付了。我是奖学金用来生活，稿酬和一些小生意赚来的钱用来付房子的按揭款，另外还是有一小部分投资基金的。尽管有些紧张，但是，我一毕业在这个城市就有房了啊。"听小赵这么一说，杨小姐真是茅塞顿开，她也第一次有了理财的想法。

"基金、基金"，回家的路上，杨小姐一直在琢磨，"为什么基金就能让小赵买房了呢？"回家之后，杨小姐就迫不及待地把妈妈叫到身边，毕竟妈妈是多年的老会计了，对管钱肯定有一招。妈妈听了，笑着说，"你还读了大学呢，怎么连基金也不知道。我买基金都两年了。"于是，杨小姐利用春节短暂的假期，查阅相关资料，认真学习了关于基金的知识，并且还向妈妈和同学们请教。终于，春节过后，她决定先买只基金来试试看。就这样，杨小姐开始了自己的理财之路。

一年下来，杨小姐不仅结束了自己的"月光族"生活，还有了积蓄，更重要的是，基金让她学会了理财。2010年春节，杨小姐又参加了同学聚会，还和大家一起分享了她的理财经验。

方法1：拿到工资，先分配

杨小姐生活在北京，每月的工资将近8000元。拿到工资后，她首先进行分配：房租、水电1500元，基本生活消费3000元，寄给父母1000元，剩下的2000多元：1000元固定存入银行，1000元进行基金定投，余下的小钱儿就犒劳自己啦。

方法2：基本生活要保障，控制消费是关键

每月3000元的基本生活消费，对于以前的杨小姐肯定是不够的，但是现在的她偶尔还会有结余。她的做法很简单，控制自己的消费欲望。以前的杨小姐是个"包包控"，家里各式各样的包包不知道有多少，开始理财的这一年，她首先就遏制了这方面的消费。她说，"这也简单啦，没事儿多看看自己买的东西，很多都没用，多想想没用，逛街时也就不买了。"

方法3：理财方案不更改

"投资的方式有很多，不要看见别人投资什么赚了钱就去跟风，要有自己的投资方案和理财观念。"杨小姐每月1000元的基金定投和1000元的固定存款就是她理财方案的两大要素，她坚持了1年。

方法4：孝顺父母不能变

杨小姐说，"小时候我的压岁钱都是给妈妈保管的，后来才知道，妈妈把那些钱全攒了起来。其实父母需要的是我们的孝心，并不是那点钱。"现在，杨小姐每月给妈妈1000元钱，每次打电话妈妈都说，"孩子，这钱妈妈不花，妈给你存起来。"

方法 5：没用东西不乱丢

除了以上四个方法外，杨小姐还在妈妈的倡导下开始了"废物利用"。很多不穿的旧衣服什么的，都在妈妈的帮助下进行了合理的改造和利用，妈妈说这叫"生活妙招"。另外，就是杨小姐的那些包包了，"有的确实是买来没用，甚至是一次都没背过，于是我就在业余时间开了个淘宝，卖我的二手包包，尽管偶尔才能卖出一个，但是赚钱的感觉还是很好啊。"

杨小姐说，"我是在投资基金中学会了理财，有了这些理财办法。我现在按照以前的说法，也是万元户了呀！这还得感谢咱去年的聚会呢。"小赵笑着说，"你是不是还要感谢我告诉你我是投资基金买的房子啊？"

第 2 章

如何选择适合自己的基金

本章导读

在对投资基金这种理财方式有了初步了解之后，下一步就是选择投资哪种基金了。

基金的种类繁多，并且各具特点。如何选择适合自己的基金，选购基金时应该注意什么，购买基金后又应该做些什么，这些是本章主要介绍的内容。

此外，本章还着重关注投资者在投资时的心理承受能力分析，帮助广大基金投资者做出适合自己的投资选择。

精彩看点

- $ 基金选择的六大法则
- $ 把握投资基金的时机
- $ 基金招募说明书的重要作用
- $ 投资基金有哪些风险

- $ 选择基金经理的四项原则
- $ 评判基金业绩的六个标准
- $ 复利计算的 72 法则及优点
- $ 树立正确的投资心理

选择基金不能盲目

小李是财会专业"科班"出身，所以也树立了良好的理财观念。2010 年小李想把一部分定期存款置换成货币型基金，但是市场上货币基金种类繁多，他在选择上有点犯难。他决定买一张刊登有货币基金 7 日收益排行榜的报纸进行研究，经过分析比较，他发现排在首位的某基金 7 日收益折算成年收益率是定期储蓄的 3 倍多，便决定购买这支基金。过了一段时间，小李发现这只基金的收益排行并不稳定，只是偶尔会名列前茅，但更多时候排行比较靠后。一年下来，小李投资基金的收益率与银行存款没有什么差别，他有些后悔自己的盲目选择了。

但是因为有了这次经历，小李总结出购买基金的经验。

首先，要关注收益的稳定性。很多投资者把"7 日年化收益率"这个直观反映基金经营业绩的指标，作为选择购买基金的唯一依据。其实"7 日年化收益率"只是一项代表基金近 7 日来盈利情况的指标，并不能反映基金过去和未来较长一段时间的收益情况，我们不应该被这个短期排行所迷惑，盲目做出投资决定。选择基金应该重点关注其阶段性的收益情况，比如半年或一个年度的累计平均收益率排行，或者关注基金几个年度的平均收益情况。时间是最好的试金石，购买基金也是一样，能够获得长期稳定收益的基金才应是我们青睐的对象。

其次，是买卖的方便性。当初买基金的时候，小李发现网上和银行并没有这只基金的代售点，于是他便请假去省城的基金公司购买。不仅买的时候麻烦，而且它的赎回变现可能同样麻烦。因此基金的流动性是我们应该考虑的另一个重要方面。

一、基金选择的六大法则

购买基金之前，我们首先要对基金的基本知识进行较为全面的认识和了解，通过市场分析以及个人的需求来正确、合理地选择适合自己的基金。

1. 根据各个因素选择基金

选择基金时不能盲目，业绩是应考虑的一个因素，但并不是唯一的因素。具体地说，选择基金要考虑的因素有以下几个。

1) 基金的过往业绩

一只基金的过往业绩是否一直保持良好，是投资者在选择购买基金时首先要关注的问题。基金的过往业绩，就如同学生的成绩单一般，虽然成绩的优异不能完全代表该学生是否最优秀，但是它却能够最直观、最现实地反映出该学生的学习状况，基金的业绩也是一样。同时，还要将该基金与相同类型的基金进行业绩比较，以帮助我们更好地选择。

在关注业绩、关注回报率的同时，我们也要注意基金风险的评估。在两只基金过往业绩类似、回报率接近的时候，我们应选择风险相对较小、波动较低的那只基金。

2) 基金公司和基金经理

我们所购买的基金是通过基金管理公司和基金经理进行管理投资的，投资基金，从某种角度来说，就是投资基金公司、基金经理，因此，基金公司的信誉、基金经理的专业知识和经验，是我们必须注意的。

在基金公司的选择上，主要应注意以下几个方面。

- ◆ 基金公司的整体实力和投资管理水平。
- ◆ 基金公司旗下基金的具体表现情况。
- ◆ 基金公司的服务水平，是否以投资者为中心，是否在最大程度上为投资者提供便利。
- ◆ 基金公司内部的管理结构是否规范。

基金经理在基金的管理上有着不可忽视的重要作用。基金经理掌握着投资权利，决定着投资方向。基金经理掌握的专业知识、拥有的投资经验以及自身的素质对基金的具体运作和投资者能否获益起着十分重要的作用。

在基金经理的选择上，应重点关注以下几个方面。

◆ 基金经理以往的管理业绩，这是考核一名基金经理最直观的指标。

◆ 基金经理的从业经验，丰富的经验是投资获利的保障。

◆ 基金经理的职业操守，职业操守和是否有处罚记录是基金经理自身素质的体现。

投资者购买基金，从某种程度上说，是购买了基金公司和基金经理的服务。因此在投资之前，务必要对基金公司和基金经理进行较为全面的考察和了解，这样我们才能安心地让他们代为理财。

3）投资者自身的需求

投资基金不可盲目，要有合理的投资计划，同时，应根据自身的需求和实际情况进行合理的选择。其中家庭情况、收入情况以及投资目标和投资期限都是必须考虑的因素。

基金投资，是投资者选择的一种理财方式，因此在投资之前应该根据自身所需制定合理的理财计划，将基金投资作为计划中的一部分。投资基金所使用的资金应该是手中的闲钱，所谓闲钱就是要留下生活、养老、应急等必需的钱，用余下的钱来进行基金投资，切不可盲目投入大量资金。此外，因为投资基金是一种长期的理财方式，短期的投入是达不到良好的收益效果的，所以在投资基金之前，投资者应充分考虑自己所预计的投资期限以及预期收益。

在综合分析了自己的现实情况和投资目标之后，投资者应该根据自己的既定投资计划选择适合自己的基金品种和投资形式进行基金投资。

4）投资者的心理承受能力

一般来说，高风险就意味着高回报。可是，并不是所有的投资者都适合购买风险高的基金。基金的选择和投资者的心理承受能力有着密切的关系。如果投资者的心理承受能力较差，对金融市场的短期波动比较敏感，那么就不适合进行高风险的投资。同时，年龄也是选择基金风险的一个重要因素，通常老年人由于心理、身体等各方面的因素，适合选择风险较低的基金进行投资。

投资者在投资之前，应充分考虑投资的风险以及自身的风险承受能力。

基金的风险尽管相对于其他投资形式来说较低，但是我们却不能忽视其风险的存在。盲目地渴望获得巨额利润的心理，往往会导致投资者忽视风险，最终自食苦果。而心理承受能力低的投资者，在风险面前又会显得格外脆弱。可以说，风险与心理承受能力是反向而行的，心理承受能力较差的投资者是不适宜选择高风险的基金进行投资的。因此，投资基金不可以只关注收益，而忽视风险和心理承受能力。只有将三者并行考虑，才能做出理性的投资选择，达到预期的收益目标。

2．量入为出投资基金

基金投资是一种理财方式，而不是赌博，所以没有必要把全部家当用在这上面。该拿出多少钱来买基金？这要根据每个家庭或者每个人的总收入、可支配收入以及现有存款等多方面情况来综合分析。简单地说，不是一定要投多少钱，而是你有多少钱，其中有多大的比例可以用来投资。

通常情况下，我们可以把总收入分成四份：其中一份是生活费，一份用来救急，一份用来养老，剩下的"闲钱"用来投资，切不可将大量资金不加考虑地一次性投入基金市场。任何一种投资都是有风险的，一旦基金投资遇到风险，出现亏损，那么当初的超额投资就极有可能影响到投资者的正常生活。要知道，金融投资收益与风险并存，有人赚就会有人赔，因此，要合理地安排现有资产、合理投资。

如果是用固定存款来投资基金，那么依然要合理分配，全部投入是不可取的。至于有些人一心想着多赚钱，除了自己的钱，甚至还借钱、抵押贷款来投资，这种做法更是不可取的。

此外，投多少钱和风险预期、心理承受能力、年龄，都是有关系的。相关资料表明，随着年龄的增长，人的心理承受能力会有所降低，同时年龄大的人由于身体等多方面因素，用于急需的钱也会增多，所以年龄越大，投资在总收入中所占的比例应越小。

总之，选择用多少钱来投资基金，从根本上说要看自己有多少钱可以用来流动支配，一句话：要量入为出投资基金。

3．不要盲目抢购新基金

"买基金就一定要买新基金！"很多投资者都有过这样的想法，其实这是投资基金的一个误区。新基金和老基金各具优势，投资者应根据实际情况进行选择。

新基金的优势首先体现在成本上，新基金的认购费相比老基金的申购费要少。一般情况下，新基金的认购费率在 1.2%左右，而老基金的申购费率则在 1.5%左右。在风险上，新基金相对也较低，这一点主要体现在下跌行情中。当行情下跌时，老基金由于面临下跌问题，所以不容易调整仓位，而新基金刚起步，可以在相对便宜的点位上建仓，风险也相对降低。

老基金的优势首先体现在透明度上。老基金在过往的业绩上都是有目共睹的，对未来的预计也可以根据前几年的情况进行对比参照。而新基金的各项情况将要等到季报、年报时才能知晓。其次，在市场反弹时，老基金的净值上涨速度也相对较快。这一点主要是因为新基金入市较晚、建仓成本较高，当股指上涨时，新基金的仓位水平还在逐渐增加中，所以净值上涨的幅度自然比老基金慢。

总之，新基金和老基金各具优势，投资者在选择时需要根据各项情况进行全面、综合的考虑。适合自己的基金才是正确的选择。

知识补充→→→

仓位，是指投资人实际投资与实有投资资金的比例。假设你有 10000 元来投资基金，现在用 5000 元来买基金或者股票，那么你的仓位就是 50%；如果全部都用来买基金或者股票，就是"满仓"；当全部赎回基金、卖出股票后，就是"空仓"。

4. 别患"净值恐高症"

很多投资者都认为基金的净值越高，风险也就越大，所以更愿意选择净值相对较低的基金申购，甚至是直接认购新基金。这样做正确吗？面对基金净值，我们是应该"恐高"还是"恐低"？

现在假设两只基金：基金 A 和基金 B，其中基金 A 的净值是 1.2，而基金 B 的净值是 1.5。分别用 10 000 元购进两只基金，那么可以买到基金 A 8333 份，基金 B 6667 份。1 年后，基金 A 和基金 B 均上涨了 10%，那么基金 A 和基金 B 的市值都变成了 11000 元，二者没有不同。同样的道理，如果下跌，也是如此。

由此可以看出，在投资方式一样的情况下，风险均等，获利一致。投资基金是否获利，与基金净值的高低没有关系。决定基金获利的因素是投资额和单位基金的涨跌比率。

同样，基金的风险也源自投资者的投资额和手中的持有量，与净值的高低没有关系。

5．了解基金的分拆和复制

基金的分拆和复制实际上是基金公司为了应对投资者在"净值恐高症"的情况下大量赎回基金而想出的两种办法。

基金分拆是在保持投资人资产总值不变的前提下，改变基金的份额净值和基金总份额的对应关系，重新计算基金资产的一种方式，也就是把基金的净值人为地降下来，从而使基金持有人的持有份额扩大。由于投资者的资产总额没有变化，因此对于投资者来说并没有什么改变。但是这种人为分拆，使老基金膨胀的行为，会带来很多不确定性的后果。如果基金分拆后，市场呈现出上涨的态势，由于仓位的变低，必定会影响原投资者的收益，而新投资者会从中获利；反之，新投资者就会蒙受损失，老投资者会有一定收获。

基金复制，是指当某只基金规模大、净值高时，基金公司为了更好地保护投资者的利益，便于基金管理人运作和管理而发行一只与其完全一样的基金。新发行的这只基金称为复制基金，也称克隆基金。由于原基金无论是投资理念和策略，还是基金经理的个人能力都已经得到了市场的长期检验，所以复制后的新基金有着一定的成功潜能。同时，由于市场发展状况等不确定因素的存在，基金的业绩是不可能复制的，新基金也存在着新的风险。

总之，基金的分拆和复制都是在"净值恐高症"的作用下产生的。对于投资者来说，应理性地面对净值的升高或者降低，选择恰当的时机申购或者赎回。

6．不能只根据基金评级来挑选基金

基金评级是对基金过去业绩的分析评估，并不能代表该基金未来的走向和收益情况，而且不同的基金评级公司对同一只基金做出的评级可能会有差别。因此，在挑选的时候，基金评级只是一个参考，不能仅仅根据基金评级的星级高低来决定投资。

案例1：刘阿姨只看排名买基金吃了亏

刘阿姨听说投资基金风险低，收益却不低，于是就想试试看。由于自己没什么投资经验，在怎么买、买哪个的问题上犯了难，去了几次银行都没能买到基金。

一天，在为儿子整理房间的时候，刘阿姨看到了一张报纸，一则基金星级评定的消息吸引了她。看过之后，刘阿姨恍然大悟：原来基金和酒店一样，也评星级啊，那星级高的肯定好。于是刘阿姨马上按照报纸上说的，选择了一只五星级的基金，去银行买了下来。

两个月过去了，刘阿姨去银行一查，投进去的5000元变成4500了。怎么这五星级的基金不赚钱，还亏了呢？回到家，刘阿姨赶紧给儿子打电话。

"妈，你想得太简单了，怎么能按这个就买呢？"经过儿子的一番讲解，刘阿姨对投资基金有了新的认识。在儿子的帮助下，刘阿姨重新选择了基金品种和投资方式，开始了自己的理财之路。

二、基金经理——投资获利的关键

基金经理是投资者购买的基金能否获利的关键因素，知识全面、信息面广、经验丰富的基金经理往往有好的业绩，能给投资者带来更多的回报。因此，购买基金时，选择一位好的基金经理显得尤为重要。

1．了解基金经理

基金经理是受基金管理人(基金公司)的委托，对基金进行管理和运作的负责人。基金经理在基金管理中起着决策作用，其好坏对整个基金的业绩有着至关重要的影响。

我们在选择基金经理时，要对其进行比较全面的了解，选择一位值得信赖的基金经理。具体应注意以下几个方面。

(1) 专业知识

作为基金经理，首先应具备扎实、全面的专业知识。良好的专业知识基础，是其日后合理管理、运用投资者资金的基本保障。

(2) 工作经验

通常情况下，有一定工作经验的基金经理对市场也更为了解，同时获取信息的渠道也更为广泛，从而可以更好地对基金进行管理和运用。投资者还可以从基金经理的过往业绩中考察其工作经验。

(3) 岗位稳定

从投资者选择的角度说，不要频繁地更换基金经理，在选择时应根据实际情况和资产配置的周期进行合理选择。同时，还要注重基金经理本身岗位的稳定性，避免基金经理中途跳槽给投资者带来不必要的麻烦。

(4) 职业道德

基金经理手中掌握着投资者大量的资金，因此其职业道德和职业操守是相当重要的。投资者可以根据基金公司对基金经理的年度考核情况来进行了解和选择。好的基金公司必定会注重培养基金经理的职业道德修养；而已经有一定业绩的基金经理也一定会注重自己的信誉度和职业道德表现。

(5) 投资风格

基金经理的投资风格和战略眼光在实际管理、操作中也是十分重要的。长远的战略眼光、完善的投资计划、敏锐的市场洞察力以及冷静的风格都会对投资者最终的收益产生影响。

总之，基金经理是为投资者管理运用投入资产的人，选择一位优秀的基金经理，才能保证投资的获利。

知识补充→→→

投资者可以通过对基金经理评价指标的分析，来看其信任度。基金经理的评价指标具体有两个方面。

(1) 收益获取能力评价指标——月均相对投资回报率

基金经理 K 月均相对投资回报率指标=$\{\prod[1+(\text{第 } i \text{ 月管理各基金产品绝对回报率简单平均值}-\text{第 } i \text{ 月偏股票型开放式基金指数收益率})]-1\}/M$。其中，$i$ 从 $1\sim M$，M 为对应统计期间基金经理 K 有效管理月份数量。

(2) 风险控制能力评价指标——月均优化下行风险

基金经理 K 月均优化下行风险指标=$\{\sum\min[0,\max(\text{第 } i \text{ 月管理各基金产品绝对回报率简单平均值}-\text{第 } i \text{ 月偏股票型开放式基金指数收益率})]\}/M$。其中，$i$ 从 $1\sim M$，M 为对应统计期间基金经理 K 有效管理月份数量。

2．选择基金经理的四项原则

投资者投资基金，从某些方面来看，就是投资基金经理。基金经理，是实际操作、运用投资者资金的人，从某种程度上说相当于投资基金的灵魂，是投资者能否获益的最关键因素。因此，在投资基金前，对基金经理进行全面的考察和了解是十分必要的。投资者在选择投资经理时，除了注重其本身的知识、业绩、职业道德、投资风格等综合素质之外，还应该注意把握以下四项选择原则。

第一，基金经理的稳定性。只有稳定才能有更好的发展。市场发展有一定的阶段性，股价变化也有一定的周期性，国民经济更有一定的运行规律。这些周期性因素和阶段性变化对资产配置品种有着重大影响，也影响着基金经理的运作业绩。因此，基金经理的替换也应当在遵循资产配置规律的前提下进行。如果基金公司长期频繁替换基金经理，或者基金经理经常跳槽，其运作业绩也是可想而知的。

基金经理一旦更换或者离职，就意味着资金管理权的转让，此时，投资者不得不重新做出选择，是继续持有基金，看新基金经理的投资风格是否符合自己的要求，还是干脆赎回基金。由于不同的基金经理在运作方式和投资风格上都会有一定的不同，因此，频繁地更换基金经理是不利于基金运作的，最终受到影响的还是投资者本人。同时，投资者应该注意，基金经理的更换不应以年份的长短来衡量，如果要更换基金经理，一定要对其进行全面的了解。总之，投资者要想让自己的基金长期稳定地持续获利，就一定要选择一名工作稳定的基金经理。

第二，基金经理不能太个性化。基金的个性化运作应当遵循产品的运作规律和资产配置组合的运作规律，而不能以基金经理的风格来决定，更不是策略的简单复制。注重基金经理的个性和风格是必要的，但也不能完全依赖这一点。一只基金运作的好坏，是基金经理背后团队力量的作用，作为基金经理只是指挥和引导团队运作的带头人。因此，不要盲目崇拜基金经理。

第三，基金经理应是个多面手。实践证明，具有丰富实战投资经验的基金经理，在实际运作中的胜算系数更大。所以好的基金经理既应是一位优秀的投资研究员，更应是一名出色的投资操盘手。优秀的基金经理，应当是一个包括研究和投资、营销在内的多面手。投资者在选择基金经理时，考察应该是多方面的、综合性的，专业知识、工作经验、个人素质缺一不可。

第四，基金经理要保持业绩的稳定。一只基金要能保持基金净值的持续增长和基金份额的稳定，对提升投资者信心是具有积极意义的，也是衡量一只基金运作好坏重要的判断标准。因此，我们要注重基金经理的长期业绩，阶段性的业绩增长并不能代表最终的获利，只有长期稳定的业绩才是值得投资者信任的。

总之，基金经理是投资者进行基金投资的关键所在，甚至是灵魂因素，在选择基金经理时，要亲力亲为对其进行全面了解，只有这样才能保证长期有效的投资，才能更好地实现投资者既定的获利目标。

3．基金经理跳槽了怎么办

基金经理跳槽是在选择基金公司和基金经理后不可避免的现象。前面已经讲过要冷静面对基金经理的变动。那么，当遇到基金经理跳槽的情况时，又该怎么办呢？

当基金经理跳槽后，投资者应首先看自己的基金情况。由于不同的基金类型，受基金经理变动的影响程度也是不同的，因此，投资者要根据具体情况来选择是赎回基金，还是选择新的基金经理。以下为投资者提供几个参考方案。

当投资者遇到下述几种情况时，可以不必急着赎回基金。

(1) 当投资者购买的基金是指数基金时，基金经理的变动对基金的影响不是很大。对于指数基金来说，基金经理一般是模仿指数，按照指数的比例将资金投资于成分股。因为指数基金基本不需要基金经理去研究市场、选择投资方向等，所以，投资者也无须太在意基金经理的变动。

(2) 如果投资者购买的基金不是由单个的基金经理管理，而是由基金公司的一个基金小组来承担各项管理事宜，那么基金经理的离职对投资者所投基金的影响也不大。

(3) 基金公司的品牌效应起着重要作用。业绩好、口碑好的基金公司，往往有着优秀的基金管理团队，旗下也拥有众多优秀的基金经理。所以在这种情况下，更换基金经理不会对投资者的基金造成重大影响。

当然，在选择更换基金经理之后，投资者需要认真观察新基金经理的投资策略、管理方式等是否与原基金经理有很大变化，是否符合自己的要求，特别是对投资于股票型基金和非指数型基金的投资者来说，这一点是很重要的。如果投资者认为基金经理的变动影响到自己的整体投资计划和投资收

益，那么可以选择及时赎回基金。

总之，在基金经理跳槽离职之后，选择赎回基金还是更换基金经理，与投资者最初选择投资哪只基金、选择哪个基金经理的情况是一样的，不能盲目心急，要冷静对待，理性决定。

4. 优秀的基金公司是首选

投资者在选择基金经理时，不可避免地要接触到基金公司，可以说，选择基金经理，首先选择的是基金公司。一个拥有好业绩、好口碑和优秀管理团队的基金公司，无疑是投资者的首选。

选择基金公司要特别注意以下几个方面。

基金公司的团队水平。因为投资者最终选择的是基金经理，所以在考察基金公司时，首先要考察的是它的经理团队，具体包括专业知识、实战经验、职业道德等。只有拥有好的经理团队，才能够创造出好的业绩。对于投资者来说，首先要考察的也是该公司的经理团队，而非单个的基金经理，有对比才有更好的选择。另外，优秀的基金经理团队也可以有效地避免日后因基金经理离职给投资者带来的麻烦。

基金公司的信誉及诚信度。投资基金实际上是投资者把自己的钱交给了基金公司、基金经理去管，那么其诚信情况就是投资者必须注意的。基金公司的口碑好、可信度高，把投资者的利益放在首位，这样作为投资者，才不会产生被欺骗的感觉，才能放心。

基金公司的管理哲学。一个公司的企业文化和管理哲学，对企业的发展有着至关重要的作用，在这一点上，基金公司也不例外。对于基金公司来说，它的管理哲学也就是它的理财观、理财方案以及长期具体的投资计划，具体可以从下面几点来考察分析。

- ◆ 投资公司是否拥有详细具体的投资方案和投资策略。
- ◆ 投资公司对投资风险的态度，是规避风险还是倾向于风险投资。
- ◆ 投资公司的整体运作方式是否完善和系统化。
- ◆ 投资公司对市场风云变化的洞察力和投资时机的选择。

基金公司的背景。基金公司的背景决定着它未来的发展前景，良好、可靠的背景是其稳定发展的前提，也是投资者进行长期有效投资的可靠保障。

基金公司的背景主要包括该公司的成立时间、内部组织结构、股东情况、过往业绩以及是否有过不良记录等。内部组织结构的稳定，是公司稳定发展的基础；优秀的过往业绩，是对公司信任度的提升；记录良好的基金公司，才能保证投资者可以把资金放心地交给它管理。总之，基金公司的背景情况是投资者要考察基金公司的一个必要方面。在这一点上，成立时间较长，发展持续稳定的基金公司值得投资者选择。

案例 2：掌握基金公司的选择标准让冯先生受益匪浅

投资基金，选择基金公司和基金经理是很关键的。

冯先生是投资基金的老手了，在这方面走了不少弯路，也掌握了很多知识。通过学习，他掌握了一套选择基金公司的 4P 标准。冯先生说，这个标准啊，总结起来就是八个字：理念、团队、流程、绩效，掌握了这八个字再去选择基金公司，那对获利是很有帮助的。

冯先生很喜欢把这套选择基金公司的理念和基民朋友一起分享。

第一个 P 是指理念(Philosophy)，就是投资理念，这是指导一家基金公司投资管理的纲领性因素，我们首先要看其理念是否成熟而且有效，其次看自己是否认可这一理念，进而认可该基金公司的投资管理模式。"股神"巴菲特任主席的投资基金集团伯克希尔公司把价值投资作为基金的核心理念，在注重分析股票的内在价值基础上做投资决策，而不是去在意股价的日常波动；"金融大鳄"索罗斯所掌控的量子基金的投资理念则相反，它更注重价格的波动趋势，认为买卖供求关系确定的股票现时价格就是最合理价格。二者的投资理念虽然不同，但是都取得了投资的成功，因此，基金最后能够取得收益才是硬道理，能够稳定获利的投资理念都是优秀的。也许我们很难分辨某种投资理念的对与错，但是一定要选择自己认可的投资理念。

第二个 P 是 People，即团队。因为任何投资理念和投资管理的执行都是必须靠人来完成的，基金公司投资研究团队专业能力的强弱，是决定基金业绩表现的一个极其重要的因素。考查一只基金所属公司投资研究团队的实力，通常还要从这个团队的组建时间和团队的稳定性两方面来考虑。一个组建时间较长、人事关系稳定的投资研究团队，通常也是比较成功的团队，他们更有可能做出出色的投资业绩。相反一个比较新的或者人员变动大的团队，他们的投资计划和决策变化也会较大，这将影响到公司业绩的稳定性。

第三个 P 是 Process，即流程。单纯靠人做投资难免会产生由于主观因素而造成的失误，这时，严密科学的投资流程就显得十分必要。投资依靠流程的约束和执行可以规范基金管理人的投资行为，使基金管理人具备复制优秀基金的能力，其业绩也可具备长期可持续性。

第四个 P 是 Performance，即绩效。通过评估基金所属公司旗下基金的历史投资绩效，来对该基金未来的业绩做一个大致合理的预期，这无疑是最简单、最直观的一个评价指标。但需要投资者注意的是，通过历史绩效来评价基金，也只是一个辅助性的工具，因为基金的过往业绩其本质仍然是依赖于前述三大标准，而且基金本身也存在许多不确定性。

三、把握投资基金的时机

选择了基金、基金公司和基金经理，下一步就是实战操作了。什么时候申购基金最合适？在什么情况下赎回基金能使利益最大化？购买基金后可以高枕无忧吗？这些都是投资者在投资基金过程中要面临的具体问题。

1．如何挑选申购基金的时机

投资股票要看时间，投资基金也一样，选择恰当的时机申购，对于日后的回报起着关键作用。挑选基金的申购时机，应从以下几个方面来考虑。

1) 根据市场情况判断买入点

金融投资市场的风云变化与经济的发展情况密不可分。"股市是经济的晴雨表"，可见股市与经济的关系。而基金也是如此，特别是股票型基金。经济发展的周期性影响着股市变动，也影响着投资者的购买时机。一般来说经济的复苏和发展必定会带动证券市场的发展，所以要适时关注市场、关注时机，果断投资。

2) 根据基金的募集热度进行选择

有不少的投资者往往是在高涨时买入，在平淡或下跌时退出，"涨了会再涨，跌了怕更跌"的心理，也经常使投资者蒙受损失。殊不知平淡中隐藏着时机，退出后就可能反弹。选择基金与投资股票有类似之处，往往是在募集期热度过高的基金日后的业绩反而不佳；相反，在募集时显得平淡的基金反而会出现比较高的收益率。因此，投资基金要冷静选择、果断出手，切不可盲目地追涨杀跌。

3) 注意基金在营销时的优惠活动

很多基金公司在募集基金和持续营销时，都会举办一些优惠活动，特别是在持续营销的时候，选择举办活动的基金往往都是业绩比较好的。投资者在这个时候买入既省钱，又可以提高安全系数，一举两得，何乐而不为？

投资基金在申购时要注意时机的选择，但是基金投资毕竟是一个长期理财的过程，因此，在申购之后也不能"放任自流"。同时，投资者也应该注意到，时机的选择只是申购基金的一个因素，对投资方向的整体把握也是很关键的。

2．让时间成为朋友

巴菲特有句名言，"让时间自然而然成为投资者的朋友"。对于投资基金的投资者来说，这句话显得尤为适用。

基金作为一种投资理财工具，与股票、期货、黄金等，有着明显的区别，基金更适合长线投资。

许多投资者总是每天盯着净值看，净值升了就很兴奋，净值略有下降就特别不安，其实大可不必这样。投资基金，是一个长期的过程，投资者在投资之初，就要有长期投资的理念，不要被净值左右，更不能对市场暂时的波动太过于在意。

对于选择基金定投的投资者来说，更是要做好长期"作战"的准备，定投要求投资者每月都有投资，收益是最终的结果。如果投资者不能保持一种平和的心态，太关注市场波动，看到净值下降就想着赔了，看到净值上升就认为还会升吗，该赎回了吧？长期这样，不仅会影响到你的投资，更会影响到你的身体和生活。所以，平和稳定的心态，是基金投资者必不可少的。

套用一句时髦的话来说，投资基金，心态要淡定。淡定平和的心态有利于投资者做出正确的决策。选择基金投资理财，让时间成为朋友，你会有更多的收获。

3．购买基金后，投资者应该做些什么

虽然说投资基金属于一种长期的投资理财形式，但是并不等于在购买之后可以置之不理，投资者还是需要花费一定的时间和精力来继续关注的，并且要根据实际情况来进行实时调整。

在购买基金后，投资者要做的事情还有很多。

首先，要关注所投基金的表现。投资者要及时阅读该基金的公告和定时披露的信息，以便准确掌握所投基金的现状和收益情况。

其次，要留心基金公司的人事变动情况。投资者特别要注意基金经理的变动情况，一旦基金经理有所变动，投资者应根据具体情况随时调整自己的投资策略。

第三，了解基金市场的最新信息。除了自己所投基金的信息之外，市场的整体信息也是需要投资者了解、把握的，其中一些专家的评论也值得投资者关注。只有对基金市场信息有了全面的了解，才能帮助投资者更好地了解自己所投基金的相对表现情况，并对其发展前景做出一定的判断。

第四，遇到问题，及时咨询。不是每个投资者都有专业的知识和长期的经验，投资者不是基金专家，因此，投资者在把基金交给基金公司、基金经理管理后，特别是在遇到一些问题的时候，要及时向理财专家、投资顾问咨询，这样可以帮助投资者对资产的运营状况有更准确的认识。通常情况下，基金公司会为投资者提供咨询顾问，以帮助投资者及时解决问题。

第五，根据个人情况，及时调整分红方式。开放式基金有现金分红和红利再投资两种分红方式，投资者可以根据自己的实际情况和需求进行选择。如果投资者想增加投资额，那么可以直接向基金公司申请红利再投资(开放式基金在申购时默认为现金分红)，这样可以减少基金赎回后再申购所产生的费用。

不管投资者选择投资哪种基金，在申购之后都要及时关注，有问题及时向专家、顾问咨询，切不可高枕无忧，等待获利。

知识补充→→→

"牛市"和"熊市"的概念主要是说证券市场的行情。

"牛市"也称多头市场，指证券市场行情普遍看涨，并且能够延续较长时间升市行情。

"熊市"也称空头市场，指行情普遍看淡，延续时间相对较长的大跌市。此处的证券市场，泛指常见的股票、债券、期货、选择权、外汇、可转让定存单、衍生性金融商品及其他各种证券。

对于基金市场也可以用牛市和熊市来形容，基金普遍能够盈利的市场行情也就是牛市行情，普遍亏损的行情称为熊市行情。

4．如何确定赎回基金的时机

投资基金通常是一个长期的理财过程，但是也会受到诸多因素的影响。在恰当的时机赎回基金，可以有效地帮助投资者保证收益、减少损失。对于赎回基金的时机把握，投资者可以参考以下几点。

1）基金在比较长的一段时期内业绩表现不佳

如果你的基金持续几个月甚至一年业绩都表现不佳，那么就要果断"割肉"，及时赎回基金，避免损失扩大化。投资者也可以在赎回后转投其他业绩表现良好的基金，或者直接进行基金转换。

2）基金公司、基金经理出现问题

如果基金公司的管理或者诚信出现了问题，这个时候就不要有太理想的期待了，要及时赎回基金。同时，基金经理的离职也是决定是否赎回基金的一个重要因素。

3）达到自己的预期或承受底线

一般来说，在投资前，投资者都要确定一个预期，除了获益目标，还要有亏损的预期。在达到自己的预期或者心理承受底线时，投资者可以选择赎回基金。当然，市场是不断变化的，投资者的损益预期也要根据市场的变化实时调整。具体的赎回时间要符合投资者自身的整体要求、财务状况以及投资理财计划。

4）自身或家庭出现财务状况

在自己或者家庭出现财务状况，急需用钱的时候，投资者可以考虑赎回基金。在条件允许的情况下，可以进行再投资。

5）投资目标改变

每个人的投资理财计划都不是一成不变的，在市场变动或者个人情况有所改变时，都可能影响到自己的投资理财计划。在投资目标发生改变时，适当赎回基金可能会带来更多收益。

6）赎回基金要考虑费用问题

基金在赎回时，不是有多少就可以拿回多少的，基金的赎回是有成本的。如果你买的是股票型基金，那么，在赎回时一般要支付 0.5%的赎回费，在再次申购时又要支付 0.8%～1.5%不等的申购费。如果是在亏损时赎回，那么这笔费用是相当可观的。投资者在计算获利或者是亏损状况时，一定要将赎回基金的费用计算在内，这样的计算结果才是净收益或净亏损。

此外，投资者还要注意赎回基金的时间问题。赎回基金的时机是因人而异、因情况而定的，它和选择申购的时机一样，也要合理分析、冷静对待。同时，如果你在 T 日赎回基金，那么赎回款通常要到 T+7 日才能到账。因此，投资者还要考虑，如果再投资，期间由于时机的延误也是会产生一定的成本的；如果因为某些事情要用这笔钱，那么就必须考虑在申请赎回到资金到账这段时间可能会出现的一些问题。

总之，赎回基金和申购基金一样，需要认真考虑，毕竟一旦将基金赎回，就意味着一次投资的结束，收益或者亏损都会随着基金的赎回而明晰。同时，这次的赎回很可能就意味着一次新投资的开始，整体的时间把握是这次获益多少和下次投资的关键所在。

案例 3：及时赎回基金，解决了小史的燃眉之急

小史要结婚了，在万事俱备的时候，出现了突发状况，岳母家原定陪嫁的家用电器要小史自己先行垫付购买。这一下可把他愁坏了，为了装修房子、定酒宴什么的，已经把小史的积蓄用得差不多了，这家用电器，再省钱不也得10000 多元啊。

情急之下，小史突然想到了自己 1 年前购买的基金，"现在赎回来，应该可以解决这个问题了"，小史这样想着，第二天就去了银行。一年前小史买了某基金 10 000 份，在赎回时净值是 1.4 元，他算了算赎回金额是 14 000 元(1.4 元/份×10 000 份)，除去 0.5%的赎回费(14 000 元×0.5%=70 元)，还能拿到13 930 元。这样足以解决自己的燃眉之急了。

小史当初买入的时候净值是 1.1 元，除了当时的申购费，算下来还赚了不少呢。拿到钱的小史，已经顾不上计算自己究竟赚了多少，他想的是可以马上买电器结婚了。

四、评判基金业绩的六个标准

业绩是判断一只基金好坏、有没有购买价值的最直接标准，也是最主要的标准。那么如何判断基金的业绩？该从哪些方面来判断呢？

1. 将基金的收益与该基金的业绩比较基准比较

每只基金都有自己的业绩比较基准，这一点往往会被投资者忽视，事实

上，基金的业绩比较基准对基金业绩的判断有着重要作用。投资者将所购买基金目前的业绩情况与该基金的业绩比较基准相比较，收益情况一目了然。理论上说，基金的上涨和下跌应该和它的业绩比较基准相一致。如果一只基金大幅度低于它的比较基准，那么基本可以判定该基金没有产生良好的收益，未来的投资价值相对也比较低了。此时，投资者可以选择调整自己的投资策略，选择赎回基金或者进行基金转换。相反，当一只基金大幅度高于其比较基准时，则证明该基金已经产生了较好的收益，此时该基金对于投资者来说是获利的。

关于每只基金具体的业绩比较基准，投资者可以在招募说明书或者基金契约中查到。

2．将基金收益与股票大盘的走势作比较

对于股票型基金而言，其收益情况与股票大盘的走势是紧密相连的。如果一只基金在大多数时间的业绩表现都比股票大盘好，那么可以判断这只基金的业绩是不错的。

可以说，股票型基金的收益与股票大盘的走势是水涨船高的关系，股市上涨必然会带动股票型基金的获利。因此对于购买股票型基金的投资者来说，看股票大盘，关注大盘走势是十分必要的。选择赎回股票型基金的时机，也要和大盘的走势结合考虑。

3．将该基金收益与同类型基金的收益比较

基金的类别有很多种，不同类别的基金应该不同对待，但是同一类别的基金是可以放在一起来比较业绩的。如果你所购买的基金在同类型的基金中收益较好，说明该基金的业绩在同类基金中也是较好的。

投资者在购买基金后，不能只关注自己所购基金的业绩情况，应该在同类型基金中实时作相应的比较，这样才能看出自己所持基金的态势，从而可以根据情况调整自己的投资策略。

4．将该基金的档期收益与历史收益相比较

稳定的业绩才是成功的业绩，投资者应该看基金业绩的长期表现，而不能看到它偶尔的良好表现，就认为这只基金有好的业绩。

投资者只有将一只基金的目前收益状况与其历史收益情况相比较，才能更为准确地判断这只基金现在的业绩表现。长期表现稳定、收益良好的基金才是具有好的业绩、值得投资的基金。

5．将基金收益与自己的预期比较

投资者在投资基金之前，都会有自己的研究调查，从而得出自己的预期。如果该基金的收益与自己的预期相差较远，那么投资者就应该注意基金经理是否违反了基金契约上签订的原则，基金经理的投资方式是否影响到了基金的业绩。

6．专业基金研究机构的评判不可忽视

毕竟投资者不是专家，专业的基金研究机构对基金业绩的评判有十分重要的参考价值，比如基金评级机构的星级评定。通过专业的基金研究机构的评判结果，投资者可以更清楚地了解基金的收益情况，并且可以直观、快速地将自己所投基金与同类基金进行比较。

专业的基金研究机构每年都会对所有基金的业绩进行总结评估，然后根据基金的种类，对基金的业绩进行排行。以下是 2010 年各类型基金业绩排行榜的前五名，供广大投资者参考，如表 2-1～表 2-15 所示。

表 2-1　2010 年标准股票型基金业绩排行榜

排　名	基金名称	增长率/%
1	华商盛世成长股票	37.77
2	银河行业优选股票	29.94
3	华夏优势增长股票	24.75
4	天治创新先锋股票	23.90
5	嘉实优质企业股票	23.24

表 2-2　2010 年普通股票型基金业绩排行榜

排　名	基金名称	增长率/%
1	泰达宏利成长股票	22.32
2	泰达宏利周期股票	9.51
3	泰达宏利稳定股票	5.99
4	华安创新股票	5.04
5	招商安泰股票	-0.28

表 2-3 2010 年标准指数型基金业绩排行榜

排 名	基金名称	增长率/%
1	华夏中小板 ETF	20.71
2	南方中证 500 指数	9.40
3	易方达深证 100ETF	−3.38
4	嘉实沪深 300 (LOF)	−11.45
5	华夏沪深 300	−11.52

表 2-4 2010 年增强指数型基金业绩排行榜

排 名	基金名称	增长率/%
1	融通深证 100 指数	−3.66
2	国富沪深 300 增强	−5.89
3	华安中国 A 股增强指数	−6.65
4	富国天鼎中证指数增强	−9.06
5	长城久泰标普 300 指数	−11.05

表 2-5 2010 年保本型基金业绩排行榜

排 名	基金名称	增长率/%
1	南方恒元保本混合	12.28
2	南方避险增值混合	5.54
3	交银施罗德保本混合	4.33
4	金元比联宝石动力保本混合	4.14
5	国泰金鹿保本混合(三期)	1.00

表 2-6 2010 年偏股型基金(股票上限 95%)业绩排行榜

排 名	基金名称	增长率/%
1	华夏大盘精选	24.24
2	嘉实策略混合	19.91
3	富国天惠成长(LOF)	19.37
4	嘉实主题混合	19.11
5	大摩资源优选(LOF)	18.51

表 2-7   2010 年偏股型基金(股票上限 80%)业绩排行榜

排　名	基金名称	增长率/%
1	嘉实增长混合	24.87
2	金鹰中小盘精选混合	18.47
3	泰达红利效率优选混合	16.27
4	长盛成长价值混合	15.41
5	鹏华普天收益混合	11.37

表 2-8   2010 年灵活配置型基金(股票上限 95%)业绩排行榜

排　名	基金名称	增长率/%
1	汇丰晋信动态策略混合	12.54
2	海富通强化回报混合	12.32
3	长城安心回报混合	9.99
4	易方达积极成长混合	5.32
5	华夏稳增混合	3.76

表 2-9   2010 年灵活配置型基金(股票上限 80%)业绩排行榜

排　名	基金名称	增长率/%
1	华夏策略混合	29.50
2	东吴进取策略混合	21.24
3	银河银泰混合	18.51
4	易方达科汇混合	16.83
5	诺安灵活配置混合	16.02

表 2-10   2010 年标准债券型基金业绩排行榜

排　名	基金名称	增长率/%
1	招商安泰债券 A	5.41
2	招商安泰债券 B	4.86
3	上投摩根纯债债券 A	2.37
4	融通债券	2.26
5	上投摩根纯债债券 B	1.98

表 2-11　2010 年标准普通债券型基金(一级)业绩排行榜

排　名	基金名称	增长率/%
1	华富收益增强债券 A	14.74
2	华富收益增强债券 B	14.26
3	申万巴黎添益宝债券 A	13.69
4	申万巴黎添益宝债券 B	13.24
5	华商收益债券 A	13.04

表 2-12　2010 年普通债券型基金(二级)业绩排行榜

排　名	基金名称	增长率/%
1	长盛积极配置债券	15.54
2	国富优化增强债券 A/B	14.65
3	国富优化增强债券 C	14.07
4	宝盈增强收益债券 A/B	12.06
5	宝盈增强收益债券 C	11.62

表 2-13　2010 年封闭型股票方向基金业绩排行榜

排　名	基金名称	增长率/%
1	嘉实丰和封闭	24.89
2	融通通乾封闭	20.74
3	大成景福封闭	20.32
4	大成优选封闭	15.78
5	嘉实泰和封闭	15.41

表 2-14　2010 年货币型基金(A 级)业绩排行榜

排　名	基金名称	增长率/%
1	万家货币	2.29
2	天治天得利货币	2.28
3	银华货币 A	2.24
4	华富货币	2.23
5	华夏现金增利货币	2.20

表 2-15　2010 年保本型基金(B 级)业绩排行榜

排　名	基金名称	增长率/%
1	银华货币	2.48
2	南方现金增利货币	2.36
3	海富通货币	2.14
4	大成货币	2.05
5	鹏华货币	2.03

五、基金招募说明书的重要作用

基金在销售时，都有自己的招募说明书，而且会根据时间来随时更新其中的内容。基金的具体信息及投资的相关注意事项都会体现在招募说明书中。

很多投资者在购买基金时会忽略一些自己认为没有多大用处的环节，比如阅读基金招募说明书，有人往往会认为基金招募是基金公司的事情，与自己关系不大。事实上，基金招募说明书中的内容与投资者的投资行为息息相关，投资者在购买基金之前，一定要仔细阅读基金招募说明书。基金招募说明书是基金最重要、最基本的信息披露文件，通过阅读基金说明书我们可以充分地了解要购入的基金。

知识补充→→→

基金招募说明书是基金发起人按照国家有关法律、法规制定且在向社会公众公开发售基金时，为基金投资者提供的对所售基金情况进行具体说明的一种法律性文件。

基金招募说明书在初次公开发行之后也可以称作"基金的公开说明书"，是投资者了解基金基本信息的重要文件之一，也是投资者在投资前的必读文件。一般情况下，基金招募说明书会从基金合同生效日起，每 6 个月更新一次，并在更新后的 45 天内予以公告。

基金招募说明书中会充分披露可能对投资者的投资判断产生影响的一切信息，具体包括基金管理人和托管人的情况、基金的销售渠道、基金的申购和赎回方式及费率、基金的各种相关费用、基金的具体投资目标以及基金的收益分配方式和会计核算原则等。

对基金投资者来说，基金招募说明书有着相当重要的作用，投资者不仅可以从招募说明书中了解基金的详细信息和过往业绩表现，同时还可以根据招募说明书中所提供的信息来具体调整自己的投资计划。具体来说，基金招募说明书有如下作用。

1．帮助投资者了解基金过去的业绩表现

基金过去的业绩有很强的参照性，它在很大程度上反映了该基金未来业绩的持续性和稳定性。我们不仅要看基金近 1 年的收益状况，还应该关注基金几年来的平均收益水平。开放式基金会每隔 6 个月更新一次招募说明书，因此，投资者要在新的招募说明书中注意细节的变动。

2．帮助投资者了解基金的风险

对于投资者而言，风险说明是比较重要的部分，投资风险是要投资者来承担的，所以我们有必要对这个部分有清楚的认识。招募说明书会详细地说明基金投资的潜在风险，一般会从管理风险、信用风险、流动性风险、市场风险等多方面来说明。只有充分了解了基金的风险，投资者的投资才会更加理性。

3．帮助投资者了解基金管理者

基金招募说明书中会介绍基金管理公司和基金高管的情况，优质专业的基金管理公司和投资研究队伍是基金投资得以良好运行的保障。此外，招募说明书中还会介绍拟任基金经理的基本情况，包括基金经理的专业背景和从业经历。基金经理是整个基金的灵魂，我们可以在招募说明书中对其有个大致的了解。

4．帮助投资者制订投资计划

在基金招募说明书中会描述基金将如何在股票、债券和其他金融工具与产品之间进行配置，它是基金实现投资目标的具体计划。目前大多数基金均对投资组合中各类资产的配置比例做出了明确限定，我们应对这方面加以注意，因为这是与投资风险直接相关的。阅读招募说明书中的这部分内容，可以帮助投资者更好地制订自己的投资计划。

5. 帮助投资者了解投资基金的相关费用

基金招募说明书中都会详细地列明与这只基金相关的认购费、申购费、赎回费、管理费和托管费用等。投资者在选择购买基金时可以通过基金招募说明书中列明的费用，对其进行比较选择。

六、复利计算的 72 法则

无论投资者选择何种方式进行投资，其投资的最终目的都是为了获利。那么，如何才能让手中有限的资金实现投资利益的最大化，也成为很多投资者关心的问题。

投资基金的获利除了赎回基金之外，在投资的过程中，基金公司每年都会给投资者进行盈利的分红。分红又分为两种形式：一种是现金分红，另一种是红利再投资。现金分红就是以现金的形式将红利分给投资者；而红利再投资则是将所得红利直接购买基金份额，通过份额的增加使得投资者的收益逐渐累积。选择红利再投资，可以实现复利的效果。

1. 什么是复利

复利就是将本金及其产生的利息一并计算，也可以说是利上有利，用老百姓的话说就是"利滚利"。

复利的特点就是把上期末的本利一起作为下期的本金进行再投资。复利的具体计算公式是：复利=本金×(1+利率)×期数。假如你投资 10 000 元，回报率是 2%，投资期限是 10 年，那么按照公式计算，复利就是：10 000×(1+2%)×10=10 2000 元。

知识补充→→→

复利现值，是指在计算复利的前提下，要达到未来某个特定的资金金额，现在必须投入的本金。

复利终值，是指本金在约定的期限内获得利息后，将所得利息加入本金进行再计利息，并逐期进行"滚利计算"，直至约定期末止的所有本利的总数。

2. 复利计算的 72 法则及其优点

所谓复利的 72 法则，就是以 1%的复利来计息，72 年之后，你的本金就会变成原来的两倍。

复利 72 法则的优点在于它可以以 1 推 10 地计算。就是将百分比看做获利的一个工具，比如你用回报率为 6%的投资工具，投资金额为 1000 元，那么 12(72/6)年之后，你原来的投资金额就变成了 2000 元。

当然，复利 72 法则并不是完全精确的，但是和现实的投资回报是十分接近的。相信复利 72 法则，能为你的投资提供不少的方便。

七、风险心理承受能力测试

任何投资都具有一定的风险，虽然选择投资基金具有分散风险的优点，但是这并不代表投资基金没有风险。而基金管理人(基金公司或基金经理)只能为投资者管理资金，却不会为其承担风险。因此，投资者本身对风险的心理承受能力，在投资的过程中就显得尤为重要了。

1．投资基金有哪些风险

只有了解风险，才能更为有效地规避风险。在投资基金的过程中存在各种风险，不同的基金类型所具有的风险也各不相同。投资者只有在投资之前，认真了解基金的各种风险，才能根据自己的风险承受能力进行更为理性的投资选择。由于基金的风险高低直接与收益相关，一般情况下，高收益必定伴随着高风险，因此对于那些心理承受能力比较弱的投资者来说，应当选择那些风险较低、收益相对稳定的基金进行投资。

具体来说，投资基金具有以下风险。

1) 市场风险

对于做长期投资的投资者来说，整个市场的宏观风险才是最主要的风险，虽然基金本身有一定的风险控制能力，但在面临证券市场的整体风险时，也是难以避免的。国内国际政治、经济政策的变化都会引起证券市场价格波动，从而也会影响基金的收益和价格。对于投资者来说，投资基金所存在的市场风险是不可避免的，当金融投资市场风险袭来时，投资者需要根据具体情况，实时调整自己的投资策略。面对风险，只要心态平和、策略得当，很多投资者是可以在风险中获利的。可以说，合理利用风险也是有效规避风险的手段之一。

2) 管理运作风险

基金管理运作的好坏，其基础条件是基金管理人是否具有严密的内部控制制度和风险控制体系，投资研究团队和基金经理的能力很大程度上决定着基金风险水平的大小。开放式基金规模的频繁变动，将可能导致基金的运作状态出现问题。另外，基金的成立、运作涉及不同的机构，如托管人、会计师事务所、基金管理人等，这些都可能导致基金在机构管理、运作上产生风险。

3) 基金申、赎的未知价风险

对于开放式基金来说，申购和赎回的交易是要求按照当天的净值进行的。假如我们想要在某个时点买入或者赎回基金，需要到当天股市收盘后才能计算出当天的净值，因此，我们在申购、赎回时并不知道实际的交易价格，这种风险就是开放式基金申购、赎回的未知价格风险。

一般来说，选择在股市收盘前进行申购和赎回的交易，可以在一定程度上规避基金的未知价格风险。我国股市是在下午 3:00 收盘，那么通常来说下午 2:30 左右的大盘走势就基本稳定了，投资者可以在此时申购或赎回基金。在这种情况下，投资者当时看到的基金净值与当日收盘后的净值应该是基本一致的。

4) 流动性风险

任何一种投资工具都存在着流动性风险，即投资者在需要卖出时面临的变现困难以及不能在适当的价格和时机中变现的风险。

开放式基金在资产的流动性方面较封闭式基金来说具有更高的风险，这一点主要是因为开放式基金具有进入和退出机制，而封闭式基金则只有转让机制。

具体来讲，开放式基金的流动性风险，是指投资者所持基金在变现的过程中由于价格的不确定性而可能遭受到的风险。这种风险无论是对于投资者，还是对于基金经理来说，都是非常关心的。

例如，开放式基金在正常情况下可能不存在不可赎回的流动性风险，但是当基金面临巨额赎回或暂停赎回的极端情况时，基金投资人就有可能需要承担无法赎回或因净值下跌而低价赎回的风险。这就是开放式基金的流动性风险。

5) 不同的基金品种有各自的固定风险

证券投资基金本身的风险程度,因所确定的投资方向和所追求的目标不同而有所差异。比如有的证券投资基金主要投资于成长潜力较强的小型股票,其风险程度就较高;有的证券投资基金主要投资于业绩稳定的股票或债券市场,其收益较稳定,风险相对较小。

2.树立正确的投资心理

很多投资者进入基金市场投资都是抱着在短期内获得很大收益的梦想,以赚大钱为目的而选择基金投资不但不易实现投资目标反而会因承担了巨大的风险而遭受损失。欲在基金市场“一搏”的投资者,可能不会考虑自己未来的支出,而在基金过往业绩火爆的感召下,把自己的全部积蓄倾囊而出,这既影响正常的家庭开支,也不好应对不时之需。遇到市场的转变,我们生活可能会因此受到影响,我们的心态可能会因此而重创。

同时,很多投资者具有从众心理,看到别人买什么,自己就买什么,而往往忽视自己的实际投资计划和对市场的调查,这就是所谓投资的“羊群效应”。基金投资作为一种长期的投资理财形式,投资者在投资前应该有合理的规划,有一定的投资理财方案,根据自己的实际需求进行投资基金的选择,而不是不看市场、不考虑自己的实际情况,就盲目地跟风购买。盲目从众投资,将极有可能导致最终的投资失败。

尽管投资基金的风险相对较低,但是买基金却不能够保证盈利,靠它来致富也是极少数人才能做到的,所以作为大众投资者来讲,将投资基金定义为一种家庭理财工具更为合适。

投资基金,要根据自身的需求和实际情况制订出合理的投资理财计划,对市场的风险以及个人的心理承受能力也要有清醒的认识。至于“买什么”、“买多少”,更要因人而异,根据情况而定,切不可盲目跟风,进行与自身情况不符的投资。

总之,投资基金,要根据自身的实际情况,综合考虑各方面的因素,制订出一定的投资计划或者理财方案;同时,保持良好的心态,不博弈、不盲目,树立正确的投资心理,这才是最终获利的保障。

知识补充→→→

所谓“羊群效应”,也称为“从众效应”,是指人们受到多数人的影响,而跟从大众的思想或者行为。"羊群效应"实际上指的是人们的一种盲目从众心理，而这种心理往往会导致失败或者陷入骗局。

投资的"羊群效应"，是指单个的投资者总是根据其他同类投资者的行动而盲目跟随买入、卖出。投资者的"羊群行为"极容易导致出现市场泡沫，进而使市场的运行效率受损；同时，也会加大系统风险，从而加剧股市波动。投资者的心理也会最终在"羊群效应"的作用下产生波动。

证券投资市场的"羊群效应"，往往会导致投资者的系统性认知偏差、情绪偏差，最终出现决策偏差，从而影响投资收益。

"羊群效应"曾经在证券市场中导致过多次悲剧，因此投资者在任何市场条件下，都要有自己的主见和投资计划，不可盲目从众。

3．投资风险心理承受能力测试的必要性

风险承受能力是指一个人是否有足够的能力承担风险，也就是说投资者能承受多大的投资损失而不至于影响其正常生活。

投资者在进行投资规划时，风险承受能力与风险偏好是必须要注意的。然而在实际的投资过程中，这两个指标往往会出现矛盾，比如低风险承受能力的人却偏好购买能获得更高收益的股票型基金。投资者在进行投资决策时，应优先考虑自己的风险承受能力，而不是风险偏好。然而在实际生活中，很多投资者由于缺乏专业理财知识，往往只关注自己的风险偏好(喜欢买什么)，而忽视了自己的风险承受能力(适合买什么)。最终，由于对自身风险承受能力的忽视，导致在风险到来、投资亏损时，因为无法承受突如其来的风险，而发生一些不该发生的意外。

因为每个人对于风险的承受能力是有区别的，即使是同一个人，在不同的年龄段，其对风险的承受情况也会不同，所以，投资者在投资前应该合理分析自己的风险承受能力，根据自己的可承受风险情况，来选择确定要购买的基金种类和所要投资的金额，切不可盲目追求利益而忽视了高利益伴随的高风险。只有对风险的充分认识和准备，才能更加有效地规避风险，从而实现自己的投资目标。

综上所述，投资者在投资前做风险承受能力测试是很有必要的。作为基金销售机构，也需要在客户购买前要求客户进行测试，在客户投资超过个人风险承受力的产品时，销售人员应该对客户进行必要的提醒。

投资者在决定投资时，一定要具备良好的心态，能承受获利，也能承担风险带来的亏损。投资基金是一种理财方式，进行风险承受能力测试，树立良好的投资心理，才能帮助投资者更好地理财。

投资基金具有一定的风险，其与其他投资理财方式的风险对比情况，如表 2-16 所示。

表 2-16　各种投资方式的风险比较

投资工具	产品特色	风险情况	投资目标	投资成本
储蓄	流动性好，变现快，但获利极低，易受通货膨胀影响	低	稳定的利息收益	主要是利息税
债券	安全，流动性强，但是收益较低	较低	盈利较稳定	交易手续费和获利税费
基金	大众化，种类多，收益较高，较稳定	适中	没有专业能力，渴望资金得到较高增值	交易费和运营费
股票	流动性强，但是风险高，收益不稳定	高	追求利益最大化	买卖税费和交易手续费
期货	有杠杆机制和保证金制度，以小博大，投机操作风险巨大	极高	希望在短期内获得高额利益	交易手续费
实盘外汇	工作日 24 小时随时交易，便于获利和控制风险	适中	利用国际政治经济变化获取投资利益	银行收取交易点差
保证金外汇	工作日 24 小时保证金交易，风险巨大	极高	利用汇率的波动盈利	交易商收取交易点差

案例 4：投资基金给老陈的生活带来了转变

已经年过花甲的老陈，与大部分同龄人一样，一生勤俭度日。在前几年，他和老伴双双退休之后，生活一下子变得黯然失色。

为了不再每天窝在家里与电视相伴，考虑再三，老陈决定和老伴一起下海做股民。退休前老陈是一名中学老师，现在好像突然转换人生角色，成为了一名小学生。面对股票那些红红绿绿的图呀、线呀，老两口好像是面对天书一般茫然。工欲善其事，必先利其器。于是，老陈和老伴忙碌了起来，书店的财经专柜、各种证券知识讲座、理财课堂以及电视财经节目等，把他们忙得不亦乐乎。

之后的几年时间，老陈和老伴就像原来每天上、下班一样早出晚归，只是工作时间变为早9:30到下午3:00，工作地点就是证券营业部的散户大厅。在那里，他们也结识了很多同龄的朋友，因为志同道合，大家聊起天来颇为投机。忙碌的生活，到底是为了挣钱还是为了寻找乐趣，恐怕没人能说得清。"股市有风险"，老陈一直把这句话牢记在心，所以也把"多看少动"演绎到了极致。操作少的另外一个原因，是老两口总是无法就买进哪只股票达成共识，最后只能各买各的。那几年，正赶上股改前的熊市，挣钱简直就是天方夜谭。他们像大多数股民一样，在股市里过着水深火热的生活。最后，还是老伴儿的一句话提醒了他："天才做股票，凡人买基金，我看咱们还是买点儿国债、基金什么的吧，虽然收益有限，但是风险也低呀！"就这样，老陈听从老伴的建议，转而加入了基民的行列。

刚开始，买了基金后，老陈还像以前看股票那样关注它的起起落落，当时走势平缓的基金可是把急脾气的老陈折磨得够呛，甚至还对基金进行了几次"高抛低吸"，虽然收益微乎其微，但成功的滋味让他第一次尝到了理财的乐趣。"虽然买了基金，但我和老伴对其还是一知半解，后来听了一些讲座，才有了初步认识。"经过对基金历史业绩、管理团队以及各方面的比较，老两口最终选中了一只基金，"这一次，我俩居然出奇地一致"，老陈显得有点兴奋。买了几万元的基金，没过多久就有了不菲的回报，这可是大大出乎老陈的预料。不用往营业大厅跑，不用天天看盘，不用自己神经紧张，几乎是不费吹灰之力，他们就赚到了钱。"这可是我俩有生以来第一笔'不劳而获'的钱呀！"，一想起来老两口儿就乐得合不拢嘴，还经常互相攻击对方是"财迷"，家里也因此充满欢声笑语。

在大盘开始回调的时候，老伴儿跟老陈商量，想卖掉一些基金。老伴话刚出口，老陈的脑袋就摇成了拨浪鼓："咱俩的退休金都不少，看病有保险，家里又不缺钱花，那利润与其拿出来，还不如继续持有基金呢！"他还教育老伴："闻道有先后，术业有专攻，人家基金公司里，都是顶尖的专家在为我们理财，要我说呀，只要国家的宏观经济好，基金就能长久看涨！"老陈坚定的语气感染了老伴，于是，他们手里的基金一直拿到现在，从股票的亏损到基金的盈利，在投资理财的路上，这对花甲老人也时髦地坐了回过山车，感受了一回惊心动魄的刺激。

老陈说："作为花甲之年的人，我和老伴的一生，是伴随着我们的国家从成立到发展再到富强，只有经历过那些坎坷岁月的人，才能感受到今天的生活是多么得幸福！发展的道路不会一帆风顺，经济问题也是如此。现在，世界各国的经济，以美国为首，大大小小都出现了一些问题，中国怎能独善其身？在这个时候，我们只能更加团结，才能战胜困难，挺起脊梁！"

前两天老陈还带着老伴去听了一堂理财专家关于基金定投的课。现在的老陈办理了基金定投，数额不多，是他们老两口儿平均每月退休金结余的一部分，以前是存银行，现在改定投基金，从形式上看，没什么区别，但本质上，理财已经改变了他们的生活。

老年人，特别是刚刚退休的老年人，往往会有寂寞感，一下子没了工作，多数的老人很不适应。而现在，投资基金的热潮及其具备的风险低等特点，吸引了很多老年人的目光，有不少像老陈和其老伴一样的老人，都投身到了"基市"当中。这不仅改变了老年人寂寞的生活，给他们带来了乐趣，更多的是，利用基金投资理财让老年人有了"老有所养、老有所为"的幸福感。

第3章

如何购买基金

本章导读

认识和了解了基金的各项基本概念，选择出适合自己的基金后，下一步就是如何购买基金了。

基金销售渠道的多样化，也给广大投资者提供了多样化的选择，如何购买更方便、更省钱，也成为大家关注的问题。

本章将主要介绍购买基金的渠道、程序，以及在购买过程中涉及的相关费用问题。同时，也将向投资者介绍购买基金的省钱绝招。

精彩看点

💲 基金购买的一般渠道

💲 开设基金账户的途径

💲 如何认购开放式基金

💲 封闭式基金的投资要点

💲 选择适合自己的基金购买渠道

💲 了解基金买卖过程中的费用

💲 怎样申购开放式基金

💲 购买基金的十大省钱绝招

基金定投——选好扣款日期

为了不做"月光族",很多年轻人开始选择用基金定投的方式来理财。小李就是基金定投大军中的一员。

为了方便,小李的基金定投款——每月 800 元,是固定日期从工资卡中划拨的,只是从买基金那天开始,她就没怎么管过,心想着,反正每月扣款,差不多再说呗。

国庆节休假,小李的时间充裕了。可是当她上网查询的时候,却吓了一跳,自己的基金定投在两个月前被终止了。"难道是基金公司破产了?"小李心慌了。

她赶紧拨打基金公司的服务热线,又跑到银行柜台去咨询。折腾了大半天,小李才明白过来。从 6 月份开始,小李的账户就因为余额不足而扣款失败,这样的事情连续出现了 3 次,所以从 8 月开始,她的定投业务就被自动终止了。

小李想想这几个月的事,同事结婚、家里急需,加上自己平时网购、刷卡购物,钱全是从工资卡上支付的。卡里缺钱是肯定的。

同时,银行工作人员还提醒小李,说她的基金定投扣款日期选择得不合理。小李的基金定投是每月 26 号扣款,也就是将近月底了;而她的工资发放时间却是在每月 8 号,之间相差了两周。这样由于一些开销和特殊需要,会导致到了扣款日,卡里的钱却不够了。

分析了上述原因,小李又重新开办了基金定投,并且把定投的扣款日期改成每月的 10 号。

这样,小李又继续放心地开始自己的基金定投理财生活了。

一、基金的购买渠道

了解了基金的相关知识，选择了基金公司和基金经理，确定了适合自己的投资基金，下一步就是要购买基金了。

基金的种类繁多，其销售渠道也是多样化的。同时，投资市场上还有很多没有法律保障的私募基金，它们的存在不仅扰乱了正常的投资环境和秩序，也损害了广大基金投资者的利益。所以我们在购买基金时，一定要保证购买渠道的正规性，确保资金的安全。

1．了解基金购买的一般渠道

购买基金一般是通过三个渠道：证券公司、银行代销网点和基金公司直销中心。

1) 到证券公司购买

证券公司通过与基金公司的合作来代销基金。普通的投资者需要持本人身份证到证券公司开户，开户时还需要办理与该证券公司合作的相关银行的银行卡。

证券公司尤其是大规模的证券公司一般代销的基金品种都比较齐全，并且支持网上交易，这是证券公司代销基金的一大优势。证券公司的客户经理会主动做出产品介绍，基金投资者能够享受到及时到位的投资咨询服务。在证券公司购买基金，资金的存取通过银证转账，可以将证券、基金等多种产品结合在一个交易账户管理，以便操作。

证券公司代销基金的缺点是，其网点比银行网点相对较少，首次办理业务需要到证券公司网点进行，必须在证券公司开立资金账户才能进行购买操作。在证券公司购买基金一般不如到基金公司直接购买费用低廉，因为基金公司要付给券商一些佣金。

2) 在银行代销网点购买

银行是最传统的基金购买渠道。目前，绝大多数银行都代销基金产品，投资者只需到相关银行办理一个普通的借记卡账户，同时开通购买基金的功能（"网银通"），就可以在银行柜台或者该银行的网上银行购买基金了。一般情况下基金公司会把它的托管行作为指定代销银行。

银行机构代销基金模式有着良好的信誉和网点众多等优势，一般投资者都比较青睐到银行购买基金。同时到银行购买基金，存取款也非常方便。另外，银行通常会同时代销多家基金公司的产品，这就为想做基金组合投资的投资者提供了便利。

但是，通过银行购买基金一般不能享受到申购费的优惠，而且各个银行代理销售的基金品种和数量也不同，很多都是以新基金为主，有时银行还会和基金公司合作推出打折等一些优惠活动。因此，打算在银行代销网点购买基金的投资者，在到银行开户之前，最好先查看一下各银行代销的基金品种和费率情况，以便于更好地选择。

值得注意的是，银行一般不会代理一家基金管理公司旗下的所有基金品种，所以我们办理基金转换业务手续时可能要往返多个网点。

目前，各个银行代销点都开设了网上银行，网上银行通常会在申购费用上有一定的优惠，投资者通过网上银行购买基金更方便、更省时省力。通过网上银行购买基金的流程如图 3-1 所示。

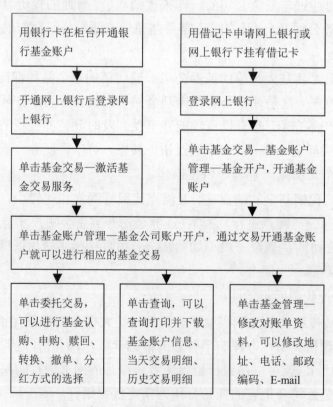

图 3-1　网上银行购买基金流程

3) 在基金公司直销中心购买

基金公司的直销分为柜台直销和网上直销。柜台直销一般面向高端客户群体，由专业人员提供咨询和跟踪服务。网上直销面向广大中小投资者。

因为网上直销大大节省了中间环节和各种费用成本，所以对广大投资者有利。通过基金公司网上直销中心购买基金的优点是，可以通过网上交易实现开户、认(申)购、赎回等手续的办理，享受交易手续费优惠，不受时间和地点的限制。网上交易是目前最流行的基金交易模式，只要在电脑前轻轻点击，交易就可以轻松完成。

基金公司直销的缺点是，当客户需要购买多家基金公司的产品时，就需要在多家基金公司办理相关手续，投资管理比较复杂。比如一家基金公司只认可一种银行账户，如果投资于多家基金公司，投资者就需要到多家银行办理开户，这比通过银行和证券公司代销机构购买要麻烦得多。

除上述三种基金购买渠道外，邮政储蓄网点现在也成为基金销售的另一个渠道。

2．选择适合自己的基金购买渠道

基金的销售渠道很多，每种渠道都具有自身的优势和不足，投资者需要根据自己的实际情况来选择购买渠道。

对于工薪阶层或年轻白领一族，更加适合通过证券公司网点来实现一站式管理。这样一个账户就能够实现多重投资产品的管理，同时，利用网上交易或者电话委托操作也更加便利。想要投资基金的股民朋友，还可以直接通过自己原来的证券资金账户来购买基金，这无疑是一个很好的途径。

对于年纪稍大的中老年基金投资者来说，适合到周边的银行网点或证券公司网点购买基金。因为中老年投资者可能对基金缺乏了解，而通过这些渠道，可以依靠客户经理的理财建议做出合适的投资选择。

对于专业能力比较强，同时有足够精力的投资者来说，可以直接到基金公司购买基金，或者通过基金公司的网站来进行网上认购或申购。基金公司的直销其实是很好的选择，因为它可以节省很多中间销售环节的费用。目前，基金公司的直销有在基金公司柜台直销和网上直销两种类型。

案例 1 : "投基有道" ——姜先生的正确选择

　　姜先生计划买开放式基金，但是他看到银行、证券公司以及邮政储蓄都打出销售基金的广告，面对这么多销售渠道，到底该从哪家买更好呢？姜先生家门口就有一家银行代售基金，他到银行柜台咨询时，发现这家银行的工作人员竟然不知道他们银行目前正在发售哪些基金，对自己提出的一些问题，回答的也是含糊其辞。无奈，姜先生只能去找一个在证券公司工作的朋友咨询，朋友告诉他，在证券公司的网上交易系统就可以买开放式基金。于是，姜先生开通了证券账户，去证券公司签署了购买基金的协议，然后就回家通过网上交易系统轻松买到了自己需要的基金。

二、开设基金账户的途径

　　购买基金首先要开立基金账户。基金账户，又称为"TA 基金账户"(Transaction Account)，是指注册登记人为投资者建立的用于管理和记录投资者交易的基金种类、数量变化情况的账户。按照规定，在基金的销售文件中对基金账户的开立条件、开立程序都有明确说明，这些销售文件将放置于基金销售网点，供投资者开立基金账户时查阅。

　　基金账户用来记载投资者的基金持有及变更情况，如果我们已经决定了购买某基金管理公司的基金，首先必须到该基金公司指定的销售网点开立基金账户。投资者开设基金账户应该向销售网点提供书面申请，并且需要出具基金招募说明书及基金契约中规定的相应证件。个人投资者的证件通常包括：有效的个人身份证件(如身份证、军官证、士兵证、回乡证等)、用于结算的银行账号、预留印鉴卡等。法人投资者的有效证件包括营业执照复印件和法定代表人证明书及法定代表人授权委托书等。一般来说，开设基金账户的开户费为人民币 5 元。需要投资者注意的是，第一次购买基金时需要本人亲临销售商柜台办理开户，第二次开始的交易手续可以使用销售商提供的电话、网络等电子化远程交易方式。基金的开户渠道不同，开户程序也略有差别。

1. 在基金公司开立账户

　　在基金公司开立基金账户首先要带上身份证到基金公司指定的银行办理银行卡，同时开通网上银行服务，然后在有关基金公司的网站上开通基金账户，即可进行基金交易。如果我们以前已经在银行或者证券公司开立过基金账户，此时无须开立新的基金账户，直接使用原来的基金账户即可。

2．在银行开立账户

在银行开立基金账户的程序一般来说比较简单，只需要带上身份证办理一个银行活期存折或者办理一张普通的借记卡，然后选择银行有代理销售权的一家基金公司开立它的账户即可。为了操作的方便，开户的同时最好开通网上银行和电话银行业务，以后就不必天天跑银行了。不知道如何在银行开立基金账户的投资者也不用害怕，因为一般情况下，银行都会有基金销售人员或者柜台人员给予帮助。

3．在证券公司开立账户

在证券公司开立基金账户相对于前两种情况要稍微复杂一些，尤其对没有开立股票账户的朋友来说更是如此。证券公司开立基金账户通常需要两个步骤。首先要开立证券公司资金账户，然后才能开立基金账户。开立证券公司资金账户，不仅要在证券公司柜台办理，还要到银行办理相应的账户后，开通银证转账。投资者在证券公司开立基金账户，可以向柜台人员或者客户经理咨询相关事宜。

知识补充→→→

对于基金投资者来说，开设基金账户时，还需注意以下事项。

(1) 每张身份证只允许开设一个基金账户。

(2) 已经持有证券账户的投资者，不得重复开设基金账户。

(3) 不得在异地开设基金账户。

(4) 投资者的一个资金账户只能对应一个基金或股票账户，且基金账户只能用于上市基金、国债及其他债券的交易，不可用于股票的交易。

(5) 不得由他人代办基金账户。

三、基金买卖过程中的费用

基金是一种适合长期投资的品种，不适合短期内频繁操作，基金的赎回也应该慎重考虑，频繁地操作只能增加投资成本，对投资无益。对于封闭式基金来说，除了投资运作费用外，买卖交易过程中还需要向证券公司交纳交易费用。开放式基金在销售和运作的过程中也同样会发生一些费用，这些费用最终都要由基金投资人来承担，用于支付基金管理人、基金托管人、销售机构和注册登记机构等提供服务的费用。开放式基金的费用主要分两大类：一类是基金投资人，即持有者直接负担的费用，另一类是基金运营费用。

1. 基金投资人（持有者）直接负担的费用

基金持有者直接负担的费用是指在认购、申购、赎回、转换交易时，需要投资者直接交纳的费用。

◆ **认购费用**：指新成立的基金在募集期，购买基金所要交纳的费用。

◆ **申购费用**：指基金对外开放之后，买入基金所要交纳的费用。

◆ **赎回费用**：指不想再持有基金，赎回变现时所要交纳的费用。

◆ **转换费用**：指改变基金投向的意愿，转投原基金公司管理下的其他基金品种所要交纳的费用。

我国《开放式投资基金证券基金试点办法》规定，开放式基金可以收取申购费，但申购费率不得超过申购金额的 5%。目前申购费费率通常在 1% 左右，并随申购金额的大小有相应的减免。开放式基金收取认购费和申购费的目的主要用于销售机构的佣金和宣传营销费用等方面的支出。

我国《开放式投资基金证券基金试点办法》还规定，开放式基金可以收取赎回费，但赎回费率不得超过赎回金额的 3%。目前赎回费率通常在 1% 以下，并随持有期限的长短有相应的减让。基金转换费的计算可采用费率方式或固定金额方式，采用费率方式收取时，应以基金单位资产净值为基础计算，费率不得高于申购费率。通常情况下，此项费用率很低，一般只有百分之零点几。转换费用的有无或多少具有较大的随意性，同时与基金产品性质和基金管理公司的策略有密切关系。例如，伞式基金内的子基金之间的转换不收取转换费用，有的基金管理公司规定一定转换次数以内的转换不收取费用或由债券基金转换为股票基金时不收取转换费用等。

2. 了解基金运营费用

基金的运营费用是指基金在日常运营过程中所发生费用的总称，主要包括基金管理费用、基金托管费用、基金清算费用、红利再投资费用、销售服务费用等，还包括每年向会计师、律师等专业服务机构支付的服务费用。这些费用是从基金资产中支付的，不需要向投资者直接收取，因此它们也统称为由投资者所承担的间接费用。

◆　基金管理费，是支付给实际运用基金资产、为基金提供专业化服务的基金管理人的费用，也就是管理人为管理和操作基金而收取的报酬。基金管理费年费率按基金资产净值的一定百分比计提，不同风险收益特征的基金，其管理费相差较大，比如目前货币市场基金为 0.5% 左右，债券基金通常为 0.65% 左右，股票基金则通常为 1%~1.8%。管理费逐日计提，月底由托管人从基金资产中一次性支付给基金管理人。

◆　基金托管费，是基金托管人为基金提供服务而向基金公司收取的费用，比如银行为保管、处置基金信托财产而提取的费用。托管费通常按照基金资产净值的一定比例提取，目前通常为 0.25% 左右，逐日累计计提，按月支付给托管人。此费用也是从基金资产中支付，不须另向投资者收取。

◆　基金清算费用，是指基金终止时清算所需要的费用，按清算时的实际支出从基金资产中提取。

◆　红利再投资费用，是投资者将开放式基金的分配收益再投资于基金所需支付的费用。红利再投资费用的计算可采用费率方式或固定金额方式；采用费率方式收取时，应以基金单位资产净值为基础计算，费率不得高于申购费率。一般情况下，红利再投资免收手续费。

3. 投资基金存在的非交易费用

其他非交易费用包括开户费、转换注册费(转托管费)等。开户费指投资人在开立基金账户时需要支付的费用；转换注册费(转托管费)指投资人办理基金单位在不同销售机构的交易账户间的转托管业务时支付的费用；账户维护费指基金管理人向投资人收取的用于管理维护投资人基金账户的费用。这些费用以固定金额的方式收取。

在基金买卖的过程中，所产生的费用种类很多，也是投资者不能忽视的，因为这些费用都要由投资者直接或间接承担，它们会直接影响到投资者的收益情况，所以我们在计算最终的收益或亏损时，一定要将上述费用算在其中。

总之，基金投资者在投资过程中所需要承担的费用不仅仅是申、赎基金的费用，还有很多可能被忽视的费用。概括起来讲，投资者在整个基金投资过程中所需要承担的基本费用有以下八项。

- 基金管理人的管理费。

- 基金托管人的托管费(转托管费)。

- 基金的销售服务费用。

- 基金合同生效后的信息披露费用。

- 基金合同生效后的会计师和律师费用。

- 基金份额持有人大会费用。

- 基金的证券交易费用(包括认购、申购、赎回和基金转换的费用)。

- 按照国家有关规定和基金合同约定，可以在基金资产中列支的其他费用。

值得投资者格外注意的是，以下三项费用不列入基金费用。

- 基金管理人和基金托管人由于未履行或者未完全履行义务导致的费用支出或基金财产的损失。

- 基金管理人和基金托管人处理与基金运作无关的事项所产生的费用。

- 基金合同生效前的相关费用，比如验资费、合同生效前的信息披露费、会计师和律师费等。

知识补充→→→

在基金买卖的过程中，除了上述我们提到的需要投资者直接或者间接承担的费用之外，还有一项值得关注的费用——基金税费。

一般情况下，基金税费包括所得税、交易税和印花税三类，我国目前对个人投资者的基金红利和资本利得暂未征收所得税，对企业投资者获得的投资收益应并入企业的应纳税所得额，征收企业所得税。鉴于基金的投资对象是证券市场，基金的管理人在进行投资时已经交纳了证券交易所规定的各种税率，所以投资者在申购和赎回开放式基金时也不需交纳交易税。

根据财政部、国家税务总局财税[2002]128 号《关于开放式证券投资基金有关税收问题的通知》、财税[2004]78 号《关于证券投资基金税收政策的通知》、财税[2005]102 号《关于股息红利个人所得税有关政策的通知》、财税[2005]103 号《关于股权分置试点改革有关税收政策问题的通知》、财税[2007]84 号《关于调整证券(股票)交易印花税税率的通知》、2008 年 4 月 23 日发布的上海、深圳证券交易所关于做好交易相关系统印花税率参数调整的通知及其他相关税务法规和实务操作，主要税项列示如下。

(1) 以发行基金方式募集资金不属于营业税征收范围，不征收营业税。

(2) 基金买卖股票、债券的差价收入暂免征营业税和企业所得税。

(3) 对基金取得的企业债券利息收入，由发行债券的企业在向基金派发利息时代扣代缴 20% 的个人所得税，暂不征收企业所得税。对基金取得的股票的股息、红利收入，由上市公司在向基金派发股息、红利时暂时按50%计入个人应纳税所得额，依照现行税法规定即 20%代扣代缴个人所得税，暂不征收企业所得税。

(4) 基金买卖股票于 2008 年 4 月 24 日前按照 0.3%的税率缴纳股票交易印花税，自 2008 年 4 月 24 日起按 0.1%的税率缴纳。

(5) 基金作为流通股股东在股权分置改革过程中收到由非流通股股东支付的股份、现金等可以暂免征收印花税、企业所得税和个人所得税。

四、认购、申购和赎回基金的方法

开放式基金与封闭式基金在运作上是不同的。

对于封闭式基金而言，基金的认购也就是基金的申购过程，并且是在基金刚成立时进行的，基金上市之后只能在证券交易所交易；封闭式基金有一定的续存期，在续存期内是不能够赎回的。基金的认购与申购主要是针对于开放式基金而言，基金刚成立时购买叫做开放式基金的认购，成立后购买叫做申购。

1．如何认购开放式基金

与封闭式基金不同，开放式基金一般不在交易所挂牌上市交易，而是通过银行等销售网点直接销售，所以投资者需要到相关网点办理开放式基金的认购、申购以及赎回。

开放式基金的认购过程可以概括为以下三个步骤。

1) 办理开户手续

个人投资者在申请开户时需要提供以下材料。

◆ 本人身份证件。
◆ 代销网点当地城市的本人银行活期存款账户或对应的基金规定开户行的银行卡。
◆ 已填写好的《账户开户申请表》。

机构投资者可以到基金管理公司直销中心或基金管理公司指定的代理开户的代销网点办理开户手续。

机构投资者申请开立基金账户需要提供以下材料。

- ◆ 已填写好的《基金账户开户申请书》。
- ◆ 企业法人营业执照副本原件及复印件，事业法人、社会团体或其他组织则须提供民政部门或主管部门颁发的注册登记书原件及复印件。
- ◆ 指定银行账户的银行《开户许可证》或《开立银行账户申报表》原件及复印件。
- ◆ 《法人授权委托书》及加盖预留印鉴的《预留印鉴卡》。
- ◆ 前来办理开户申请的机构经办人身份证件原件。

开放式基金在招募说明书中对开户会有介绍，但是不同的基金在招募说明书中的介绍也不尽相同，所以具体的开户注意事项还是要以相对应的基金公告为准。

2) 认购过程

个人投资者认购基金必须提供以下材料。

- ◆ 本人身份证件。
- ◆ 基金账户卡(投资者开户时代销网点当场发放)。
- ◆ 代销网点当地城市的本人银行借记卡(卡内必须有足够的认购资金)。
- ◆ 已填写好的《银行代销基金认购申请表(个人)》。

机构投资者在直销中心认购，必须提供以下材料。

- ◆ 已填写好的《认购申请书》；
- ◆ 基金账户卡；
- ◆ 划付认购资金的贷记凭证回单复印件或电汇凭证回单；
- ◆ 前来办理认购申请的机构经办人身份证原件。

机构投资者申请认购开放式基金，应先到指定银行账户所在银行，将足额认购资金从指定银行账户以"贷记凭证"或"电汇"方式，按规定划入"基金管理人申购专户"，并确保在规定时间内到账。

机构投资者在直销中心认购基金必须提供以下材料。

- ◆ 已填写好的《认购申请书》。

- ◆　基金账户卡。
- ◆　划付认购资金的贷记凭证回单复印件或电汇凭证回单复印件。
- ◆　前来办理认购申请的机构经办人的身份证原件。

机构投资者在代销网点认购基金须提供以下材料。

- ◆　已填写好的《银行代销基金认购申请表》。
- ◆　基金账户卡。
- ◆　在代销银行存款账户中存入足额的认购资金。
- ◆　经办人身份证原件。

3) 确认

投资者可以在基金成立之后向各基金销售机构咨询认购结果，并且也可以到各基金销售网点打印成交确认单；此外，基金管理人将在基金成立之后按预留地址将《客户信息确认书》和《交易确认书》邮寄给基金投资者。

通过上述三个流程，我们就完成了开放式基金认购的全过程。

2. 怎样申购开放式基金

开放式基金成立后，可以有一段短暂的封闭期，通常是三个月。开放式基金成立初期，可以在基金契约和招募说明书规定的期限内只接受申购，不办理赎回，但该期限最长不得超过 3 个月。之后即进入日常申购、赎回期。封闭期结束后，开放式基金每周至少有一天应为基金的开放日，基金在开放日接受办理基金投资人申购、赎回、转托管、基金之间转换等交易业务。

1) 申购流程

开放式基金的申购是指投资者申请购买已经成立了的开放式基金的行为，基金的申购可以以书面或者其他认可的方式进行。基金管理人接到投资人的购买申请时，应按当日公布的基金单位净值加上一定的申购费用作为申购价格。

开放式基金申购的具体流程如下。

- ◆　提出申购的投资者必须根据基金销售网点规定的手续，在工作日的交易时间段内向基金销售网点提出申购申请，填写《申购申请表》。
- ◆　网点接受申请表和账户卡，并对其进行审核合格后，网点录入信息并冻结申购款，同时将有关信息传至基金公司 TA(Transfer Agent，过户代理)登记。

TA向网点下传申购确认信息，同时将信息传至管理人。

◆ 基金管理人以收到申购和赎回申请的当天作为申购或赎回申请日(T日)，并在T+2工作日前(包括该日)，对该交易的有效性进行确认。如果申购成功，则将申购款划至基金托管人账户，同时基金单位入账投资人领取申购确认凭证。如果申购失败，则申购款解冻，退还给投资者。

2) 注意事项

我们在填写《申购申请表》时，一定要注意填写项目的具体内容。选择采取一次性投资还是定额定期投资，孰优孰劣不能一概而论。前者需一次性投入大量资金，后者会定期(例如每个月)从我们的资金账户中划出较小数量的固定金额用于申购，因此后者对偏好细水长流风格的投资人有较强的吸引力。但是，有些基金对于一次性申购金额较大者采取优惠费率，这时一次性投资就能享受低费用的好处。

此外我们还可以选择现金分红还是红利再投资。倘若选择现金分红，基金每一次分红后，我们可以拿到现实的资金，但这部分资金可能丧失了投资机会。应该注意的是，基金总回报的计算数据，往往是以投资人都选择红利再投资为假设前提的。

目前，不同的基金对于每个账户首次申购的最低金额要求不等，同一只基金代销网点和直销网点对每个账户的最低金额要求也不等。例如，代销网点为1000元，而直销网点可能为10000元。无论采取哪种方式，我们都要保存好申购的确认凭证，这样才可以对自己的投资有个记录。多数基金管理公司每个季度或每个月都会向投资人寄送对账单。

3) 拒绝或停止申购

在开放式基金达到一定规模时，基金管理公司可以决定将基金封闭，即只接受赎回，不再接受申购。这就是开放式基金的自行封闭。基金规模并非越大越好，目前我国在既定的股市流通市值规模下，基金规模有一个相对的最优规模。

每个基金经理都有其熟悉的股票和投资区域，当基金规模增长过快时，基金经理不得不把超额的资金投向其不熟悉的股票和投资区域，就会对基金的业绩产生不利影响。另一方面，基金规模太大，在实际操作中难以维持良好的盈利表现。比如，当某只超级股票基金打算投资某公司股票时，很快就会引起市场注意，该基金的计划部署还没有完成，股票价格已被市场投资者抬高。同时超级股票基金也难以对有快速增长潜力的小公司投资，因为这些小公司相对于基金的规模太小，即使对该小公司投入数百万美元，结果对基金的整体盈利表现却无足轻重。基金管理公司解决的方法就是自行宣告将基金封闭，即基金只可赎回，不可购进。而在封闭原有基金的同时，又会为投资者开设同类的新基金。这样一来，既保持了原基金的运作，又避免了客户的流失。

开放式基金宣布自行封闭，并不等同于封闭式基金。一般说来，随着市场情况的变化，自行封闭的基金会重新开放。

3．开放式基金的赎回原则

基金在存续期间，已持有基金单位的投资人要求基金管理人购回其持有的基金单位的行为，称为基金的赎回。基金赎回也是以书面方式或经认可的其他方式进行的。

基金可办理赎回的时间为深、沪证券交易所交易日的交易时间。即深、沪证券交易所交易日上午 9:30～11:30，下午 1:00～3:00 时间段。我们可通过基金管理人或者指定基金销售代理人以电话、传真或网上等形式赎回基金。当日 15:00 点前赎回操作，是以当日收盘以后公布的基金净值计算的。15:00 股市收盘之后申报的赎回单，则是以次日的收盘价值为记价标准。收到赎回客户指令后，基金公司需要进行资金结算，因此需要耗费一定的基金赎回时间。

1) 赎回条件

多数开放式基金的设计方案对基金的赎回都有一定的条件限制。附加赎回条件是保障开放式基金日常运营稳定的重要手段，同时也是为了避免因资金大面积赎回导致的风险。这些限制条件在基金成立时都会有明确的说明，主要包括以下几个方面。

① 时间条件。首次发行募集完一定的资金，在基金运作一段时间后才允许赎回，一般都在 3 个月以上。另外对可赎回日期也有限制，有些基金并不是每个工作日都可以赎回，一般将每周或每个月固定的几个日期定为申购或赎回的日期。最后是对赎回款到账日期的限制，即从接到基金份额持有人提出的赎回要求，到向持有人支付赎回款的时间，为了方便投资者，通常这

段时间不会太长，多数基金规定为 5～7 天。

② 额度条件。开放式基金对赎回的额度条件限制主要是为了应对巨额赎回设立的。一般基金不会刻意限定投资者的赎回额度，只有当赎回的总量超过一定的比例时，才会做一些特殊的安排。比如在某一个交易日，如果赎回要求超过发行单位总数的 10%，则 10% 以外的赎回要求可延迟至下一个交易日办理，或者所有的申请均按一定的缩小比例办理，余额延迟至下一个交易日办理。

③ 费用限制。赎回费用是为了使投资者不在买入基金后很快就赎回，目的是为了保障基金公司的利益。赎回基金，需要投资者付出一定的费用为条件，也在一定程度上限制了投资者赎回基金。在赎回基金份额时，基金公司按赎回金额的一定百分比向投资者收取费用。这个费用不是固定不变的，投资者持有基金的时间越长，费用率就越低。例如某基金规定持有时间不满 1 年赎回费率为 0.5%，满 1 年不满两年赎回费率为 0.2%，满两年赎回费率为 0。

2) 赎回流程

开放式基金的赎回流程与其申购流程类似，具体如下。

◆ 填写赎回申请表，然后将填好的申请表和账户卡交给代理销售网点或者基金公司。

◆ 网点对其申请赎回资料进行审核，合格后录入相关信息，并冻结相应赎回份额，同时将有关信息传至 TA(Transfer Agent，过户代理)。TA 向网点下传赎回确认信息，并同时将信息传给托管人和管理人。

◆ 基金托管人下划赎回款，网点收到赎回确认信息以及赎回款项。赎回成功后，网点将赎回款划至投资人资金账户，投资人领取赎回款和确认凭证。如果赎回失败，原来冻结的基金单位解冻。

3) 基金的巨额赎回

开放式基金单个开放日，基金净赎回申请超过基金总份额的 10% 时，才能确定为巨额赎回。发生巨额赎回并延期支付时，基金管理人应当通过邮寄、传真或者招募说明书中规定的其他方式，在招募说明书中规定的时间内通知基金投资人，说明有关处理方法，同时在指定媒体或其他相关媒体上给予公告，通知和公告的时间最长不得超过 3 个证券交易所交易日。

当发生巨额赎回时，基金管理人可以根据本基金当时的资产组合状况接受全额赎回、部分延期赎回或暂停赎回。具体可按照以下方式操作。

① 全额赎回。当基金管理人认为有能力兑付投资者的全部赎回申请时，应该按照正常赎回程序执行，对投资者所投资金进行全额赎回。

② 部分延期赎回。当巨额赎回申请发生时，基金公司在当日接受的赎回比例不低于基金总份额 10%的前提下，可以对其余赎回申请延期办理。对于当日的赎回申请，应当按单个账户赎回申请量占赎回申请总量的比例，确定当日受理的赎回份额。未受理部分可延迟至下一个开放日办理，并以该开放日当日的基金资产净值为依据计算赎回金额，我们可以在申请赎回时选择将当日未获受理的部分予以撤销。

③ 暂停赎回。基金连续两个及两个以上开放日发生巨额赎回，如基金管理人认为有必要，则可暂停接受赎回申请。发生基金契约或招募说明书中未予载明的事项，但基金管理人有正当理由认为需要暂停开放式基金赎回申请的，应当报经中国证监会批准，经批准后，基金管理人应当立即在指定媒体上刊登暂停公告。暂停期间，每两周至少刊登提示性公告一次，暂停期间结束，基金重新开放时，基金管理人应当公告最新的基金单位资产净值。已经确认的赎回申请最多可以延迟 20 个工作日支付。

在出现以下情况时，基金管理人才可以拒绝或暂停投资者的赎回申请。

◆ 因不可抗力的原因导致基金无法正常运作。
◆ 证券交易场所交易时间非正常停市导致基金管理人无法计算当日基金资产净值。
◆ 基金资产规模过大，可能对基金业绩产生负面影响并损害基金份额持有人的利益，或基金管理人认为无法找到合适的投资机会。
◆ 基金管理人认为会有损于已有基金份额持有人利益的其他申购。
◆ 法律、法规规定或经中国证监会批准的其他情形。

4．开放式基金的赎回策略

基金的卖出，即为基金的赎回，是投资者投资基金的最后一步。基金的赎回不能是经常性的，投资者只有把握一定的时机、掌握一定的策略，在适当的时候赎回，才能更好地实现投资的收益。

实时赎回基金，应主要把握以下策略。

1) 准确判断市场

基金投资的收益源于市场的发展。

对于偏重股票型投资的基金而言,其赎回的关键是看股票市场的发展是牛市还是熊市。在决定是否赎回时,需要把握好时机。如果未来大行情看涨,那就可以再持有一段时间,使基金收益最大化;如果是未来大行情看跌,就最好提前赎回,落袋为安。多数投资者认为对股票市场行情预测是一件很难的事,而事实上并非如此,大致地把握股票市场总体行情并不是件难事。

有过股票投资经验的投资者通常可以通过上证指数和深证指数的行情判断市场大势。当指数数值始终在 120 日移动平均线以上运行时,可以说目前是牛市行情,以后行情依然坚挺,股票型基金可以继续持有;当指数数值在 120 日移动平均线以下运行时,可以理解为当前是熊市行情,以后市场走弱的可能性很大,此时应该赎回股票型基金,转为其他投资方式。

此外,对于缺少经验的投资者来说,可以通过各种媒体渠道及相关评论信息了解当前证券市场的状态。市场技术分析的三大假设之一是价格沿趋势运动,经济的运行规律也呈现一定趋势性。通常股票市场运行有一定的惯性,过去一段时间行情走弱,那么未来一段时间走弱的可能性就大。因此一旦分析市场长期走弱,我们应该果断地赎回基金。

在市场不明朗的行情下,投资者要重视自己手中的基金组合成分,应该多选择平衡型基金、混合型基金等股票仓位很灵活的基金。同时最好在基金组合中加大债券型基金的配置,以回避股市风险。

2) 准确判断所持基金

对于目前已持有的基金,投资者也要深入分析。对于那些表现良好,投资回报基本符合原定目标,业绩表现排名靠前的基金,坚决持有对于表现一般、投资回报低于原定目标的基金,要综合分析该基金所属公司的股东实力、资产规模、整体投资能力、市场评价等,通过考察决定是否继续持有。

3) 不能忽视手续费

基金赎回需要缴纳赎回费,这点是不能忽视的;与此同时,如果投资者计划在赎回后进行再投资,那么再次购买基金的申购费也要计算在内。

投资者在赎回基金时一般要支付 0.5%左右的赎回费,而再投资时通常又要支付 0.8%~1.5%不等的申购费用,一来二去,2%左右的盈利就没有了。如果是在基金净值处于亏损状态时赎回，那么损失的幅度就更大了。所以，我们要算好赎回是否划算，因为不少基金在持有时间超过一定年限后，就可以免收或者少收赎回费用。

基金近期的业绩表现，是赎回费用是否划算的一个直接影响因素。基金投资策略、基金规模、分红方式、费率结构等重大变化，都会影响基金"基本面"的变化，因此，我们要经常算一算自己的基金近期是否发生了变化，最好每隔一段时间就要观察一下基金的净值变化情况，尤其关注基金业绩评价指标中的6个月、1年乃至2年以上的指标。

4) 合理把握赎回时间

不管是申购还是赎回，基金的净值都要在股市收盘后结算，这就是基金的"未知价格"规则。所以，投资者一定要把握好申请赎回的时间，股市下午3:00收盘，那么投资者应在2:30左右关注大盘走势，确定是否赎回，这样才能基本估算出基金的单位净值。

基金的在途时间是按工作日计算的，法定节假日不计算在内。比如黄金周前的最后一个交易日赎回货币基金，资金只能等到7天假期后的第二个工作日才能到账，无形中成了T+8；如果是黄金周前最后一个交易日申购的话，也是到节后才能成交，资金在黄金周内既没有存款利息，也不能享受货币基金的理财收益。建议投资者尽量避免在节假日前赎回基金。

此外，我们还要注意赎回基金后的到账时间。对于不同的基金品种，基金公司赎回结算的处理时间并不一致。货币型基金和债券型基金，交易日与结算日的间隔较小，一般是交易日的次1日；而股票型基金，一般是交易日的次3日或次5日，具体时间以基金公司公告为准。结算后的款项由银行接收，银行也要经历1～2天的结算，最终才能把赎回的金额划到投资者的账户上。由此可见，一只基金的赎回快慢与基金公司、代销渠道的结算速度是密不可分的。所以即使是同一只基金，在不同的代销渠道，赎回时间也会有所不同。因此，投资人赎回基金时也要注意资金的到账时间，以免影响资金投资的使用效率。

不少银行有定期定额赎回的业务，这样既做了日常的现金管理，又可以平抑市场的波动。定期定额赎回是配合定期定额投资的一种赎回方法，这种方法值得投资者考虑。

知识补充→→→

有过炒股经验的投资者，都比较熟悉股票市场的"下午2:30"法则，即我国股市下午3:00收盘，但是往往在下午2:30就大局已定了，市场是大涨还是大跌，一目了然。

如果投资者想要在近期赎回某只基金，那么最好选择在最近一段时间下午2:30看盘，注意在看到市场大涨后再发赎回申请，这样可以以当天较高的净值赎回。对于没有时间去交易市场看大盘的投资者来说，可以在网上看盘，通过网上银行赎回基金最方便了。

5) 其他赎回方式

把高风险的基金产品转换成低风险的基金产品，也相当于是一种赎回方式。而且这种方法从费用和收益角度上看，比直接赎回更为方便划算。比如，把股票型基金转换成货币基金，这样可以降低成本，转换费低，而货币基金风险低，相当于现金，收益又比活期利息高。由于基金投资的进出有一定的成本，投资人最好选择同一家基金公司不同类型的基金进行转换，以节约交易成本。另外，除了投资基金，还可以改变投资产品，如果我们想转换其他的投资产品，如外汇、黄金、房产时，也需要赎回基金。

知识补充→→→

无论是投资基金，还是投资股票，分批建仓或者减仓都是很好的选择。

对于投资数额较大或者投资金额占总资产比例较大的基金投资者来说，可以考虑分批赎回，即在市场上涨到一定程度(如20%)时，先赎回一部分，然后根据市场发展情况边涨边赎，这样一方面有利于降低风险，另一方面也有利于在市场大跌时捡拾黄金。

5. 封闭式基金的投资要点

目前在我国，封闭式基金主要采取上网定价的发行方式，因此，在发行期内认购基金会大幅超过基金的发行规模，所以需要通过"配号摇签"的方式来适当分配基金份额。

配号就是根据投资者申购新股交易号分给申购用的号码。将此配号与次日公布的中签号对比，看是否中签。封闭式基金的这种申购形式类似于股民申购新上市发行的股票。

目前，在深、沪股票交易所挂牌上市交易的基金是封闭式基金，购买封闭式基金的具体操作流程如下。

1) 办理申购

已有深、沪股票账户或基金账户的投资者可直接进行申购；如果没有深、沪股票账户或基金账户的投资者，需要在申购前持本人身份证到当地开户网点办理股票账户或基金账户的开户手续，只买基金的投资者，可以开设证券交易所基金账户。

开设好账户之后，投资者要根据自己的计划申购量，在申购前向自己的资金账户中存入足够的资金。一经办理申购手续，申购资金即被冻结。

委托申购上网定价发行基金的申购手续与上网发行股票的申购手续相同。投资者可通过填写申购委托单、电话委托或磁卡委托的方式在其开立基金账户的证券经营机构办理申购委托。

2) 确认中签

在申购日的次日，申购资金将被划入登记结算公司资金专户；第三天，基金公司会验资并出具验资报告，确认为有效申购；第四天是摇号抽签日；第五天公布中签结果，对未中签的申购款会予以解冻。

如果将申购日定为 T 日，那么这个过程可以作以下简化理解。

> T 日：申购日。
> T+1 日：将申购资金划入登记结算公司资金专户。
> T+2 日：验资并出具验资报告，确认为有效申购。
> T+3 日：摇号抽签。
> T+4 日：公布中签结果，对未中签的申购款予以解冻。

3) 申购规则

封闭式基金有着自己固定的申购规则，投资者在申购封闭式基金时，要严格按照规则进行，以免申购失败或者带来其他不必要的麻烦。

具体规则如下。

> 发行方式：上网定价发行。
> 发行对象：中华人民共和国境内自然人、法人和其他组织(法律、法规及有关规定禁止的购买者除外)。
> 发行面值：1.00 元/份。
> 发行费用：0.01 元/份。
> 申购价格：1.01 元/份。

申购地点：深、沪证券交易所。

申购单位：每份基金单位。

申购份数：每一账户的申购量最少不得低于 1000 份；超过 1000 份的，须为 1000 份的整数倍。

申购限制：每一账户的申购不设上限，投资者可以多次申购，但每笔申购不得超过 99.9 万份。同一账户多次申购的，将多次申购的数量全部累加后，对同一账户的申购进行连续配号。

配号方式：分段配号，统一抽签。

4) 注意事项

购买封闭式基金时，投资者还需要注意以下三点。

◆ 已开设股票账户的投资者不得再开设基金账户。

◆ 一个投资者只能开设和使用一个资金账户，并只能对应一个股票账户或基金账户，不得开设和使用一个或多个资金账户对应多个股票账户或基金账户申购。

◆ 沪市投资者(使用沪市股票账户或基金账户的)必须在申购前办理完成上海证券交易所指定的交易手续。申购委托后，不得撤单。

对于投资者来说，封闭式基金在续存期内规模固定，是不可以赎回的，但是可以像股票一样，在证券交易时间内根据市场的供求关系进行买进卖出的交易，交易价格按照买进卖出当时的价格进行。在封闭式基金的封闭期满后，如果转为开放式基金，那么投资者可以在确权后进行赎回。

案例 2：老李购买封闭式基金遇到了麻烦

老李听说基金里的封闭式基金是上市交易的，"那不是和股票差不多吗？"，有过炒股经验的他准备试试炒基金。可是，还没买基金，在办理账户时就遇到了麻烦，原来老李有股票账户，他还想着再开封闭式基金的基金账户，可是工作人员却不给他开。静下心来的老李决定先了解一下封闭式基金的特点，看看它的交易和股票交易有什么不同，先把可能遇到的问题消灭在萌芽状态，再投资也不迟。

经过学习，老李明白了，由于封闭式基金自身的特殊性，投资者在认购或者是日常的交易过程中，会遇到很多问题，他总结了一下，主要有以下一些常见问题。

(1) 封闭式基金的基金账户可以买卖上市股票吗？

不可以。根据相关规定，基金账户只能用于上市基金、国债及其他债券的认购及交易，不得用于股票交易；但是股票账户既可以买卖股票，也可以买卖基金、国债及其他债券。

(2) 上市基金的交易一定要开设基金账户卡吗？

不一定。因为证券账户既能够买卖基金，也可以买卖股票、债券，因而对于已经开设了证券账户的投资者来说，没有必要再开设基金账户。另外深、沪证券交易所规定，已经开设证券账户的投资者，不允许再开设基金账户。

(3) 上市基金可以办理转托管吗？

可以。上市基金转托管的办理与股票一样，而可以转托管的基金只有在深圳证券交易所才有。

(4) 在深圳证券交易所办理基金转托管收取费用吗？

根据规定，办理基金转托管，一次性从基金账户中收取转托管费 30 元；而办理在证券账户中的基金转托管时，与其他证券转托管一样，一次性在证券账户中收取转托管费 30 元。

(5) 上市基金的交易收取印花税吗？

目前在深、沪证券交易所上市基金只收取手续费，不收取印花税。

(6) 上市基金的账户卡需要办理指定交易吗？

根据上海证券交易所的规定，上市基金的账户同样需要经过指定的交易之后才能够正常交易。办理上市基金指定交易的手续与办理股票指定交易的手续是一样的。

(7) 基金账户卡丢失了怎么办？

基金账户卡丢失后，投资者需要持本人身份证到开户的证券营业部办理挂失手续。

(8) 在深、沪证券交易所办理的基金账户卡可以买卖开放式基金吗？

不可以。开放式基金是通过基金管理公司或者银行等代销机构进行交易的，与封闭式基金(上市基金)无关。封闭式基金(上市基金)的基金账户卡只能在深、沪证券交易所买卖时使用。

(9) 能否多次申购同一只基金？

投资者只能用一个股票或基金账户在同一个证券营业部的同一席位申购基金。在这个前提下，可以进行多次申购。但是投资者在某一证券营业部申购之后，不可以再在其他证券营业部申购，否则其委托将视为无效。

(10) 能不能在不同的证券部用同一个证券账户申购同一只基金？

不能。根据规定，投资者只能用一个股票或基金账户在同一个证券营业部的同一席位申购基金，否则其委托无效。

(11) 可以用法人证券账户申购基金吗？

根据相关规定，不可以用法人证券账户申购基金。

(12) 上市基金分红时会有"除息"吗？

有除息。上市基金在进行现金红利时，与股票分红一样，需要进行除息处理。除息价按照登记日收盘价进行。

(13) 什么是封闭式基金的认沽权证？

封闭式基金的认沽权证，是指基金公司发行的、免费提供给投资者的、可以在交易所进行交易的、定期或者实时执行的以基金价格交换基金净值的权利。此类认沽权证的内在价值就是基金净值与基金价格的差值。

由于基金持有人将权证卖掉的收益要明显高于卖出基金的收益，因此，持有人行权(卖出封闭式基金)的可能性大大降低。同时，对于短期的套利者来说，必须同时在二级市场上买入封闭式基金和认沽权证才可以进行卖出交易，这会加大套利者的成本，从而大大降低持有封闭式基金投资者中的套利者比例。这可以使封闭式基金在契约到来时实现平稳过渡。

解决了这些问题，老李投资封闭式基金的道路一下子顺畅了许多，不仅减少了麻烦，还提高了获利效率。

五、购买基金的十大省钱绝招

我们了解了购买基金的程序，那么是不是只要按程序购买就可以了呢？有没有什么方法可以减少一些费用但是又不影响投资者获利呢？下面就介绍购买基金的十大省钱绝招。

1. 偏向网上银行进行申购

现在，越来越多的人开始选择利用投资基金的方式来理财。银行，作为基金的主要代销机构，往往是门庭若市，随着去银行办理基金申购的人数不断增多，也大大增加了投资者的等待时间，所以很多人开始利用网上银行来购买基金。

其实，在网上银行购买基金，不仅可以省去排队之苦，而且还比在柜台申购更便宜。

由于投资者的增多，各银行之间为了争夺客户资源，常常会通过网上银行进行打折优惠。但是不同的银行在不同的时间，打折的幅度也是有区别的。同时，很多基金公司也会与银行合作，采取网上银行申购打折的方式来吸引或回报投资者。

总体来说，投资者在网上银行申购基金有以下几个优点：省手续费、管理方便、申购基金没有时间限制，同时利用网上银行购买基金还没有地区的限制，只要用电脑上网，通过网上银行，可以随时随地买基金。

投资者需要注意的是，目前大多数基金的申购费率为 1.2%～1.5%，因此，投资者在投资时要根据实际情况，在众多银行的网上银行的促销优惠中，选择适合自己的进行申购，这才是省钱的关键。

知识补充➡➡➡

根据中国证券业协会的统计，2009 年我国开放式基金的总销售基金是 20 004.22 亿元人民币。其中，通过直销渠道的销售额占总销售额的 30.48%，通过券商渠道销售的占总比的 8.69%，而通过银行渠道销售的比例则达到了 60.84%。银行可谓基金销售的"渠道之王"了，而这其中，网上银行可以说是功不可没。

2．看重基金的网上直销

费率低是基金网上直销的杀手锏。

目前，基金的销售方式主要是直销和代销两种。在基金公司直接购买就是直销，但这种申购方式没有优惠；代销主要是在银行，如果在银行柜台申购，也是没有优惠的，而在网上银行申购优惠又各不相同，消费者可能需要对比多家银行来进行选择。

网上直销与上述方式都不同。网上直销，是指投资者直接通过基金公司的网站购买基金，换言之就是基金公司在自己的网站直接销售基金，这种方式的优惠幅度很大。通过网上直销的方式购买基金，申购费率最低可以降到 4 折。

需要投资者注意的是，网上直销是基金公司的行为，所以基金网上直销只销售本公司的基金，对于选择基金组合投资的投资者来说就不太方便操作了，必须登录不同的基金公司网站，逐个进行操作。这也是基金网上直销的局限性。

　　基金的网上直销，除了在申购费率上有优惠之外，基金公司还降低了网上直销的门槛。一般基金的最小申购单位都是 1000 元，而货币市场基金等一些类型的基金，其最小申购单位至少要 5000 元。对于一些想小额投资基金，或者是抱着试试看心态的投资者来说，他们更渴望能降低首次投入。而网上直销对基金的最小申购单位都有所下调，例如，国投瑞银基金公司从 2010 年 7 月 12 日起，将网上直销的全部基金产品的申购最低金额限制一律下调为 100 元(含申购费用)；长信基金公司自 2010 年 7 月 29 日起，通过"长金通"网上直销平台定投基金的起点金额为 200 元。

　　投资者可以根据自己的实际投资情况和需求，通过基金的网上直销来完成申购或者认购。

知识补充 →→→

　　随着基金投资得到越来越多投资者的认可，基金公司也在逐渐开拓新的交易模式，以方便广大的投资者。其中"第三方支付平台"就是基金网上直销的新模式。

　　基金的直销模式有两种：一种是基金公司的柜台直销，另一种就是网上直销模式。然而，随着基金销售渠道竞争的不断激烈，一种新型的基金网上直销模式——第三方支付平台，出现在广大投资者面前。

　　2010 年 4 月，华夏基金与汇付天下合作，开通的基金直销第三方网上支付业务在中国证监会正式备案通过。

　　汇付天下的基金支付业务主要指的是旗下的"天天赢"账户平台。目前，"天天赢"账户已经与中国工商银行、建设银行、农业银行等 19 家商业银行实现了对接，同时其账户平台也已经拥有 23 家基金公司共 500 多只基金产品。

　　投资者只需要拥有 19 家银行的任意一张银行卡，申请"天天赢"账户之后，就可以登录购买 23 家基金公司的任何基金了。而且，"天天赢"的申购费用仅为 4 折。

　　同时，基金的第三方支付平台直接属于中国人民银行监管，其基金直销业务直属中国证监会监管。可以说，投资者在投资的安全方面是有保障的。

　　从广大基金投资者的角度来说，这种新型网上直销模式——第三方支付平台的出现，在帮助投资者节省申购费用的同时，也更加节约了时间，提高了投资效率。

3．明确基金的后端收费

基金的前端收费和后端收费是缴纳基金申购费在时间上的区别。

前端收费指的是投资者在购买开放式基金时就支付申购费的付费方式；而后端收费则是说投资者在购买开放式基金时并不支付申购费，而是等到赎回时才支付的付费方式。设计后端收费的主要目的是为了鼓励投资者能够长期持有基金，因此，后端收费的费率一般会随持有基金时间的增长而递减。有些基金公司甚至规定如果投资者在持有该公司基金超过一定期限后才卖出，后端收费可以完全免除。

但是后端收费并非适合所有的基金投资者，由于后端收费需要投资者持有基金份额达到一定的年限之后，才会有所减免，因此对于选择长期投资或者基金定投的投资者来说，后端收费无疑是个省钱的妙招。然而，由于后端收费的费率是按照赎回份额的比例来计算的，而基金的份额在投资过程中会因红利再投资等因素而增加，因此，对于那些持有基金时间较短或者不确定可以长期持有的投资者来说，最好还是选择前端收费。

知识补充→→→

2009年10月，中国证监会正式公布了《开放式证券投资基金销售费用管理规定(征求意见稿)》(以下简称《规定》)。《规定》中首次正式提出了"后端收费方式"的概念。其中，第六条对基金的后端收费方式进行了明确的定义："赎回基金时，从赎回金额中扣去认购费或申购费的一种基金费用收取方式。"与此同时，《规定》还鼓励投资者选择后端收费方式进行基金投资："基金管理人可以对选择后端收费方式的投资人根据其持有期限适用不同的后端申购(认购)费率标准；对于持有期低于3年的投资人，基金管理人不得免收其后端申购(认购)费用。"

从《规定》中，我们可以看出，对于追求长期投资的基金投资者来说，选择后端收费方式会大大降低投资成本，可以说投资时间越长，其成本就越低。对于选择基金定投方式进行投资的投资者来说，这一点就显得更加明显，基金定投的持续时间一般都相对较长，选择后端收费，随着时间的持续，成本的降低会越来越明显。

投资者选择后端收费，在降低投资成本的同时，也使得投资更为稳定，这样就更有利于基金的运作和管理，从而更好地实现投资者的投资目标。

需要投资者注意的是，并不是所有的基金都可以选择后端收费。可选择后端收费的基金及其代码，以做参考，如表 3-1 所示。

表 3-1　可选择后端收费基金一览表

序　号	基金名称	前端代码	后端代码
1	宝盈增强收益 A/B	213007	213907
2	宝盈资源优选	213008	213908
3	博时创业成长	050014	051014
4	博时宏观回报 A/B	050016	051016
5	博时价格贰号	050201	051201
6	博时特许价值	050010	051010
7	博时稳定价值 A 类	050106	051106
8	博时信用 A/B	050011	051011
9	博时增长	050001	051001
10	长城久恒平衡	200001	201001
11	长城久泰	200002	201002
12	长盛动态精选	510081	511081
13	长盛债券增强	510080	511080
14	长信金利	519995	519994
15	长信双利优选	519991	519990
16	长信银利精选	519997	519996
17	长信增利动态	519993	519992
18	大成 300	519301	519300
19	大成价值增长	090001	091001
20	大成蓝筹稳健	090003	091003
21	大成强化收益	090008	091008
22	大成生命周期	090006	091006
23	大成债券 A	090002	091002
24	东方策略成长	400007	401008
25	东方核心动力	400011	400012
26	东方精选	400003	400004
27	东吴价值成长	580002	581002
28	富国天成红利	100029	100030

续表

序　号	基金名称	前端代码	后端代码
29	富国天鼎	100032	100033
30	富国天合稳健	100026	100027
31	富国天惠	161005	161006
32	富国天利债券	100018	100019
33	富国天瑞	100022	100023
34	富国天益	100020	100021
35	富国天源平衡	100016	100017
36	富国优化强债 A/B	100035	100036
37	工银强债 A	485105	485205
38	国联安德盛红利	257040	257041
39	国联安德盛精选	257020	257021
40	国联安德盛优势	257030	257031
41	国投沪深 300 金融地产	161211	161212
42	国投景气	121002	128002
43	国投融华	121001	128001
44	国投瑞银创新	121005	128005
45	国投瑞银优化增强 A/B	121012	128012
46	华安宝利配置	040004	041004
47	华安创新	040001	041001
48	华安核心优选	040011	041011
49	华安宏利股票	040005	041005
50	华安稳定收益 A	040009	041009
51	华安优选	040008	041008
52	华安中国 A 股	040002	041002
53	华安中小盘成长	040007	041007
54	华宝兴业中证 100	240014	240015
55	华夏成长	000001	000002
56	华夏大盘精选	000011	000012
57	华夏红利	002011	002012
58	华夏回报	002001	002002
59	华夏债券 A/B	001001	001002

序　号	基金名称	前端代码	后端代码
60	汇丰晋信 2016	540001	541001
61	交银成长	519692	519693
62	交银精选	519688	519689
63	交银蓝筹	519694	519695
64	交银稳健	519690	519691
65	交银先锋	519698	519699
66	交银增利 A/B	519680	519681
67	交银治理联接	519686	519687
68	景顺鼎益	162605	162606
69	南方成分精选	202005	202006
70	南方高增	160106	160107
71	南方绩优成长	202003	202004
72	南方深成 ETF 联接	202017	202018
73	南方小康 ETF 联接	202021	202022
74	南方中证 500	160119	160120
75	融通动力先锋	161609	161659
76	融通巨潮	161607	161657
77	融通蓝筹	161605	161655
78	融通领先成长	161610	161660
79	融通内需驱动	161611	161661
80	融通深证 100	161604	161654
81	融通新蓝筹	161601	161602
82	融通行业	161606	161656
83	融通债券	161603	161653
84	万家和谐增长	519181	519182
85	新华优选	519087	519088
86	信诚四季红	550001	551001
87	兴业趋势	163402	163403
88	银河收益	151002	151102
89	银河稳健	151001	151101
90	银华优势企业	180001	180011

序　号	基金名称	前端代码	后端代码
91	招商成长	161706	161707
92	中海分红增利	398011	398012
93	中海优质成长	398001	398002

4．在促销活动时申购基金

日常申购基金，申购费率一般为 1.2%～1.5%。

现在，由于基金数量的不断增多、各个代理银行之间的竞争以及投资者的不断增加等因素，使得基金公司和银行会采取各种促销活动来吸引投资者的目光。

基金促销的方式多种多样，如新基金上市、节假日活动，还有基金公司和代理银行联合推出的一些促销方式等，在促销活动期间，除了申购费率的打折之外，还经常会有抽奖等附加活动。通常情况下，基金公司在进行促销活动之前，都会向投资者出示相关的公告，将具体的活动内容公示给广大投资者。

对于投资者来说，在购买基金前，可以到银行柜台咨询，同时也要注意所投基金的基金公司的最新动态，除了品种的选择之外，合理选择基金的购买时间也是节省申购费的重要因素。

投资者在促销活动期间购买基金，要格外注意相关促销活动的具体事宜，注意自己所选购基金的具体情况，不要错过了优惠期限，也不能盲目地为了促销期间的优惠而忽视了自己的购买计划和投资理财方案。

总之，只有合理、准确，在恰当的时机下选择在促销活动期间申购基金，才能在省钱的同时，不影响自己的投资计划，让促销活动成为日后获利的一个有利手段。

5．选择在发行日认购基金

基金的认购费率一般为 1.0%，要低于申购费率。

但是目前基金公司和银行都在不断推出各种打折、促销活动，所以有些基金的申购费率通过打折可能会更低。

选择在发行日认购，还是日后申购，主要还是看投资者的具体需求和投资计划，省钱固然重要，但是也不能为了省申购费而忽视了投资理财的最终目的——赚钱，所以，根据自己的具体情况进行适合自己的选择才是投资获利的关键。

6. 坚持基金的长期定投

对于基金投资者来说，定投本身就可以更有效地管理资产，长期坚持定投，可以达到"小钱变大钱"，实现"利滚利"的效果。除此之外，长期定投还要比普通申购更省钱、更便宜。

普通的申购，需要在每一次申购时缴纳申购费，在赎回时还需要缴纳赎回费；投资者在赎回后，进行下一次投资时又要缴纳申购费。不断地申购赎回、赎回申购，这些费用也会变成一个惊人的数字。而长期定投，就可以避免这些费用的不断产生，投资者的申购、赎回费用在这个长期的过程中只有一次。

同时，基金公司对选择基金定投的投资者常常会有一些特殊的优惠，比如在购买时就降低申购费，当基金持有者持有该基金达到一定时间后可减免申购费。

由于长期定投需要投资者每个月都进行定额的投资，所以选择长期定投不仅可以在投资中获利，还能在投资时省钱，更能帮助投资者养成长期理财的好习惯。

可以说，基金定投是适合普通大众的基金投资方式，既摊薄了投资成本，又分散了投资风险，同时长期定投中相关费用的减免，无疑就使得投资者的获利得到一定程度上的增加。投资者可以根据自己的实际收入情况，选择合适的定投数额和扣款日期，持之以恒地进行基金定投，必然会实现自己的获利目标。

7. 灵活进行基金转换

当投资者准备停止对某只基金的投资，转而投资另一只基金的时候，就涉及了是选择基金转换，还是选择在赎回后重新申购的问题。

从资金的有效利用上来说，基金转换比将基金赎回后进行再次申购要更便宜。

如果投资者在不同的基金品种间不断换仓操作，选择不同基金公司之间的产品，要先赎回一只基金，再申购另一只基金，来来回回要花掉 1.5%甚至 2%的成本，同时在不断的换仓中，时间也更多地被浪费掉。来回的申、赎费用，加之由于时间可能错过的良好投资时机，不仅增加了投资成本，还有可能影响到投资者的收益。

如果投资者选择在同一家基金公司的基金之间进行转换，则能达到既省钱又省时的效果。首先在同一家基金公司进行基金转换，基金公司会提供申购费率上的优惠，甚至是免收转换时的申购费用；其次，同公司的基金转换一般在两个工作日就可以完成，这比起赎回、再申购的时间可谓是大大缩短了。对于投资者来说，省时、省钱无疑就是降低了投资成本，更多地增加了获利的机会。

基金转换具有节约成本的优势，但是并非在任何情况下都可以进行基金转换。投资者在选择基金转换时，一定要注意看自己所持基金以及准备转换的基金是否符合基金转换的条件。基金转换的具体条件如下。

- ◆ 基金转换只能在同一家基金管理公司下的同一基金账户进行。
- ◆ 在进行基金转换业务时，转出基金和转入基金必须同为"交易"状态，换言之，就是转出基金必须是可赎回状态，而转入基金必须是可申购状态。
- ◆ 选择基金转换时，要注意基金的收费模式，一般来说基金转换只允许在同为前端收费或者同为后端收费的基金之间进行；有部分后端收费基金可以和前端收费基金进行转换。投资者在转换时，一定要具体了解。
- ◆ 基金公司一般会设置最低的基金转出份额，大部分基金公司设立的都是1000 份。

8．有条件的话进行大量购买

通常情况下，投资者的投资额度越大，其申购(认购)费率会越低。一般来说，100 万元以上的认购费用和申购费用都会相应降低，500 万元以上再便宜，达到 1000 万元以上会更便宜。

这种方式更适合大额的基金投资者。

9．把握红利再投资费率为零的优惠

红利再投资，是在基金进行现金分红时，投资者将分红所得的现金直接

用于购买该基金，即将分红直接转为持有基金的份额。由于红利再投资对于基金管理人来说，没有发生现金的流出，因此，通常也无须投资者支付任何费用。

对于进行长期投资的投资者来说，选择红利再投资无疑是最省钱的了。红利再投资，无须投资者支付任何费用，相当于零费率购买基金，这无疑是最便宜的选择。

10．了解 ETF 和 LOF 的买卖费用

我们都知道，投资开放式基金不仅仅需要缴纳申购(认购)费用，还需要缴纳印花税等费用，而 ETF 基金和 LOF 基金在买卖时不需要交印花税，只需交券商佣金，买入卖出的费用一般最高不会超过 0.3%。这相比一般的开放式基金的申购、赎回等费用要低得多。

上述节省费率的方式是从不同角度进行分析的，并非适用于所有投资者。对于投资者来说，真正决定是否能取得大的利润的因素是基金本身长期运营的回报率；同时要根据自己的实际购买情况，来选择是否适用于某个优惠条件。

案例 3：小吴在投资基金路上的教训与经验

小吴参与金融投资最早还是在股票市场。那时候初出茅庐，投入的钱也不多，心里只想着让小钱变大钱。于是，看着股票涨了，就想着让它再涨涨、再涨涨；看着大盘跌了，生怕跌得本钱全无，又赶紧卖出。折腾到最后，不是亏本卖出，就是被套牢。

几年前，小吴发现投资基金的人越来越多了，周围的朋友、同事在投资基金上获利的也不少。听他们说基金比股票的风险低，收益也稳定。于是，第一次尝试着买了开放式基金。

由于没什么经验，他先后买了十几只基金，有新基金，也有表现好的老基金。手里基金多了，就担心会像以前炒股那样，想着股价越涨越高，结果却出现被套了的情景，于是，每次某个基金涨得差不多了，感觉行了，就赎回；发现一有跌的趋势了，就赶紧赎回。

后来小吴慢慢发现，有些基金在一段时间里表现并不是太好，涨得慢，甚至还一度大跌，咨询过专家后，才知道这是基金经理在调仓。于是，他学会了捂基金，不轻易赎回。那些表现似乎不太好的基金，都是暂时性的，只要熬过

那个阶段，它还是会涨，甚至比其他基金涨得更快。

这样，小吴一边投资一边学习，几年下来，钱也赚到了，同时也积攒了不少教训和经验。

教训 1：不冷静、没耐心

这是投资基金的大忌。基金投资是一个长期的理财过程，投基，不等于"投机"，"见好就收"是不行的，同样，也不能害怕一时的下跌。投资基金，必须冷静，有耐心，耐得住"涨"，也耐得住"跌"。总之就是要用一颗平常心来投资基金。

教训 2：不会基金组合

刚开始的时候，以为多买几只，就是基金组合了，后来才发现，它们几乎都是同一类型的，还真是应了那句话——"一荣俱荣，一损俱损"。买基金是讲究组合的，手中要持有不同类型的基金，因为类型不同，风险也就会有差别。同时，在一种基金赔的时候，其他的还在盈利，这样就避免了大的损失。

教训 3：只看分红

高分红，不代表高收益。很多基金会承诺比较高的分红，这样有几次只关注分红，而忽视那些净值增长快、有潜力的基金。买基金，要综合分析，不能只看分红，或者仅从某一点上就确定购买。

总结了三点教训，再来说说小吴的经验。

经验 1：要有耐心，做好长期投资的准备

基金投资是一个长期的理财过程，耐心是必备的。有些基金投资者心情急躁，申、赎过于频繁，这样既影响了基金经理的运作，同时自己也在不断的申、赎过程中产生许多不必要的损失。要知道，基金的申购和赎回都是有费用的。

经验 2：合理选用购买方式

购买基金的方式很多，不同的方式所付出的费用也不同。小吴现在一般都在基金公司网站用直销购买。这样不仅方便，省手续费，而且在进行基金转换时，同公司之间的基金转换是不收费的。

经验 3：恰当选择红利再投资

股市行情看好的时候，选择红利再投资以获取复利，这一点对于投资者来说是十分必要的。

经验 4：要注意不同基金的不同特点

基金的品种多，各种基金之间是有差别的。在他看来，在投资组合中至少要持有一只指数基金，风险相对较低，管理也方便。同时要慎买保本型基金，因为保本基金流动性不好，在时间上有限制，三五年动不得，不然就失去了买保本基金的意义，所以买保本基金必须用闲置、长时间不会用的钱。

以上是小吴投资基金几年来总结的一点教训和经验。总之，投资基金要做好"打持久战"的准备，培养良好的心态很重要；再有就是要进行基金组合，但是不能盲目组合，要根据自己的实际情况和不同基金的不同特点，合理安排自己的投资。

第 4 章

各类型基金的交易要点

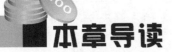

本章导读

　　基金投资市场，种类繁多，每种基金都有自己的特点，适合于不同的投资者进行选择。

　　只有准确把握各类基金的交易要点，合理制订投资计划，准确把握投资时机，才能获取更大的收益。

　　本章将主要介绍各类基金的交易要点，通过对比，给投资者的投资选择指明方向。

精彩看点

💲 指数型基金的交易要点

💲 货币市场基金投资技巧

💲 如何交易 ETF

💲 如何交易 LOF

💲 保本基金是如何保本的

💲 如何挑选保本基金

💲 保本基金到期怎么办

💲 如何购买封闭式基金

保本——安全快乐的投资

金融投资市场风云变幻，基金品种的多样性也让投资者在投资时举棋不定。现在越来越多的人开始选择用保本的货币基金进行投资，安全是他们选择该类基金的主要原因。

其实早在 2003 年，保本型基金就出现在我国的基金投资市场中。2003 年，基金市场诞生了一种新型的基金品种——货币市场基金，美其名曰"准储蓄"。其申购赎回免费，流动性仅次于活期，资金赎回到账一般在 T+1 或 T+2，当时的收益率不仅远远超过活期，还超过了 1 年期的定存利息。如今，很多人都通过投资保本的货币基金，赚了钱，改变了自己的生活。

毛小姐是位公司白领，购物习惯用信用卡，钱包里放不了几张百元现金。虽然工资卡里积累了数目不小的活期储蓄，但用信用卡周转，却可能遭遇最高18%的罚息，也有些着急，却愁找不到安全、方便的投资渠道。直到有同事建议，把活期账户中的闲置资金买成货币基金，她才体验到了货币基金的妙处。

每个月工资到账，毛小姐就通过网上银行把大部分资金申购成货币基金。尽情刷卡之后，只要在免息期结束前两天赎回与负债金额相当的货币基金，便能轻松赚出零花钱。虽然赚的钱不算多，但每月收益是税后活期存款收益的 3 倍多，毛小姐想想就觉得很划算。"这样一方面赚了货币基金的年收益，又赚了信用卡不少的积分，换点冰激凌代金券、电影票、毛绒玩具之类的礼品，很实惠啊。"毛小姐说。

现在，一些基金公司与银行联合发行信用卡，货币基金可以设定在固定日期自动赎回转入信用卡还款账户，让这样的"套利"行为更方便了。

一、如何交易指数型基金

指数基金，是以指数成分股为投资对象的基金，它以拟合目标指数、跟踪目标指数的变化为原则，从而实现与市场的同步成长。

投资者投资指数基金，实际上就是通过购买一部分或者全部的某指数所包含的股票，从而构建出指数基金的投资组合，使该投资组合的变动趋势和所选指数相一致，最终达到与所选指数基本相同的收益率。

指数基金是成熟的证券市场上不可缺少的一种基金，在西方发达国家，它与股票指数期货、指数期权、指数权证、指数存款和指数票据等其他指数产品一样，日益受到包括交易所、证券公司、信托公司、保险公司和养老基金等各类机构的青睐。指数型基金是保证证券投资组合与市场指数业绩类似的基金。在运作上，它与其他共同基金相同。指数基金与其他基金的区别在于，它跟踪股票和债券市场业绩，所遵循的策略稳定。从运作的角度来看，它可以有效规避非系统风险、交易费用低廉和延迟纳税，同时还具有监控投入少和操作简便的特点。

1. 指数型基金的五大优点

相对于其他种类的基金而言，指数型基金有自己独特的优势。由于指数型基金是以拟合、跟踪目标指数变化，以投资成分股为对象的基金，因此，它具有费用低、分散投资、延迟纳税、管理轻松及业绩透明度高等优点。

第一，费用低。这是指数型基金最大，也是它最为突出的优势，基金的基本费用主要有管理费用、交易成本和销售费用三个方面。其中，管理费用是指基金经理进行投资管理所产生的费用；交易成本是指在买卖证券的过程中，产生的经纪人佣金等交易费用；销售费用主要是基金的申购、赎回以及转换时涉及的相关费用。由于指数型基金采取的是持有策略，不需要经常换股，因而其费用也远远低于积极管理的基金。尽管这个差异看上去并不明显，但是因为复利效应的存在，通过一个较长时期的累积，其结果将对基金的收益产生巨大影响。

第二，分散投资、防范风险。由于指数型基金进行广泛的分散投资，因此任何单个股票的波动都不会对指数基金的整体表现造成较大影响，从而达到防范风险的目的。同时，因为指数基金所盯住的指数一般都有较长的历史可以追踪，因此，可以说在一定程度上指数型基金的风险是可以预测的，这也就降低了防范风险的难度。

第三，延迟纳税。指数基金采取的是购买并持有的策略，所持有股票的换手率很低，只有当一只股票从指数中剔除或者投资者要求赎回基金的时候，才会出售所持有的股票，这样，投资者每年所需要交纳的资本利得税就很少。同时，由于复利效应产生的作用，延迟纳税会给投资者带来很多好处，尤其在累积多年以后，这种效应就会更加突出。换言之，延迟纳税降低了投资者的交易成本，同时加之复利的作用，坚持长期投资，还会使投资者的利润逐步扩大。

第四，监管轻松。指数型基金的运作不需要进行主动的投资决策，因此基金管理人基本上也不用对基金的表现投入极大精力来监控。指数基金管理人的主要任务是监控基金对应指数的变化，从而保证指数型基金的组合构成与之相适应。相比其他类型的基金而言，指数型基金的监控和管理要轻松许多。比如我们观察到目标基准指数上涨了，就会知道自己投资的指数型基金，今天净值能够升值多少；同样，如果基准指数下跌了，不必去查净值，也可以知道自己的投资损失了多少。

第五，业绩透明度高。指数基金完全按照指数的构成原理进行投资，透明度很高。基金管理人不能根据个人的喜好和判断来买卖股票，这样也就不能把投资者的钱挪作他用，从而杜绝了基金管理人用不道德的行为损害投资人的利益。很多机构投资人和一些看得清大势但看不准个股的个人投资者比较喜欢投资指数型基金，因为指数型基金能够发挥投资者对市场大势判断准确的优点，同时也不必再有能判断指数走势而不赚钱的苦恼。

指数型基金拥有诸多利于投资者投资、获利的优势，同时也为投资者减少了很多烦恼，因此，在基金投资市场上也越来越受到广大投资者的青睐。选择指数基金，使得很多基金投资者的投资在变得更为轻松的同时，也获得了较为丰厚的利润。

知识补充→→→

指数型基金起源于美国。美国先锋集团于 1976 年率先创造出世界上第一只指数型基金——先锋 500 指数型基金。指数基金的出现，也造就了美国证券投资业的一次革命。至今，美国证券市场中已有超过 400 种指数型基金，而且还在快速增长之中。美国基金交易市场中指数型基金种类繁多，有美国权益指数型基金、行业指数型基金、全球和国际指数型基金、债券指数型基金，同时还包括杠杆型、成长型以及反向指数型基金等，而交易所交易基金则是美国的一种新型的指数型基金。

在我国，指数型基金于近10年得到了快速发展。2002年6月，上海证券交易所推出了上证180指数，深圳证券交易所紧随其后推出了深证100指数。之后，我国第一只指数型基金——华安上证180指数增强型证券投资基金正式面市。2010年3月22日，国内第一只海外指数基金——国泰纳斯达克100指数基金开始正式公开发售，该指数型基金的投资标的涵盖了微软、苹果电脑、英特尔、星巴克、百度以及谷歌等全球最具有创新成长潜质的100家上市公司。国泰纳斯达克100指数基金的上市，标志着我国投资者将首次通过指数基金的投资方式与上述上市公司成为合作伙伴。

2．指数型基金有哪些风险

指数型基金以控制跟踪误差为投资目标，其收益率与标的指数共同增长。那么如何来衡量指数型基金的风险呢？

指数型基金通过投资组合配置避免了非系统性的投资风险和主动投资错误风险。但是，不能说指数型基金就一定比正常的基金风险小。指数型基金最大的风险在于系统性风险，系统性风险是不可以通过分散投资来消除的。当市场行情不好时，主动投资型基金可以通过更改资金配置来削弱系统性风险带来的影响，而指数型基金的投资配置是不能更改的，它只能跟随市场趋势的变动而变动。由于系统性风险主要是由政治、经济和社会环境等宏观因素造成的，其本身就会对股市或者绝大多数股票造成不利影响，因此对于被动投资的指数型基金来说，系统性风险几乎可以说是无法避免的。

因此从某种意义上说，指数型基金的风险反而比积极投资型基金大。尽管作为一种中长线投资品种，指数型基金可以在投资配置中扮演重要角色，但是，在股市行情并不明朗时，投资者投资指数型基金需要格外关注其风险。对待股市的风云变幻，投资者也应该具有一定的市场分析和判断能力；对待指数型基金的风险，投资者更是不可忽视。

作为选择指数型基金进行投资的投资者来说，对于不可消除的系统性风险应该在投资之初就提高对其的认识和警惕，当市场的整体行情出现大幅度提升，成交量屡创新高的时候，往往也是投资者踊跃入市投资的时候，而此时也正是投资者忽视风险的时候，要知道这种股市过热情形的出现，极有可能是系统性风险出现的前兆。从投资价值的角度来分析，市场的整体价值有被低估的时候，也自然会有被高估的时候，因此投资者切不可在股市过热时放松对系统性风险的防范。同时，作为指数型基金的投资者，还要注意控制自己的资金投入比例，根据行情的发展情况确定自己的资金投入。此外，投资者在投资时就应该做好止赢或者止损的准备，由于指数型基金与股市紧密相连，因此，在股市出现大幅变化时，投资者可以根据自己的实际情况和风险承受能力，及时赎回或者进行基金转换。

总之，投资必然会有风险，投资者选择基金一定要和自己的具体情况相匹配，指数型基金就是比较适合具备一定市场分析能力的投资者进行投资的基金品种。

知识补充→→→

跟踪偏离度(TD)：指投资组合中实际收益率与基准收益率的差值，一般取样本均值。

跟踪误差(TE)：指跟踪偏离度序列的标准差，衡量跟踪偏离度的波动。

信息比率(TR=TD/TE)：衡量超额风险带来的超额收益。

其中，跟踪偏离度、跟踪误差能评价指数型基金的跟踪效果，而信息比率则用来衡量超额风险带来的超额收益。

TD、TE 可以认为是基金相对于基准的超额收益和超额风险。如果基金经理成功地复制了业绩基准代表的投资组合，那么 TD、TE 则同时为 0，投资者在承担与基准相同的风险时也获得与之相同的收益，信息比率也同样为 0。如果希望获得超越基准的收益，那么投资者还需要承担基准以外的风险。

3．如何选择指数型基金

由于指数型基金是跟踪某个特定的指数，属于被动型投资，因此，投资者不用担心基金经理更换，或者基金投资策略的突然改变。基金经理的变动对指数型基金几乎没有影响，我们也不需要花大量的时间和精力去研究和分析基金公司。

目前，随着基金市场指数的不断丰富，指数型基金的跟踪标的也越来越多，并且逐渐细化，不同的指数在风险和收益上也肯定存在着差异。因此，投资者在选择指数型基金时要格外注意。

首先，投资者要注意所投的指数基金跟踪的是什么样的指数。跟踪的指数很大程度上决定了基金的收益和风险特征，通过考察指数在不同情况下的表现，我们可以大概了解指数基金的表现。在同类型基金中，跟踪误差越小，其跟踪效果越好；信息比率越高，在承担相同风险的条件下取得超额收益也就越大。投资者在选择指数型基金时，首先应分析跟踪标的本身，然后还需结合风险收益指标再进行分析。

其次，要注意指数化投资的比例。国内许多指数基金为增强型指数基金，在主要进行指数化投资外，还会进行一定的主动投资，而不单单是复制指数的走势。这种指数型基金可能受跟踪指数以外的因素影响，如基金经理的投资策略、择时能力等。只有充分地了解主动投资部分占整个基金投资比例的大小，我们才能充分地了解基金，注意可能发生的与指数不同步的风险。

最后，投资者在投资指数型基金时还要注意投资时间的选择，由于指数型基金在股市下跌和震荡时几乎没有抗风险的能力，因此注意投资时间，就是避免风险的有效方法。

总之，投资指数型基金，要一看指数，二看比例，三看时间，只有将影响投资的各个方面都考虑到了，才能帮助投资者尽量规避风险，从而更好地实现预期的投资获利目的。

4．指数型基金的交易要点

在大盘指数上升时，指数型基金无疑是一种良好的投资工具。

从投资特点上来说，希望获得与指数同步收益的投资者，只要投资指数型基金就可以方便地跟踪标的指数的轨迹。但是指数基金的操作仍有其自身的特点和局限性，所以我们应该根据其特性和行情的特点进行操作，否则很难取得理想的收益。

首先，指数型基金是一种趋势性的投资品种，没有卖空机制，只有在股市上升行情的大趋势中才能取得较好的收益，这是买入并持有策略的前提。由于指数型基金主要是模拟股票指数进行投资运作，因此在下跌或者是震荡行情中指数型基金几乎是没有抗风险能力的。这一特点也是非常值得投资者注意的。例如从 2008 年初开始的熊市行情，指数型基金由于缺乏资金的灵活配置能力，在这个过程中普遍亏损，有的甚至比主动型基金还要严重。

可以说，指数型基金是最适合在股市上涨时投资获利的基金。

其次，虽然我们可以通过低买高卖对指数型基金进行波段操作，但是这种方式只有在中线范围内进行才容易取得比较好的效果，对于短线操作的效果并不理想。对于开放式的指数型基金而言，申购、赎回费率相加都在 1.5% 以上，短线获利更是十分困难；而封闭式基金，由于基金的资产并不会完全投资于指数基金，因此二级市场的走势也并不与指数和基金净值完全相关，基金管理人很难根据大盘进行短线操作；即便是对于与指数完全相关的 ETF 基金，在进行二级市场短线操作时，剔除手续费后，短线获利的难度也很大。由此可见，指数基金是不适合进行短线操作的，长期持有才是获利的关键。

除此之外，投资者还需要注意的是，混合指数型基金的收益情况并不完全与大盘走势相一致，由于所拟合的指数和投资策略的不同，不同基金具有不同的投资特征，因此选择投资的指数是投资指数基金的一个重要环节。目前，市场中的很多指数型基金只是将部分资产拟合指数投资，因此应该说不是严格意义上的指数型基金，由于所拟合的指数不同，基金净值的表现也各不相同。

综上所述，指数基金比较好的投资策略应该是在选择适合基金的基础上，在上升行情明朗时持有，并进行中长线的波段性操作。在熊市的大行情中，或者在市场不确定的情况下，应该避免投资指数型基金。

表 4-1 所示为 2010 年业绩排行前十名的指数型基金(标准指数型基金)。

表 4-1　2010 年指数型基金(标准指数型基金)业绩排行榜(前十名)

序　号	基金代码	基金简称	成立时间	份额净值/元	2010 年净值增长率/%
1	159902	华夏中小板 ETF	2006-6-8	3.182	20.71
2	161812	银华深证 100 指数分级	2010-5-7	1.205	20.50
3	217016	招商深证 100 指数	2010-6-22	1.152	15.20
4	510090	建信上证社会责任 ETF	2010-5-28	0.94	12.14
5	160119	南方中正 500 指数(LOF)	2009-9-25	1.231	9.40
6	510070	鹏华上证民营企业 50ETF	2010-8-5	1.273	9.11
7	110021	易方达上证中盘 ETF 联接	2010-3-31	1.091	9.10

续表

序　号	基金代码	基金简称	成立时间	份额净值/元	2010年净值增长率/%
8	206005	鹏华上证民营企业50ETF联接	2010-8-5	1.089	8.90
9	510130	易方达上证中盘ETF	2010-3-29	3.16	8.67
10	162711	广发中证500指数(LOF)	2009-11-26	1.095	8.52

表4-2所示为2010年业绩排行前十名的指数型基金(增强指数型基金)。

表4-2　2010年指数型基金(增强指数型基金)业绩排行榜(前十名)

序　号	基金代码	基金简称	成立时间	份额净值/元	2010年净值增长率/%
1	166007	中欧沪深300指数增强(LOF)	2010-6-24	1.0018	4.93
2	161604	通融深证100指数	2003-9-30	1.341	−3.66
3	163407	兴业沪深300指数增强(LOF)	2010-11-2	0.962	−3.80
4	450008	国富沪深300指数增强	2009-9-3	1.807	−5.89
5	040002	华安中国A股指数增强	2002-11-8	0.874	−6.65
6	100038	富国沪深300指数增强	2009-12-16	0.951	−9.00
7	100032	富国天鼎中证指数增强	2008-11-20	1.299	−9.06
8	213010	宝盈中证100指数增强	2010-2-8	0.9	−10.00
9	200002	长城久泰标普300指数	2004-5-21	1.2213	−11.05
10	399001	上海中证50指数增强	2010-3-25	0.857	−14.30

案例1：老赵在投资指数型基金前做好了准备工作

老赵准备投资指数型基金，可是通过一些资料，他发现指数型基金的类型有很多种，在具体的选择上，他犯了难，最后还是决定去找专家咨询。

理财专家告诉老赵，"选择投资哪种类型的基金是因人而异的，同样，面对众多类型的指数型基金，在选择时也应该首先考虑自己的实际情况，再结合各项指标来选择。"

投资理财专家作了如下建议。

(1) 习惯于短线操作的投资者可以选择 ETF 基金。这类指数型基金，可以上市交易，在受基金管理人管理和运作业绩影响的同时，还会受证券公司供求关系的影响。投资者选择这类基金，既可以分享净值上涨带来的收益，同时也可以通过二级市场的价格波动参与短期套利。

(2) 没有时间和精力选股的投资者，可以选择增强型的指数型基金。这类指数型基金将被动投资作为核心组合资产投资策略，同时还以主动投资作为辅助策略。投资者在省时省力中分享指数上涨带来的收益。

(3) 个性化的投资可选择个性化指数型基金。如华安中国 A 股、长城久泰等，这类指数型基金具有不同于大众指数的鲜明个性，其收益也取决于基金管理人管理和运作基金的能力。

(4) 根据交易方式的偏好选择。目前，除 ETF 基金外，其他指数基金都没有进行上市交易，投资者在选择时应注意不同基金的交易方式也是不同的。

(5) 根据投资标的偏好选择。偏好什么样的投资标的，应选择与之对应的指数型基金。目前的指数型基金复制标的指数，有在上海证券交易所上市的指标成分股，也有在深圳证券交易所上市的指标成分股，同时还有涵盖沪深两个证券交易所的指标成分股。投资者偏好什么样的投资市场，可以做相应的选择。

听了理财专家的介绍，老李认真分析了自己的情况，最后选择了两只增强型的指数基金进行投资。

二、准确把握货币市场基金

货币市场基金，是投资于货币市场的短期有价证券的一种投资基金，其功能类似于银行活期存款，而收益却高于银行活期存款。货币市场基金主要投资于短期货币工具，如国库券、银行定期存单、政府短期债券、企业债券以及商业票据等短期有价证券。

货币市场基金为个人及企业提供了一种能够替代银行中短期存款，并且相对安全和稳定的投资方式。货币市场基金是所有基金中最简单的一种，具有很好的流动性。一般来说，拥有一定金额的短期闲置资金，并希望有稳定增值机会的投资者，均适合投资货币市场基金。具体来说有两类投资者群体更应该关注和选择货币市场基金：一类是追求本金安全和高流动性并希望获取稳定收益，寻找合适的现金管理方式的投资者；另一类是将货币市场基金作为组合投资中的一种配置，为了达到优化组合或规避风险的投资者。

值得投资者注意的是，货币市场基金只有一种分红方式，就是红利再投资，货币市场基金单位份额始终保持在 1 元，超过 1 元的收益会自动转化为基金份额。由于货币市场基金每份单位始终保持 1 元不变，所以投资者在投资货币基金的过程中，拥有多少份额即拥有多少资产。

知识补充→→→

根据中国证监会、中国人民银行颁布的《货币市场基金管理暂行规定》，货币市场基金的投资范围包括：①现金；②1 年以内(含)的银行定期存款、大额存单；③剩余期限在 397 天以内(含)的债券；④期限在 1 年以内(含)的债券回购；⑤期限在 1 年以内(含)的中央银行票据；⑥中国证监会、中国人民银行认可的其他具有良好流动性的货币市场工具。

1. 货币市场基金的五大特点

货币市场基金作为投资基金理财的一种形式，相比较其他类型的基金而言，有着风险小、成本低、流动性强的主要特点，适合将资本短期投资生息以备不时之需的投资者，是机构和个人有效的现金管理工具。其特点具体表现为以下几点。

第一，本金安全、风险低。由于大多数货币市场基金的投资对象主要是剩余期限在 1 年以内的国债、金融债、央行票据、债券回购等低风险证券品种，因此这些投资品种就决定了货币市场基金在各类基金中风险是最低的，事实上也就相对保证了本金的安全。货币市场工具的到期日通常很短，货币市场基金投资组合的平均期限一般为 4～6 个月，其价格通常只受市场利率的影响，因此也大大降低了投资货币市场基金的风险。同时，货币市场基金持有的金融工具的发行人和市场参与者都是信用等级较高的金融机构和政府部门，所以其商业风险和信用风险也相对较低。

知识补充→→→

根据中国证监会、中国人民银行颁布的《货币市场基金管理暂行规定》，我国货币市场基金投资组合的平均剩余期限不得超过 180 天。

第二，资金流动性高。货币市场基金买卖方便，资金到账时间短，流动性极高。投资者不受日期限制，可以随时根据需要转让基金份额，一般来说，

赎回货币市场基金，资金在两三天内就可到账。

第三，投资成本低。货币市场基金通常不收取申购、赎回费用，实现了零成本，这也使得资金的进出都方便了许多。同时，货币市场基金的管理费用也较低，一般来说，它的年管理费用大约为基金资产净值的 0.25%～1%，比传统的基金年管理费率低了很多。在我国，目前货币市场基金的管理费一般为 0.33%，而且与银行存款利息收入需要交纳的 20%利息税相比，货币基金的收益免税。货币市场基金通过免申、赎费，降低管理费，大大降低了投资者的投资成本。

第四，收益率较高。货币市场基金一般都具有投资国债的收益水平。货币市场基金除了可以投资一般机构外，还可以进入银行间债券及回购市场、中央银行票据市场进行投资，其年净收益率一般在 1%～5%的范围，远高于银行储蓄的收益水平。与此同时，货币市场基金还可以避免隐性损失，抵御通货膨胀。当通货膨胀出现时，银行存款的实际利率可能很低甚至变为负值，而货币市场基金可以及时把握利率的变化以及通货膨胀的趋势，从而在通胀中获取稳定收益。因此，货币市场基金也成为抵御物价上涨的工具。

第五，操作便捷，分红免税。在国外，货币市场基金又称为"准储蓄"，是一种比储蓄更具有潜力的投资理财形式。投资货币市场基金的操作类似于银行的活期储蓄，而且是月复利分红，收益天天计算，同时分红免收所得税，这就大大降低了投资成本，增加了收益。

货币市场基金除具有上述特点外，还具有一些其他优点。一般货币市场基金还可以与该基金管理公司旗下的其他开放式基金进行转换，高效灵活、成本低。股市好的时候可以转成股票型基金，债市好的时候可以转成债券型基金，当股市、债市都没有很好机会的时候，货币市场基金则是资金良好的避风港，我们可以及时把握股市、债市和货币市场的各种机会。

此外，投资者购买货币市场基金后，可以用基金账户签发支票、支付消费账单。有的货币市场基金甚至还允许投资者直接从货币取款机取款。

通过表 4-3、表 4-4 所示的货币市场基金与其他的金融投资产品或者其他类型的基金相比较，我们更能看出货币市场基金的上述特点带来的投资优势。

表 4-3   货币市场基金与人民币理财产品的比较

理财产品	管理机构	申购门槛	手续费	流动性	风险情况	收益率
货币市场基金	基金公司	一般为1000元	没有手续费	可随时申购或赎回	根据当月收益计算	平均收益高于3%年利率
人民币理财产品	银行	最低为10 000元	提前解约需要缴纳手续费	根据产品的不同有所区别，最低投入时间为1年	中途解约会损失收益	根据产品不同而不同，最低收益为2.5%

表 4-4   货币市场基金与股票基金、债券基金的比较

基金类型	投资对象	投资目标	投资风险	预期收益	主要优势
股票基金	以股票为主	获取较高资本利得	最高	最高	预期收益高
债券基金	各种债券	获取稳定收益	较高	较高	收益稳定
货币市场基金	货币市场工具	获取稳定收益	最低	最低	流动性好

2. 了解货币市场基金的风险

在我国，货币市场基金不得投资于剩余期限高于 397 天的债券，且投资组合的平均剩余期限不得超过 180 天，因此货币市场基金从总体上看风险还是较低的。因此，货币市场基金也逐渐成为基金市场的新宠。同时，由于货币市场基金具有"准储蓄"产品的特色，并且又享受税收优惠，所以持续受到市场的追捧。

其实，投资货币市场基金还是有一定风险的，而且随着货币市场基金产品数量的不断增加，各个基金管理人为了提高业绩以吸引更多的投资者可能采取一些激进的投资策略，这使得投资货币市场基金的风险很可能会不断加大。货币市场基金不能确定投入本金保本，因为它毕竟不是银行存款，没有一定保本的承诺。货币市场基金中的风险既表现在具体基金上，也反映在整个市场上。投资人在选择货币市场基金的时候，关注和考察公司也是非常重要的。具体来说，货币市场基金的风险主要表现在以下几方面。

(1) 道德风险。了解货币市场基金的风险，首先要认识到货币市场基金与银行储蓄有着本质不同。货币市场基金的实质是契约的组合，是多数投资者以集合出资的形式形成基金，委托基金管理人管理和运用基金资产。投资者选择好基金管理人之后，由于不能直接观测到基金管理人选择了什么行

动，能观测到的只是另一些变量，这些变量由基金管理人的行动和其他外生随机因素共同决定。因此，基金管理人随时可能出现"道德风险"问题，即基金管理人在最大限度地增加自身效用时，做出不利于广大基金投资者的行动。因此，选择具有良好道德的基金管理人，也成为投资者需要关注的重点。

(2) 信用风险。信用风险又称违约风险，是指企业在债务到期时无力还本付息而可能产生的风险。很多货币市场基金都是以货币市场上的短期信用工具为投资对象，其中各类不同的商业票据占其基金投资组合的一定份额。企业发行的商业票据由于受自身的规模、信誉、业绩和经营历史等因素的影响，它们的商业票据信用程度也有所不同。一些企业经营环境一旦恶化，经营业绩不佳，此时这些发行商业票据的企业就存在到期无法兑付的风险。如果货币市场基金的投资组合中这类资产所占份额较大，必然影响到基金的收益，表现出资本因信用违约导致损失的风险。合理进行投资组合，是规避信用风险的一大途径。

(3) 流动性风险。流动性是投资者将自己持有的金融工具转换为现金的能力。对于货币市场基金而言，流动性是指基金经理人在面对赎回压力时，将其所持有的资产投资组合在市场中变现的能力。基金经理常常要面对两种流动性风险：一是所持有的资产在变现过程中由于价格的不确定性而可能遭受损失；二是现金不足，难以满足投资人的赎回要求。所以一旦有基金投资者集中赎回投资的情况，而基金经理人手中所持流动性资产又不够支出时，货币市场基金必将可能延迟兑现投资者的赎回申请，导致流动性风险的发生。

(4) 经营风险。虽然货币市场基金是专家理财，但基金管理者避免不了会有投资决策的失误，基金内部监控也可能失灵，这样货币市场基金的实际净值可能缩水。因此基金整体运营能力和研究决策人员专业水平的高低也在很大程度上决定着其风险的大小。

总之，没有任何一种投资方式是万无一失、没有风险的，货币市场基金也不例外，只有了解了各种风险存在的可能性，才能有效地规避风险，更好地实现获利。

3. 货币市场基金投资技巧

在欧美国家，有着"准储蓄"之称的货币市场基金早已成为多数家庭的主要投资理财工具。其低风险、高流动性的特点，正可满足家庭投资的需要。

目前，在我国的金融市场上货币市场基金的同质性较强，多数货币市场基金之间没有太大的差别，那么投资者在选择时，就要格外注意投资技巧了。具体要注意以下几点。

(1) 选择过往业绩好、控制风险能力强的管理人。投资基金的一个重要特点就是由管理人代为管理投资者的资金，投资货币市场基金也是这样，好的管理者决定着投资者的获利情况。只有在保证资金安全的前提下，投资者才可能获利。对于流动性强的货币市场基金来说，选择好的基金公司和基金管理者更为重要。

(2) 购买产品线完善的基金公司的产品。货币市场基金的特点决定了它不仅是良好的现金管理工具，更是投资股市的"避风港"。在股市行情不好的时候，货币市场基金可以安全地规避投资风险。待股市投资机会来临，投资人可以考虑将闲置资金投资股票型基金，这样，如果选择产品线完整的基金公司产品，就可以享受转换的便利，而且通常各基金公司对于转换本公司产品还有费用上的优惠，可帮助投资人有效节约投资成本。换言之，投资者在选择货币市场基金的时候，除所购买的货币市场基金外，还要关注该基金公司旗下其他基金的业绩表现，以方便将来的基金转换，提高投资收益。

(3) 购买规模稳定的货币市场基金。货币市场基金收益与基金规模大小并没有直接的关系，但与规模的稳定性却有较大关系，规模不稳定的货币市场基金风险很大。所以我们购买时，要看基金规模是否稳定，是否有充足的后续资金做保证。

(4) 在工资卡所属银行购买更便利。货币市场基金最大的优势是交易便捷和流动性强，因此被人称为是银行储蓄的替代品。投资人可以将每月的工资除去生活必要开支，将其余部分买成货币市场基金，享受到比银行储蓄更高的收益。不同的银行卡可以购买的货币市场基金也可能不同，我们应该选择工资卡或常用的银行卡可以购买的基金品种，这样赎回更加便利。

4．如何购买货币市场基金

购买货币市场基金的程序与购买其他类型基金的程序是一样的，其购买途径也是很多的，并不是一些人认为的，购买货币市场基金一定要到银行去。事实上，随着金融服务不断完善，工商银行、招商银行等金融机构都推出了网上基金业务，只要开通网上银行，坐在家里便可以自助购买货币市场基金。其操作程序非常简单，登录网上银行后，单击"网上证券"下的"网上基金"选项，然后就可以即时办理基金公司 TA 账户和交易账户的开户以及认购、申购、赎回、销户、资金划转等业务。其特点是可以随时购买，这比传统的零存整取合算多了。网上购买基金省去了到银行排队的麻烦，在网上可以自助开立各大基金公司的 TA 账户，而且均是免费的。在网上银行购买货币市场基金可以说是既方便又快捷。

在购买货币市场基金时，我们要注意以下一些问题。

首先，不要盲目听信介绍。如果是到银行柜台购买，银行员工往往会向投资者热情介绍，而事实上他们只是普通的银行工作人员，并不是投资理财专家，他们更多的是为了完成自己的销售任务而夸大某些基金品种的收益，或者有意隐瞒一些问题。因此，他们的介绍不仅不能帮助投资者选择好的基金品种，还有可能误导投资者。作为投资者，切不可盲目听信银行员工的介绍，而是要更多地关注相关部门、机构发布的公告，或者去基金网站进行了解，当然投资者自己掌握一定的投资理财知识也是很必要的。总之，面对品种繁多的货币市场基金以及销售人员天花乱坠的介绍，投资者应该做到通过正规途径，掌握各基金的业绩表现，做到货比三家，择优购买。

其次，选购老的货币市场基金让人更放心。货币市场基金的购买与其他类型的基金没有不同，可以在发行时认购，也可以在日后申购。而对于货币市场基金而言，由于没有"基金净值"，只有"7 日年化收益率"，并且货币市场基金都是不收申购费和认购费的，购买和赎回也不收手续费，因此在价格和手续费上，新基金和老基金是一样的。不过，比较而言，购买老基金对于投资者来说更划算，也更放心。因为购买新基金有一个认购期，收益是按活期存款计算的，而老基金则没有这个过程；另外，新基金没有经过市场检验，收益情况还是个未知数，从这个角度来说，还是买业绩好的老货币市场基金更让人放心。

最后，购买货币市场基金的途径和普通类型基金一样，是多方面的，投资者可以根据自身的需求选择适合自己的途径购买。

知识补充→→→

所谓 7 日年化收益率，是货币基金最近 7 日的平均收益水平，进行年化以后得出的数据。由于货币基金的每日收益情况都会随着基金经理的操作和货币市场利率的波动而不断变化，因此实际当中不太可能出现基金收益持续 1 年不变的情况。所以，7 日年化收益率只能当做一个短期指标来看，通过它可以大概参考近期的盈利水平，但不能完全代表这只基金的实际年收益。

在不同的收益结转方式下，7 日年化收益率计算公式也有所不同。目前货币市场基金存在两种收益结转方式。一是"日日分红，按月结转"，相当于日日单利，月月复利，其计算公式为：$(\sum R_i/10\ 000\ \text{份})365/7\times100\%$；另一种是"日日分红，按日结转"相当于日日复利，其计算公式为：$(\sum R_i/7)\times365/10\ 000\ \text{份}\times100\%$。其中，$R_i$ 为最近第 i 公历日 $(i=1,2,\cdots,7)$ 的每万份收益，基金 7 日年收益率采取四舍五入方式保留小数点后三位。

5．如何衡量和计算货币市场基金的收益

货币市场基金的基金单位资产净值是固定不变的，一般一个基金单位是 1 元，这是与其他基金主要的不同点。同时，货币市场基金的分红方式是红利转投资，利用收益再投资，增加基金份额，使收益不断累积。

衡量和计算货币市场基金收益率高低有两个指标，它们分别是"每万份基金单位收益"和"7 日年化收益率"。

"每万份基金单位收益"是以人民币计价收益的绝对数，是从上次公告截止之次日起至本次公告截止日期间所有自然日的收益合计数，1 年按当年实际天数计算的收益。每万份基金单位收益的计算公式为：每万份基金单位收益=基金收益总额/基金份额总数×10 000。每万份基金单位收益越高，它反映的我们每天可获得的真实收益越高。

"7 日年化收益率"是货币基金过去 7 天每万份基金份额净收益折合成的年收益率。举例来说，1 月 30 日的 7 日年收益率，就是拿 1 月 24 日～30日连续 7 天的日收益进行平均，得出的日平均收益率再乘以 365。有了这样的比较基准，各只准货币市场基金的收益水平也就一目了然了。比如某货币市场基金当天显示的 7 日年化收益率是 5%，并且假设该货币市场基金今后一年的收益情况都维持前 7 日的水准不变，那么我们持有 1 年的话，就可得到 5% 的整体收益。当然，货币市场基金的每日收益情况都会随着基金经理的操作和货币市场利率的波动而不断变化，在实际操作中不太可能出现基金收益持续 1 年不变的情况。因此，"7 日年化收益率"只能当做一个短期指标来看，不能代表一只货币市场基金的实际年收益。

在投资者的基金合同生效后，直至投资者开始办理基金份额申购或者赎回前，基金管理人应当至少每周公告一次基金资产净值和基金 7 日年化收益率。在开始办理基金份额申购或者赎回后，基金管理人应当于每个开放日的次日在指定报刊和管理人网站上披露开放日每万份基金净收益和 7 日年化收益率。若遇法定节假日，应于节假日结束后第二个自然日，披露节假日期间的每万份基金净收益和节假日最后一日的 7 日年化收益率，以及节假日后的首个开放日的每万份基金净收益和 7 日年化收益率。

6. 提前赎回货币市场基金是否会影响收益

对于一般的开放式基金来说，赎回的时间越早，所需支付的手续费就越多；相反，持有的时间越长，手续费就越低，甚至还有可能免去赎回手续费，所以，提前赎回就会减少收益。而银行的定期存款如果提前支出，也同样会有利息的损失。

那么，货币市场基金提前赎回是否也会影响收益呢？

答案是否定的。由于货币市场基金没有明确的投资时间限制，可以投资几年，也可以只投资几天，因此不会像银行存款那样，出现提前支取收益降低的现象。同时，货币市场基金的申购和赎回是不需要支付任何费用的，这就决定了它没有申购和赎回的限制。大多数货币市场基金都采取每天计利的利息计算方法，并按月将累计利息发送到基金投资人的账户上，使投资人的收益定期"落袋为安"。

综上所述，投资者提前赎回货币市场基金，并不会减少收益。投资者可根据需要随时办理赎回业务，这也是货币市场基金区别于其他类型基金的一大优势。

7. 货币市场基金的交易要点

货币市场基金的买卖流程与其他开放式基金一样，但是由于其本身与其他类型的基金存在着不同，因此，在交易时，投资者常会遇到一些问题。以下几个问题是值得投资者注意的。

(1) 注意收益率的变化。收益率的波动情况影响着货币市场基金的交易，一般来说，波动大的基金买卖频率也相对越高，此时是卖出获利的时机；相反，暂时平静或稍有亏损的基金，可持有待观。当然，卖出已获利的基金券种可能会影响长期收益。

(2) 注意基金的设立时间。对待货币市场基金，通常情况下是"买老不买新"，老的货币基金相对稳定，风险低；而新成立的货币市场基金从建仓到平稳收益，需要一个过程，如果过程中利率下滑，那么投资者就要承担建仓的损失。从稳定收益的角度来看，投资老的货币市场基金是一个明智的选择。

(3) 注意基金的规模。规模大的货币市场基金在运作过程中，抵御风险的能力相对较强，同时具有节约固定交易费用、在一对一询价中要价能力强等优势，但是过大的规模可能导致基金无法买到合适的投资品种从而影响其收益水平。而规模小的基金，抵御风险的能力显然较弱，一旦遇到风险，极有可能会严重影响投资者的收益。因此，投资者应该更多地关注规模适中、便于操作、抗风险能力强的货币市场基金。

(4) 注意把握时机，灵活转换。货币市场基金的买卖是非常灵活的，而且没有任何申、赎手续费，因此投资者要关注银行的划款时间和计息方式，把握时机进行货币市场基金的赎回或者转换。需要特别注意的是，国家的法定节假日是非交易日，投资者在申、赎时间的选择上要避开法定节假日的前一天，这样既便于操作，也不会影响收益。

同时，由于货币市场基金投资者投资的是短期有价证券，因此，基金组合平均剩余期限、期限结构、持券结构以及回购杠杆比例等也是必须考虑的指标。当预期未来市场利率上升时，组合平均剩余期限长或者剩余期限时间长的资产跌幅更大，投资者应尽量暂时回避这种类型的货币市场基金。如果利率比较平稳，在两个收益相同的货币市场基金中，应该选择平均剩余期限短或者剩余期限时间短以及回购比例低的基金，这类基金收益增长的潜力相对较大。

三、LOF 与 ETF 的投资比较

LOF(List Open –Ended Fund)，即上市开放式基金，是指在交易所上市交易的开放式基金。在产品特性上 LOF 与一般开放式基金没有本质区别，只是在交易方式上增加了二级市场买卖这个新渠道。

ETF(Exchange-Traded Fund)，即交易所交易基金，是以某一指数的成分

股为投资对象，一只成功的 ETF 可以尽可能与标的指数走势一模一样，使投资人安心获取指数的收益。ETF 具有独特的实物申购和赎回机制，投资者向基金管理人申购 ETF，需要拿这只 ETF 指定的一篮子股票来换取，赎回时得到的不是现金，而是相应的股票。如果想变现，需要再卖出这些股票，而且赎回份额有一定的数量限制，一般为 50 万个以上的基金单位。ETF 通常实行一级市场与二级市场并存的交易制度，是一种更为纯粹的指数基金。

1. LOF 和 ETF 的异同

作为同时存在于一级市场和二级市场的 LOF 和 ETF，它们之间有很多相似甚至相同的地方，同时也有着明显的区别。

LOF 与 ETF 具有以下相同点。

(1) 同时存在于两级市场。ETF 和 LOF 都同时存在一级市场和二级市场，可以像开放式基金一样通过基金发起人、管理人、银行及其他代销机构网点进行申购和赎回。同时，也可以像封闭式基金那样通过交易所的系统买卖。

(2) 理论上同样存在套利机会。由于它们同跨两级交易市场，是两种交易方式并存，因此它们具备了开放式与封闭式基金的双重性质。从理论上说，由于它们同时存在着两级市场，因此都有套利机会。申购和赎回的价格取决于基金单位资产净值，而市场交易价格由系统撮合形成，主要由市场供求关系决定，当二者出现偏离时，便出现了套利机会。

(3) 费用低，流动性强。LOF 和 ETF 在交易过程中无须申、赎费用，只需要支付最高为 0.5% 的双边费用。另外，ETF 属于被动式投资基金，其管理费用也很低，一般不会超过 0.5%。同时，由于它们同跨两级市场，其流动性明显强于一般的开放式基金。

(4) 折溢价幅度小。基金单位的交易价格受当日行情以及供求关系的共同影响，围绕基金单位净值上下波动。但是，由于 LOF 基金和 ETF 基金存在着特殊的套利机制，因此当市场供求与单位净值的偏离超过一定程度时，就会引发套利行为，从而使得交易价格自动向净值回归。由此分析，它们的折溢价幅度远低于一般的封闭式基金。

LOF 基金与 ETF 基金具有以下区别。

(1) 适用的基金类型不同。ETF 基金主要是基于某一指数的被动型投资基金产品，LOF 基金虽然也采取了开放式基金在交易所上市的方式，但它不仅可以是被动投资的基金产品，也可以是主动投资的基金。

(2) 申购与赎回的标的不同。在申购和赎回时，ETF 基金与投资者交换的是基金份额和"一揽子"股票，而 LOF 基金则是基金份额与投资者现金之间的交换关系。

(3) 参与门槛不同。按照国外的经验和华夏基金上证 50ETF 的设计方案，ETF 基金申购、赎回的基本单位是 100 万份基金单位，起点高，适合机构客户和有实力的个人投资者；而 LOF 基金的申购和赎回与其他开放式基金一样，申购起点为 1000 基金单位，更适合中小投资者参与。

(4) 套利操作方式不同。ETF 基金在套利交易过程中必须通过"一揽子"股票的买卖，同时涉及基金和股票两个市场，而对 LOF 基金进行套利交易只涉及基金的交易。更突出的区别是，根据上海证券交易所对 ETF 基金的设计，使得投资者有了实时套利的机会，可以实现 T+0 交易；而深圳证券交易所目前对 LOF 基金的交易设计是，申购和赎回的基金单位由中国注册登记系统托管，市场买卖的基金单位由中国结算深圳分公司系统托管，跨越两个市场进行交易需要两个交易日的时间。因此，在操作上，ETF 基金更便利。同时，LOF 基金由于跨越两个市场进行交易，因此其套利成本也明显增加。

2．如何交易 ETF 基金

ETF 基金的交易与股票和封闭式基金的交易相同，基金份额是在投资者之间买卖的。投资者利用现有的证券账户或基金账户即可进行交易，不需要开设新账户。ETF 的二级市场交易同样要遵守交易所的相关规则，如当日买入的基金份额不得当日卖出，可适用大宗交易的相关规定等。

ETF 和股票、封闭式基金一样，以 100 个基金单位为 1 个交易单位(也就是一手)，涨跌幅度限制也和股票一样是 10%。每只 ETF 均跟踪某一个特定指数，所跟踪的指数即为该只 ETF 的"标的指数"。为了使 ETF 市价能够直观地反映所跟踪的标的指数，产品设计人有意在产品设计之初就将 ETF 的净值和股价指数联系起来，将 ETF 的单位净值定为其标的指数的某一百分比。因此，我们通过观察指数的当前点位，就可直接了解投资 ETF 的损益，把握时机，进行交易。同时，ETF 的升降单位也和封闭式基金相同，为 1 厘。举例来说，上证 50 指数 ETF 的基金份额净值设计为上证 50 指数的 1‰，当上证 50 指数为 1234 点时，上证 50 指数 ETF 的基金份额净值应约为 1.234 元。当上证 50 指数上升或下跌 10 点，上证 50 指数 ETF 之单位净值应约上升或下跌 0.01 元。

ETF 也可以通过申购和赎回进行交易，但它的申、赎要求比较高，一般是基本基金单位的 100 万份，因此这种交易方式只对大宗资金交易者开放。

知识补充→→→

上海证券交易所 ETF 基金交易规则如下。

交易时间：上海证券交易所的开市时间(周一至周五的上午 9:30~11:30 和下午 1:00~3:00，节假日除外)。

交易方式：在交易日的交易时间通过任何一家证券公司委托下单。

开户：需开立上海证券交易所 A 股账户或基金账户。

交易单位：100 份基金份额为 1 手，并可适用大宗交易的相关规定。

交易价格：每 15 秒计算一次参考性基金单位净值，大约等于"上证 50 指数/1000"，供投资者参考。

价格最小变动单位：0.001 元。

涨跌幅限制：10%。

交易费用：无印花税，佣金不高于成交金额的 0.3%，起点为 5 元。

清算交收：T 日交易，T+1 日交收。

3. 如何交易 LOF 基金

LOF 基金，即上市开放式基金，其本质仍是开放式基金，基金份额总额不固定，基金份额可以在基金合同约定的时间和场所申购、赎回。投资者可以在交易所进行买卖，也可以在指定网点办理申购与赎回，在赎回、卖出时要办理一定的转托管手续。

1) LOF 基金的购买

购买 LOF 基金有两种渠道：一是通过深圳证券交易所购买，还有就是通过代销机构购买。根据买卖渠道的不同，要开设深圳证券账户或深圳开放式基金账户。

通过深交所交易系统交易，需要使用深圳 A 股账户或深圳证券投资基金账户。投资者可以在证券公司开立深圳证券账户进行 LOF 基金的认购，认购的金额必须是 1000 的整数倍。

通过代销机构认购上市开放式基金，应使用中国结算公司深圳开放式基金账户。已有深圳证券账户的投资者，可通过基金管理人或代销机构以其深圳证券账户申请注册深圳开放式基金账户；没有深圳证券账户的投资者，可直接申请账户，注册之后再完成对 LOF 基金的认购。

2) 跨系统托管的办理

办理基金份额的跨系统托管，有以下两种情况。

通过深圳证券交易所认购或买入的上市开放式基金份额只能在深圳交易所交易，不能直接申请赎回，如果投资者想要赎回该基金份额，需要先办理跨系统转托管，即将基金份额转入基金管理人或其代销机构，然后再通过基金管理人或其代销机构营业网点进行赎回。投资者在办理跨系统转托管之前，应确保拟转出的基金已在基金管理人或其代销机构处注册深圳开放式基金账户。然后再与基金份额拟转入的代销机构联系，获知该代销机构的代码，并按照代销机构的要求办理相关手续(账户注册或注册确认)以建立业务关系。认真核实后，投资者可在正常交易日持有效身份证明和深圳证券账户卡，到转出方证券营业部办理跨系统转托管。办理系统托管时，须填写转托管申请表，写明拟转入的代销机构代码、深圳证券账户号码、拟转出上市开放式基金代码和转托管数量等内容。

通过代销机构认购、申购的上市开放式基金份额只能赎回，不能通过深交所交易系统卖出，如果投资者拟将该基金份额通过深交所交易系统卖出，需要先办理跨系统转托管，即将基金份额转入深交所交易系统，之后再委托证券营业部卖出。投资者在办理跨系统转托管之前，需要与基金份额拟转入的证券营业部联系，获知该证券营业部的深交所席位号码。然后在正常交易日持有效身份证明和深圳证券账户卡，到转出方代销机构办理跨系统转托管业务。办理时需要填写转托管申请表，写明拟转入的证券营业部席位号码、深圳开放式基金账户号码、拟转出上市开放式基金代码和转托管数量，其中转托管数量应为整数份。如果在 T 日(交易日)申请办理的跨系统转托管为有效申报，则其申报转托管的上市开放式基金份额可在 T+2 日到账，投资者可以自 T+2 日开始申请赎回或申报卖出基金份额。

3) LOF 基金的套利原理

LOF 基金在一级市场的申购和赎回是按照申请提出当天的基金净值进行结算的，而其在二级市场上的价格则是由市场供求决定的，因此，当两者之间的偏差大于交易成本时，投资者就可以在两个市场之间进行套利。

当 LOF 基金的市场交易价高于净值，即在二级市场的交易价高于一级市场的申购价(含手续费)时，投资者可在一级市场上申购，然后在二级市场上卖出，这种套利原理也称为"正向套利"。

当 LOF 基金的市场交易价格低于净值，即在二级市场的交易价(含手续费)低于一级市场的申购价时，投资者可在二级市场上买入，然后到一级市场中赎回，这种套利原理也称为"反向套利"。

除上述两种情形外，还有一种套利方式，被称为"复牌套利"，即当 LOF 基金持仓中持有复牌预期涨幅较高的股票时，可以买入，等待该股票"复牌套利"。

LOF 基金的套利需要跨系统托管，这样至少需要三天的时间，同时还要交付相关费用。由于 LOF 基金的套利所花费时间较长，需要承担的风险也就相对较大，如果出现的套利机会在两天后消失了，那么投资者就会受到损失。因此，除非有十足的把握，不然投资者最好不要轻易进行套利操作。

4．掌握 LOF 基金的运转机制

LOF 基金运转机制的核心是份额登记机制，它既与开放式基金需要在过户机构(TA)中登记不同，又区别于封闭式基金需要在交易所证券登记结算系统登记。只有在 TA 和证券登记结算系统中同时登记，才满足 LOF 基金所具备的同时可以进行场内交易和场外交易的方式。

LOF 基金采用开放式基金和股票结合的发行方式，在交易所发行。它的认购与股票认购没有区别。认购结束时，投资者获得与认购金额相对应的基金份额，根据认购的不同方式，投资者的基金份额得到不同的托管方式。通过股票账户认购的基金份额托管在证券登记结算公司系统中，同时通过基金账户认购的基金份额托管在 TA 中。托管在证券登记系统中的基金份额只能在证券交易所集中交易(场内交易)，不能直接认购、申购或赎回(场外交易)；托管在 TA 系统中的基金份额只能进行认购、申购、赎回，而不能直接在证券交易所集中交易。

LOF 基金的场内交易，就是投资者按照证券交易的方式在证券交易所进行基金交易，交易价格因交易双方的叫价不同而发生变化，交易发生的基金份额的变化登记在证券登记结算系统中。如果场内交易投资者成功交易基

金，则资金 T+0 日可用，基金 T+1 日交收，其交易方式与股票或者封闭式基金相同。

LOF 基金的场外交易，就是投资者采用未知价的交易方式，以基金净值进行申购赎回，交易发生的基金份额变化登记在 TA 系统中。投资者通过场外交易进行基金申购，基金 T+2 日交收；基金赎回，则根据各个基金公司的不同而不同，资金最长在 T+7 日到账。

投资者拟将托管在证券登记结算系统中的 LOF 基金份额申请赎回，或拟将托管在 TA 系统中的 LOF 基金份额进行证券交易所集中交易，应先办理跨系统转托管手续，即将托管在证券登记结算系统中的基金份额转托管到 TA 系统，或将托管在 TA 系统中的基金份额转托管到证券登记结算系统。

5．LOF 基金与传统开放式基金相比的优势

与传统开放式基金相比，LOF 基金有以下优势。

(1) 交易便捷，可进行上市交易。投资者购买传统开放式基金的手续是比较复杂的，特别是在购买不同基金时，通常需要多处开户；而 LOF 基金则像买股票一样方便，投资者拥有一个股东代码卡即可。同时，LOF 基金可以上市交易，这就大大缩短了交易时间，传统的开放式基金从申购到赎回，最慢要一周的时间，而 LOF 基金由于上市交易，因此可像封闭式基金那样，实现 T+1 日交易。

(2) 手续费低，信息透明。投资传统的开放式基金，申购与赎回都要缴纳费用，同时还有各个环节的管理费等开销。而 LOF 基金只要缴纳低廉的双向交易费即可。同时，由于 LOF 基金要在交易所交易，必须遵守交易所的信息披露规则，因此比传统开放式基金信息披露更加及时、透明，投资的风险就会更小些。

(3) 赎回压力降低。基金的赎回压力主要是针对基金公司来说的，它在一定程度上影响着基金公司的业绩。LOF 基金同跨两级交易市场的特性，使之成为了"可交易的开放式基金"和"可赎回的封闭式基金"，这就大大减轻了它的赎回压力。

(4) 拥有套利机会。LOF 基金同跨两级市场交易，这就使它拥有了传统开放式基金所没有的套利机会，为投资者提供了更多的获利可能，同时也增加了一定的套利风险。

四、保本基金——安全、稳定的投资选择

保本基金，是指在一定的保本周期(在我国一般是 3 年，在国外甚至达到了 7～12 年)内，对投资者所投资的本金提供一定比例的保证保本，而基金则利用极小的资产比例或者是利息来进行高风险的投资，而将大部分资产从事固定收益的投资，使得无论市场如何变化，基金都不会低于所担保的价格，从而实现保本的目的。投资者在保本周期结束后可以拿回原始的投资本金，如果提前赎回，则不享受保本优待。保本基金对风险的承受能力较弱，但是可以保障所投本金的安全，同时可参与股市上涨的获利。一般来说，保本基金会将大部分资产用于投资固定收入债券，使得基金期限届满时能够支付投资者的本金，而将剩余资产(一般为15%～20%)投资于股票等高收益的产品，以此来提高投资者的收益。因此，对于风险承受能力较弱的投资者来说，保本基金是一个不错的选择。

1. 保本基金是如何保本的

保本基金通常使用一种动态投资组合保险技术(CPPI)实现保本，其基本思路是将大部分资产(保险底线)投入固定收益证券，用以保证保本周期到期时可以收回本金；而将剩余的小额资金(安全垫)乘以一个放大倍数投入到股票市场中，以博取收益。如果股票市场上涨，CPPI 按照放大倍数计算出的投资股票市场的资金会增加，从而获取投资收益；反之，计算出的资金减少，基金会将一部分资金从股票市场转到风险较低的债券市场，从而规避股票市场下跌的风险，保证总资产不低于之前确定的安全底线。

除此之外，保本基金在运营中还拥有担保机制。一般保本基金都有信用良好的担保人。基金持有人在认购期购买并持有到期，如果可赎回金额加上保本期间的累计分红低于其投资金额，那么保证人保证向持有人承担上述差额部分的偿付。如果基金持有人未持有到期就赎回，则赎回部分不适用这项担保条款。

知识补充→→→

保本基金起源于20世纪80年代中期的美国，其核心是投资组合保险技术。该技术由伯克利大学金融学教授利兰德(Hayne Leland)和鲁宾斯坦(Mark Rubinstein)创造，并在 1993 年得到首次应用，后逐渐蓬勃发展。

　　我国香港地区于 2000 年 3 月最早发行保本基金，首次发行的保本基金有花旗科技保本基金和汇丰 90%科技保本基金，其封闭期分别为 2.5 年和 2 年。

　　我国台湾地区在 2003 年 4 月发行了第一只保本基金。台湾证期会还对保本基金做出了相关的规定标准以及具体说明，明确告知投资者保本基金的保本率、参与率以及投资期限等具体参数，同时还在募集说明书中指出了保本基金的性质和风险。

　　在国际上，保本基金又分为保证基金和护本基金两种类型，其中护本基金不需要第三方提供担保。

2. 哪些人群适合投资保本基金

　　保本基金主要适合风险承受能力比较弱、希望投资本金安全，同时又想在投资市场获利的投资者投资。

　　如果不考虑通货膨胀的话，投资保本基金基本上是没有风险的，投资者既可以保障本金的安全，又可以分享股市上涨带来的获利。但是，保本基金有一定的保本周期，相当于是一个锁定期(在我国是 3 年)，投资者如果提前赎回，不仅享受不到优待，同时也有可能会产生一定的风险，所以投资保本基金的资金最好是投资者在 3 年内不会动用的资金。

　　基金的品种是多样的，投资者可以根据自己的风险承受能力，将保本基金作为自己投资组合的一部分，按比例来进行投资。

3. 如何挑选保本基金

　　保本基金的风险相对较低，但是并不是完全没有风险。投资者在挑选保本基金时，还是要认真考虑、谨慎选择的。以下几点是投资者在选择保本基金时应该注意的。

　　(1) 根据风险承受能力确定保本额度。投资者选择的保本额度直接关系到收益问题。一般来说，保本额度高，收益就低；相反，保本额度低，收益就较高。同时，低保本、高收益，就意味着高风险。所以，投资者应根据自己的风险承受能力，合理确定保本额度。

　　(2) 根据资金状况投资。因为保本基金有固定的保本周期，所以投资者投资保本基金的资金应该是至少三五年不会动用的资金，如果投资者的资金流动性比较强，则应该考虑是否选择其他基金来进行投资。

(3) 担保人和基金经理同样重要。因为保本基金有保本条款，所以担保人就显得格外重要，担保人的资质是投资者必须考察的。另外，还要注意挑选业绩好、口碑好、能力强的基金经理，投资基金在很大程度上相当于投资基金经理。

4. 保本基金的投资策略

根据保本基金自身的特点，以下两种情况适合投资者投资保本基金。

(1) 股票市场低迷时。当股票处于熊市时，投资者投资的风险可能相对较大，此时保本基金则会表现出出色的稳定性。因此投资者此时购买保本基金是非常合适的。

(2) 存款利率低时。很多投资者都渴望在本金稳定的情况下获得一定的收益，而当银行存款利率低或者下降时，把资金放在银行显然是没有什么收益的。此时，由于保本资金本金的稳定性和随股票上涨带来的收益，投资者可把银行的固定存款或部分存款转成投资保本基金。

需要投资者注意的是，在股票牛市行情明显，经济过热导致通货膨胀的情况下，保本基金会有一定的风险，此时应适时将保本基金转换为普通开放式基金或直接投资股票市场来规避风险，并且让资金获得新的增值潜力。

5. 保本基金到期怎么办

保本基金具有一定的保本期限，在此期限内投资者可享受保本优待，如果投资者在此期限未到时就赎回基金，则无法享受保本优待，有可能造成一定的亏损。同时，在保本期限结束时，保本优待也随之结束。此时，投资者就要考虑下一步的投资计划了。具体有以下三种情形。

(1) 继续投资保本基金。保本基金到期时，投资者可以根据修改后的基金合同转入下一保本周期，继续投资，或者可以投资新周期的保本基金。如果投资者在到期时没有做出选择，基金管理人将默认持有人选择了转入下一保本基金或是修改基金合同后形成的其他基金品种。

(2) 赎回基金。有些保本基金在合同中会明确规定，该基金到期后将不再延期，也就是说投资者必须赎回基金。所以在购买保本基金时，认真阅读合同是十分必要的。

(3) 转投其他基金。保本基金到期后，投资者可根据实际情况和需要转投其他类型的基金，或将部分保本基金进行转换。如果是转换该公司旗下的基金，则投资者无须支付任何转换费用。

在保本基金到期时，投资者要根据自身状况及当时的市场行情，做出合理选择。

6．保本基金的交易要点

保本型基金是经过不同的投资品种组合而成的，不论是固定收益投资品种还是有选择性的投资，都有一定的期限。因此，保本型基金在发行时大都订有存续期，以免客户赎回频率太过频繁，影响基金的操作成本及绩效，目前在我国，一般的保本基金的保本期限为 3 年。

对于保本基金，只有在基金到期时赎回，才能保证归还本金。如果投资者提前将基金赎回，不但失去保本保证，通常还需要负担高额的赎回费用。不过目前新发行的保本型基金大都订有定期赎回的机制，最常见的以季末或月末开放赎回，但提早赎回仍不能享有基金所提供的归还本金的保障。因此在投资保本型基金时，投资者最好预先做好长短期资金的规划，再选择合适的保本基金。因为保本型基金存在一定的存续期，没有闲置资金和长期投资打算的投资者最好不要选择流动性较差的保本型基金。

同时，需要投资者注意的是，保本基金本身分为两个部分，即保本资产和收益资产。投资的回报率主要来自收益资产，收益资产占的比重越大，投资的回报率就越高；同时，由于保本资产随之减少，投资者所需要承担的风险也就随之增加。因此，投资者在投资保本基金时，还要根据自己的期待收益情况和风险承受能力来确定自己保本资产和收益资产的比例。

案例 2：张女士在投资保本基金时走入了误区

根据相关机构的统计，保本基金在我国出现 7 年以来，取得了十分可喜的收益业绩，其平均年华收益率达到了 21.26%，而从其市场表现情况来看，保本基金具有良好的抗风险能力。因此，保本型基金也吸引了更多的投资者。

已经退休的张女士就是众多保本基金的投资者之一。张女士之所以投资保本基金，就是认为投资保本基金没有风险，可以确保本金。可是，在第一次赎回基金时，她却发现自己投资的保本基金居然亏了。事实上，张女士是走进了投资保本基金的误区。

专家指出，在保本型基金投资热潮中，投资者容易产生以下几个误区。

(1) 确定本金，可实现完全保本。

保本基金的保本范围是投资者持有的到期基金可获得的金额。而就目前我国的基金市场来看，保本基金的保本范围是不固定的，有些基金只对认购的净金额保本，而有些基金还会对认购费进行保本。综合来看，保本基金的保本范围越广，其投资的风险就越低，对投资者也就越有利。

(2) "晚进早出"一样保本。

在我国现有的保本基金中，绝大多数基金不对申购金额保本，也就是说只有在认购期认购的份额，并且坚持到期，才能获得保本。因此投资者选择保本基金要"晚进早出"，认购新基金，同时在认购时要确保自己的投资能够坚持到期。

(3) 投资保本基金没有风险。

这是投资者容易走进的最大误区。任何投资都有风险，保本基金也不例外。如果在未到期就赎回基金，那么保本基金的保本性质就不会起到任何作用；同时，金融市场的风云变幻随时会产生一些不可抗拒的系统风险，在这一点上，保本基金也一样可能受到冲击。

五、如何交易封闭式基金

封闭式基金，是相对于开放式基金而言的，指基金发起人在设立基金时，就限定了基金单位的发行总额，在募集期结束，筹足发行总额后，基金即宣告成立，在成立同时进行封闭。封闭式基金在封闭期内，不接收新的投资，也不允许投资者赎回。封闭式基金单位的流通采取在证券交易所上市的办法，投资者日后对基金的买卖，都必须通过证券经纪商在二级市场上进行竞价交易。

1．如何购买封闭式基金

封闭式基金在证券交易市场挂牌交易，因此，购买封闭式基金和买股票是一样的。

购买封闭式基金的第一步就是到证券营业部开户，其中包括基金账户和资金账户(也就是所谓的保证金账户)。以个人身份开户，必须携带本人身份证或者其他有效证件；如果是以公司或企业的身份开户，则必须带上公司的营业执照副本、法人证明书、法人授权委托书和经办人的身份证。

在开始买卖封闭式基金之前，必须在选定的证券商联网的银行存入现金，然后将银行卡内的钱转到保证金账户中。之后，投资者可以通过证券营业部委托申报或通过无形报盘、电话委托申报买入和卖出基金单位。

值得注意的是，如果投资者已有股票账户，就不需要再另外开立基金账户了，原有的股票账户是可以用于封闭式基金买卖的。但是单独的基金账户不可以用于股票交易，只能用来买卖基金和国债。

2. 了解封闭式基金的价格和折价

封闭式基金的价格形成与开放式基金是有区别的。开放式基金的"份额买卖"在投资者与基金发起公司之间进行，而封闭式基金的"份额买卖"是在投资者与投资者之间进行的。封闭式基金的定价是在证券交易所即二级市场投资者的买卖过程中，根据供求关系形成的。

当封闭式基金在二级市场，即证券交易所的交易价格低于其实际净值时，这种情况就是"折价"。

封闭式基金的基金份额净值和单位市价之差与基金份额净值的比率，即为封闭式基金的"折价率"。其计算公式是：

折价率=(基金份额净值-单位市价)/基金份额净值×100%

据此公式可以分析得出：折价率大于零(即净值大于市价)时为折价，折价率小于零(即净值小于市价)时为溢价。除了投资目标和投资人管理能力外，基金的折价率是评估封闭式基金投资价值的一个重要指标，折价率越高的基金理论上越有投资价值。

知识补充→→→

溢价率，是指单位市价和基金份额净值之差与基金份额净值的比率。其计算公式为

溢价率=(单位市价-基金份额净值)/基金份额净值×100%

当单位市价大于基金份额净值时，溢价率大于零，称为溢价；当单位市价小于基金份额净值时，溢价率小于零，称为折价。

例如，某封闭式基金的市价为 0.8 元，净值是 1 元，它的折价率为 (0.8-1)/1×100%=-20%，可以判断这只基金发生了偏离实际价值20%的严重

折价。如果这只基金的净值在未来运行中没有变化，我们持有这只基金到封闭期结束可以获得20%的投资收益。

相反，如果某只封闭式基金的市价为1元，基金份额净值为1.2元，根据公式其折价率为：(1.2-1)/1.2×100%=16.67%。这种情况如果持续，那必然会导致投资者的亏损。

由于封闭式基金的封闭期一般都比较长，受此影响，高的折价率可能很难被市场供求所调整。解决封闭式基金大幅度折价的方法有基金的封转开、基金的提前清算等措施。

知识补充→→→

封闭式基金在交易所上市交易，其买卖价格受市场供求关系影响比较大。当市场供小于求时，基金单位买卖价格可能高于每份基金的单位资产净值，此时投资者拥有的基金资产就会增加，即产生溢价；反之，即产生折价。对于同一只基金而言，在折价率高时买入要好，但挑选基金不能只看折价率，选择一些折价率适中、到期时间较短的中小盘基金更为保险。

3．封闭式基金的收益分配原则

根据《证券投资基金运作管理办法》第三十五条规定：封闭式基金的收益每年分配不得少于一次，封闭式基金年度收益分配比例不得低于基金年度已实现收益的90%。

投资封闭式基金，对待收益投资者只能选择现金红利方式分红，因为封闭式基金的规模是固定的，不会增加或减少。投资封闭式基金所得红利由深、沪证券交易所登记机构直接划入投资者账户。

由于绝大部分封闭式基金为了提高运营业绩，因此在收益分配上并不积极，经常会把分红拖到规定期限的最后一个时段进行。所以在每年的3月份和4月份，封闭式基金会有一个分红的热潮。

专家点睛→→→

封闭式基金的交易模式与开放式基金有着根本的不同，因此投资者在判断封闭式基金的投资价值时，应根据其特点及分配原则来具体考虑。投资理财专家建议，投资者应根据以下八个方面来判断封闭式基金的投资价值。

(1) 看基金的内部收益率。

基金的内部收益率，以到期基金进行清算时获取的收益对封闭式基金进行绝对估值，其估值方法采用现金流折现办法，计算出基金价格向基金净值回归过程中的投资价值。

(2) 看基金的历史净值增长情况和稳定性。

基金的历史净值增长情况和稳定性，尽管不能完全代表其未来的表现，但是由于基金投资具有一定的连贯性和延续性，因此，其过往表现也必定会影响到未来的收益。

(3) 看基金的持仓结构和重仓股的成长能力。

基金的持仓结构和重仓股成长能力是决定投资基金最终收益的关键。

(4) 看基金的市场表现和换手率。

投资者可以通过分析封闭式基金的二级市场表现以及换手率的变化，来了解基金持有成本的变化，从而更为准确地判断基金未来的市场走势。

(5) 看基金的分红能力。

分红才代表投资者的获利，只有基金的单位份额可分配收益为正，基金的净值才会持续增长，投资者才能获得分红。

(6) 看基金的持有人结构。

封闭式基金的持有人有投资机构也有个人，通过分析基金持有人结构的变化情况，可以大致判断该封闭式基金未来可能出现的变化。

(7) 看基金的评级情况。

基金的星级评定具有相当的参考价值，投资者在选择封闭式基金之前，可以参考评级结果中的相关指标，以帮助自己合理选择。

(8) 看基金公司和基金经理的综合水平。

投资任何基金，都不能忽视基金公司和基金经理。因为投资基金，从某种程度上来看就是投资基金管理者，因此，基金公司、基金经理以及基金投研团队的综合实力对投资者最终的获利起着极为关键的作用。

4. 封闭式基金的交易要点

封闭式基金与开放式基金最大的不同就在于，封闭式基金和股票一样上市交易，但是封闭式基金并不适合短线操作。投资封闭式基金要有耐心，做好长线投资的心理准备，短线操作必然会导致风险的增加，从而使得投资失败。因此，投资封闭式基金，要树立正确的投资理念，更要把握交易要点、掌握投资技巧。

　　首先要考虑是折价还是溢价。封闭式基金的价格是由市场交易双方的供求关系所决定的，交易的价格与基金净值之间经常会发生偏差。投资封闭式基金尽量要选择折价的基金，折价率越高，蕴含着的价值回归趋势越明显，收益的可能性越大。

　　关注待分净值收益，确认价值兑换时间。封闭式基金兑现非常方便，只要像卖出股票一样将其份额卖出即可，但是封闭式基金不能像开放式基金那样随时兑现价值。封闭式基金的价值兑现要到封闭期结束时才能完全体现。封闭式基金的每一次分红都相当于将这部分价值提前赎回给了投资者，因此分红可能性大的基金更有投资价值。

　　不可忽视的潜在风险。组合投资，是有效规避投资封闭式基金的方法。除了投资基金的一般风险外，封闭式基金的风险还包括宏观经济导致的系统性风险，控制这种风险的方法是要把握好入市和出市的时间。此外，也应充分注意消息面的变化，例如基金的"封转开"，一旦消息面向不利方向转化，我们应果断处置。

　　除上述三大交易要点外，投资基金必须注意基金公司、基金经理的合理选择，自身风险承受能力的判定以及合理规划投资资金等，也是投资者在交易时不可忽视的几个方面。

　　总之，投资封闭式基金要进行全面考虑，同时更要注重其自身的特点和交易细节的把握。

知识补充→→→

　　"封转开"，是指封闭式基金在到期后转为开放式基金，也就是说将在证券交易所交易的封闭式基金转为可以直接按净值申购和赎回的开放式基金。

　　基金的"封转开"消除了封闭式基金到期的不确定性，同时，成功的"封转开"可以使基金持有人避免因"到期清盘"而遭受的损失，维护市场稳定。

　　我国自 2006 年成功实现"封转开"第一单——"基金兴业"转为"华夏平稳增长基金"以来，至今已陆续有多只基金成功实现了"封转开"。

　　由于封闭式基金一直以来存在较大折价，因此"封转开"从理论上讲存在着较大的套利空间。

　　通常情况下，基金在成功完成"封转开"之后，会带来基金价格的上涨，基金规模也会随之增大。

案例3：工薪族小杨的基金理财方案

小杨刚参加工作不久，每月的工资也就是3000元左右，是个标准的工薪族。小杨常常会想到，以后结婚啊，买房啊，会有很多需要用钱的地方，就靠自己现在这点工资，即使是每月攒一点，可是又能有多少呢？为了增加收入，小杨想到过做兼职，可是对于朝九晚五，偶尔还要加班的他来说，兼职只会影响他正常的工作。在几次兼职失败后，小杨开始重新思考，这样忙碌赚钱不是办法，要理财，让钱"生钱"，于是他想到了投资基金。可是说起来容易，做起来难。小杨首先面临的问题就是，自己的工资有限、可支配的资金不多。

那么，像小杨这种情况，怎样才能够尽快开始自己的投资呢？事实上只要做好以下几个方面，优化自己的基金组合，即使是月薪3000元的工薪族也能实现自己购买基金的理财梦。

招式1：根据实际情况，选择低投资要求的基金

首先，小杨要结合自己的实际情况寻找符合最低投资要求的核心基金，核心基金的基本标准是拥有丰富经验的管理团队和长期稳定的风险收益配比。由于资金有限，所以最低认购额要尽可能地低。如果是选择债券基金，选择中期类则在获得收益的同时，不会有太大的利率或信用风险；如果是选择股票基金，由于小盘股基金有可能在短期内有上佳表现，但是波动性却大得多，所以最好还是选择大盘股基金。总之就是要让最小的投资额发挥最大的作用。

招式2：制定合理的投资计划

小杨的可支配收入很少，那么合理安排这有限的资金，实现投资利益的最大化，是尤为重要的。因此，他需要制订相对稳定的定期定额投资计划。他可以选择参加一些基金推出的定期定额投资计划，一方面可以降低最低的申购金额要求，另一方面可以达到增加投资组合的可选品种。总之，根本目的就是兼顾风险与收益，尽可能做到更高质量的投资组合。因为小杨的月薪是3000元，为坚持投资基金要用闲置资金的原则，小杨的月定投额不应该大于1000元。

招式3：努力降低投资成本

要努力降低投资成本，小杨就要选择合适的投资产品，优先考虑一些费用低的基金，在挑选基金时就要考虑到各项可能发生的费用。举例来说，假如小杨购买一只资产分配比例符合投资者要求的配置型基金，要比购买一只股票型、一只债券型基金要好得多。选择配置型基金一来可以减少申购次数，二来配置型基金自身会根据市场变化调整资产配置，从一定程度上可以避免证券市场的系统性风险，小杨不必自己考虑资产的调整问题。

根据这个理财方案，小杨成功地开始了自己的理财之路。他坚信，只要合理规划、合理投资，他的"钱生钱"的梦想并不遥远。

第5章

基金投资的操作技巧

本章导读

　　投资基金，是一种长期的投资理财行为，风险相对股票而言也低很多，其投资方法也相对简单，是一种适合老百姓的投资理财方式。

　　投资基金虽然风险很低，但是不了解相关信息，不掌握一定的方式和方法，还是会造成资金的流失，影响到投资者的理财计划。

　　本章主要介绍基金投资的各种操作技巧，以及如何分析基金信息，同时重点介绍目前投资者广泛关注的基金定投的相关操作要点。

精彩看点

💲 合理运用基金投资技巧

💲 基金投资的四大忌

💲 中途退出基金定投的途径

💲 投资基金应关注哪些信息

💲 投资者容易产生的六种不良习惯

💲 如何挑选定投基金

💲 基金定投需要注意的四个方面

💲 分析财务报表的实用技巧

基金交易靠技巧取胜

吴先生投资基金已经快 10 年了,作为一个老基民,他从基金投资市场的各种滋味里,培养了良好的投资心态,也有着自己的投资技巧。

"刚开始的那几年我都是在银行柜台购买。"吴先生回忆,"不像现在,大家很多都在网上交易了。"基金网上交易有很多优点,省时、省力、省钱,所以吴先生说要买基金一定要学会网上购买。

吴先生投资多年,总结出:投资基金,频繁买卖和死持不放这两种方法是不可取的。前者必然要负担不少的交易成本,而后者则极有可能造成更大的亏损。

在基金投资领域存在着许多无风险套利的机会,要善于把握这种时机,才能抓住转瞬即逝的获利机会。吴先生在长期的投资过程中,总结出下面几点经验。

首先要抓住股票涨停的套利机会。基金的净值是上一日该基金资产总值除以基金份数所拥有的资产价值,如果某只股票处于涨停状态,此时资金虽然无法买入该股,但是可以买入大量持有该股重仓的基金,之后卖出基金完成整个套利过程。其次应该抓住封闭式基金的套利机会,由于封闭式基金普遍存在较大的折价率,所以抓住封转开的机会也可以获得好的盈利。最后是 LOF 的跨市场套利机会。虽然 ETF 也可以实现跨市场套利,但资金要求过大,个人投资者适合 LOF 的跨市场套利。当发行市场与交易市场出现的差价能够超过交易费用时,就可以果断操作。

吴先生之所以能够常年在基金市场盈利,与他平时的善于学习和总结是分不开的,他几乎掌握了所有基金品种的特性和交易技巧,他说想在市场中赚钱没有比学习更好的办法了。

一、合理运用基金投资技巧

对于刚刚步入基金投资市场的投资者来说，选择什么样的基金是一件让人头疼的事，选好基金之后该如何继续操作，也是一个比较麻烦的问题。

基金的具体操作有基金经理，可是，这并不代表投资者可以放手不管、高枕无忧了。什么时候赎回、选择什么样的分红方式、怎样进行再投资等一系列的问题，都是需要投资者考虑的。知识的积累、丰富的经验以及一定的操作技巧，可以帮助投资者更好地管理基金，实现收益。

1. 选择前端还是后端收费

基金的前端收费和后端收费是缴纳基金申购费在时间上的区别。

前端收费指的是投资者在购买开放式基金时就支付认购费或者申购费的付费方式，一般情况下，选择通过基金公司网上直销交易可以享受前端申购费的费率优惠。

后端收费则是说投资者在购买开放式基金时并不支付认购费或者申购费，而是等到赎回时才支付的付费方式。设计后端收费的主要目的是为了鼓励投资者能够长期持有基金，因此，后端收费的费率一般会随持有基金时间的增长而递减。有些基金公司甚至规定如果投资者在持有该公司基金超过一定期限后才卖出，后端收费可以完全免除。对于选择长期投资或者基金定投的投资者来说，后端收费无疑是可以省去不少钱。

就我国目前的基金市场而言，大部分基金采取的都是前端收费模式，有些基金提供前端收费与后端收费两种模式，供投资者在投资基金时进行自由选择。

很多投资者认为后端收费模式一定好，申购基金时省下了不少的申购费，这样可以更大化地发挥投资资本的价值。其实不然，选择前端收费还是后端收费，要因人而异。后端收费对于长期投资者来说更有意义，因为随着时间的推移，申购费率会随着持有人持有基金的年限而逐年递减，直至费用为零。而对于短线的投资者，或者是不确定自己可以长期持有的投资者来说，还是选择前端收费更为合适。

由此可见，投资者在投资基金之前，要合理分析自己的投资计划，不能盲目选择。投资者需要特别注意的是，所谓前端收费或者后端收费，都是针

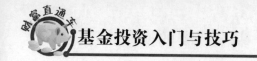

对投资基金的认购或者申购费用而言的，与赎回费率没有关系。换言之，无论选择前端收费还是后端收费，基金的赎回费用都是要支付的。

知识补充→→→

投资基金后端收费的计算公式为

后端申购费＝申购日基金净值×赎回份额×后端申购费率

赎回费＝赎回当日基金净值×赎回份额×赎回费率

投资者需缴纳如上两项费用的合计。

投资基金前端收费的计算公式为

前端申购费＝申购日基金净值×申购份额×申购费率

赎回费＝赎回当日基金净值×赎回份额×赎回费率

投资者依然需要缴纳上述两项费用的合计。

通过公式可以看出，决定投资者需要缴纳多少钱的因素是申、赎基金的费率和份额。如果选择后端收费并且到了规定年限，当后端申购费率为零时，显然是后端收费占优势。而如果不到年限，那么后端的申购费率和前端就没有变化，可是如果在投资期间投资者一直没有现金分红，而是进行红利再投资，那么赎回时的份额必然比申购时多，很显然，在费率不变时，后端申购费要高于前端申购费。

因此，投资者投资基金选择前端收费还是后端收费，主要是要看自己的既定投资年限。

2．红利再投资：分红方式的首选

红利再投资，是投资基金的一种分红方式，指在基金进行现金分红时，基金持有人直接把分红所得的现金用于购买该基金，将分红转为持有基金的基金份额。

对基金管理人来说，红利再投资由于没有发生现金流出，因此通常是不收申购费用的。假如投资者领取现金红利后，又要再追加投资的话，那就相当于一次新的申购，需要支付申购费。因此，选择红利再投资有利于降低投资者的成本。

对于投资者来说，选择红利再投资的分红方式，有以下几方面的优势。

第一，牛市，是选择红利再投资的最佳时机。牛市行情必然会带来资本的增值，投资者将分红直接转换为基金份额，基金净值随着牛市而不断增长，同时，由于基金份额的增加，投资者必然会获得更大的利润。

第二，红利再投资可以有效地处理"闲置"资金。如果投资者在短期内没有新的投资计划或者消费安排的话，那么所得现金分红就会变为"闲置资金"。选择红利再投资，对这部分"闲置资金"进行强制安排，既有效地管理了资金，又可以带来更多的收益。

第三，红利再投资是降低购买成本的最佳选择。红利再投资，不需要任何费用，而重新申购基金则在缴纳申购费用的同时，投资者还要花费时间去对新投资的基金进行选择对比。而红利再投资则省去了这些时间，同时对于投资者来说，已经获得分红的基金，在未来的业绩表现上应该更具有可信度。可以说，红利再投资是省时、省力、省钱的再投资形式。

第四，红利再投资是长期投资者的不二选择。长期投资，有利于投资者的资本积累，同时还可以获得"复利"效应。而红利再投资自然成为投资者长期投资的选择。

值得投资者注意的是，目前我国相关法律中规定，基金的默认分红方式是现金分红，投资者需要通过基金销售机构将基金的分红方式改为红利再投资，以此获得更大的回报。

知识补充→→→

美国著名投资、金融专家，沃尔顿商学院金融学教授杰里米·西格尔，在其著作《投资者的未来》一书中有过如下的分析。

投资者如果在1871年把10000美元投资在股票上，并且坚持红利再投资，那么到了2003年年底，剔除通货膨胀的因素之后，他所投资的美元价值将增加到近8000万美元；相反，如果没有选择红利再投资，那么累积的资金只有不到250万美元。

当然，这个例子跨越百年，现实中不太可能实现，但是它也足以说明红利再投资能够带来巨额利润，使资本不断增值。

3．千万不要波段操作和预测市场

波段操作是针对股票而言的，指投资者在价位高时卖出股票，在低位时买入股票的投资方法。预测市场，是投资者根据目前的市场状况等因素，对未来的市场行情进行分析和预测。

波段操作和预测市场都是股票投资者常用的方法，而对于基金投资者来说，是万万不可取的。

投资基金是一个长期的过程，频繁地申、赎不仅不会带来获利，反而需要投资者支付不少的申、赎费用，从而影响收益，同时，基金市场相对股票市场来说，稳定性要强很多，短时间的上涨或下跌并不代表着基金的未来是获利还是亏损。

基金投资具有一定的长久性和相对稳定性，对于投资者来说也是一个利用长期投资而获利的过程，切不可因为基金一时的上涨或下跌就马上申购或赎回。利用波段操作和预测市场的方法投资基金，无异于在基金市场中投机，而这种方式必然会影响到投资者的长期收益，甚至是因此造成损失。

投资者选择投资基金来理财，就一定要有耐心，只有坚持长期投资，才能获得预期甚至更好的收益，不要想在短期内获得暴利，更不可因为市场的一时变化而轻易改变自己的投资计划。

4. 重视"年龄大"的基金

投资新基金还是老基金，这是很多投资者经常遇到的困扰。一些投资者认为新基金的成长潜力大，认购成本也相对较低，应该更具有优势。实际上，从风险和成本的角度来看，老基金相对更具有投资价值，同时，对于投资经验不足、对市场变化趋势不能很好把握的投资者来说，选择老基金是更有利的。具体来说，与新基金相比，老基金有以下优势。

风险相对较低。老基金已经运作了一定的时间，有了一定的业绩，可以供投资者参考，这一点是新基金不具备的。有业绩作为投资参照，对投资来说就降低了一些风险。特别是对于投资经验相对缺乏的投资者来说，基金的过往业绩，是投资者选择投资的重要参考指标。

建仓成本优势。建仓成本包括手续费和一定的价格冲击成本。投资新基金首先要支付印花税等手续费；同时由于新基金建仓成本较低，而且有发行期、封闭期等时间限制，有可能在认购结束后，已经涨了很多，成本也就相应提高，这高出来的部分自然要投资者承担。相比之下，老基金通常有着较高的仓位，在行情上涨时，可以充分分享投资盈利。

同时，由于老基金已经运作了一定的时间，同时又有过往的投资业绩作为参考，而且基金经理的投资风格也相对稳定，在资金的运用和把握上，也比新基金更有经验，这些因素都将降低投资者的投资风险。新基金的信息源显然有限，招募说明书中的内容也并不全面，而在基金的具体运作、管理上也是没有经验的，这些无疑加大了投资者在选择时的判断难度。对于投资者，特别是新基民来说，选择老基金显然更可靠。

老基金具有一定的优势，但是投资者在具体的操作过程中，还应该多注意一些细节的把握。

◆ 关注费率打折信息。现在的基金市场，都会以各种渠道、各种形式进行申购费率的打折优惠，比如基金的网上申购、特殊日子的优惠活动等。投资者了解了相关的优惠情况，可以降低申购费用。当然，这一点只适合选择前端收费的投资者。

◆ 关注仓位。在牛市行情中，重仓的基金成长性要好一些；相反，在牛市震荡或下跌时，轻仓的基金更利于投资者获利。投资者在选择时应该充分考虑基金仓位的稳定性和具体情况，从而更好地把握自己的投资计划。

◆ 不要被净值左右。老基金由于运作时间比较长，因此它的净值变化情况也比较复杂，而多数投资者在购买基金时会首先关注净值，很容易犯"净值恐高症"。其实，大可不必如此。投资基金主要是看基金未来的走势以及基金经理对基金的管理和运作情况，成长性好的基金才是最佳选择，而当时的基金净值对其未来的发展并不会有太大影响。

◆ 合理分析风险。对于投资者而言，风险永远是一个不可忽视的因素。而老基金，因为仓位相对较重，因此在市场震荡期会面临一定的调仓风险，这一点是需要投资者格外注意的。

总之，老基金有一定的投资优势，投资者在选择基金时，要重视那些"年龄大"的基金，同时也要进行全面把握、合理选择，以降低自己的投资风险，获取稳定的盈利。

5．该出手时就出手

基金属于长线投资，但是由于投资者具体情况的不同，很少有人能够把基金从头抓到尾的，在一定的情况下，投资者都会选择赎回基金。

实际上，长线投资也只是投资基金的一种模式，一般情况下，坚持长线投资更有利于基金投资者获利，但是，这一点也并不是绝对的，在某些情况下，投资者应该及时赎回基金，做到"该出手时就出手"。

在基金赎回的问题上，投资者要注意观察基金市场的变动，特别是自己所持有基金的变化，以及基金公司和基金经理的变动情况，同时要结合自己的实际情况，在赎回时间上做合理安排。

首先，赎回计划要提前安排。基金和股票不同，股票套现很快，而基金从申请赎回到资金到账需要一定的时间，所以要提前做好赎回计划，以防影响自己的相关事情。

其次，应及时观察市场的变动。尽管基金市场的短期波动一般不会影响到获利，但是如果市场的走势长期没有改变，甚至判断证券市场大势将长期下滑，那么就要及时出手了。

再次，所持基金变动是投资者选择是否赎回基金的关键。基金市场在变化，基金本身也在变化。当投资者所持基金急剧变化的时候，投资者要考虑自己是否能承受这种变化，这种变化一旦持续，将必然影响收益，那么等待观望或许不如出手更安全。如果一只基金的净值资产持续下跌，基金份额大规模减少，那么投资者要意识到这种情况的危险性，这只基金极有可能因为规模太小而最终面临清盘关闭的风险。及早出手，降低风险，减少亏损才是当时之选。

最后，基金公司和基金经理的变化影响着基金的最终获利。基金经理的离职，往往会对基金的具体运作产生一定的影响，进而影响到投资者的收益。当然，基金经理本身的变动对某些基金，比如指数型基金，或许不会产生太大的影响，但是当基金公司本身发生大的变动时，比如公司内部大规模的人事变动等，投资者就不能再观望等待了。耽误了最佳赎回时机，必然就会造成收益的减少，甚至不得不接受损失。

总之，投资基金，在坚持长线投资、长期持有的同时，也要注意及时观察市场，金融市场各方面的变动都有可能影响到基金本身，进而影响投资者获利。在一些情况下，"该出手时就出手"，也是很有必要的。

6. 巧用基金套利

套利，可以让投资者在短时间内获得较大的收益，同时，套利的机会也是转瞬即逝的，只有准确把握，才能获得丰厚的利益。

1) 套利基金重仓的部分股票

在牛市行情下，一些优质股票在未股改待复牌期间，由于股市上涨的带动，同类股票已经大幅上涨，而这些股票却因停牌而无法买入，但是根据市场大势可以判定，这些股票在复牌之后会出现大幅度上涨。这种情况下，投资者可以买入大量重仓该股票的基金，实现套利。

2) 封闭式基金的套利机会

封闭式基金的套利根源是折价交易，这种机会一方面出现在封转开时，另一方面出现在基金分红的时候。封闭式基金可以在交易所上市交易，它的价格由买卖供求关系决定，这样封闭式基金价格与净值之间就可能出现偏差。当封闭式基金的价格低于其资产净值时就会存在套利空间。投资者可以购入封闭式基金，并且进行长期持有，到封闭式基金到期时价格会向其净值回归，此时套利就获得了这部分差价利润。这种套利模式存在的最大风险是不合理价格回归价值通常需要等很长时间，并且封闭式基金到期时其净值，也就是基金的内在价值，也可能出现下跌，最终导致套利的失败。

3) LOF 基金的套利机会

由于 LOF 基金同时存在于两级市场之中，这就使得它拥有传统开放式基金所没有的套利优势。LOF 基金的套利根源在于基金净值与实际成交价格之间的差价。如果基金净值高于成交价格，投资者可在场内以成交价买入，按净值赎回；反之，则可以在场外申购，在场内按成交价卖出，从而实现套利。

总之，对于适合长期持有、进行长线投资的基金来说，在某些情况下也同样存在着短期的套利机会。投资者在坚持长期持有战略的同时，应根据自己所持基金的情况以及市场的变化，来及时把握有限的套利机会，以在短时间内获得较为丰厚的回报。

值得投资者注意的是，伴随套利而来的，是比正常投资交易更高的风险，投资者应该具备一定的抗风险能力，才能选择套利交易。对于那些风险承受能力较低的投资者来说，最好还是不要轻易冒险。

7. 巧用基金转换

基金转换，是在持有基金公司发行的开放式基金后，可以将所持有的基金份额直接转换成该公司其他开放式基金的基金份额，而不需要先赎回、再申购的一种投资基金的业务模式。

准确把握转换时机，合理运用转换技巧，可以给投资者带来更大的收益。

投资者在拥有一定经验的情况下，可以在市场低迷的时候投资货币市场基金，待到市场行情开始逐渐恢复后，将手中的货币市场基金转换成相应的股票型基金。这样一来，投资者既获得了货币市场基金高于银行存款的收益，同时也享受到了股市上涨带来的收益。同样，在市场表现较弱的时候，投资者可以把手中的股票型基金转换成货币市场基金，以避免股市波动对收益的影响。

需要投资者注意的是，基金的转换不是随意的，只有符合一定条件的基金才可以相互转换。

知识补充→→→

两只基金需要符合以下条件，才能实现基金转换。

(1) 在同一家销售机构销售，并且是同一注册登记人的两只开放式基金。

(2) 前端收费模式的开放式基金只能转换成前端收费模式的其他开放式基金，申购费为零的基金默认为是前端收费基金。

(3) 后端收费模式的开放式基金可以转换成后端收费模式的其他基金，也可以转换成前端收费模式的其他基金。

(4) 两只基金同处于可交易期，即可以正常办理申购、赎回业务。

此外，投资者在选择基金转换时还应该注意，不要轻易跨渠道进行转换，不熟悉的基金产品不要随意转换，更不要频繁进行基金转换，这样做只会增加投资的风险，同时由于转换造成的时间浪费、一定的资产流失，最终将影响到投资的收益。

总体来说，投资者在进行基金转换之前，应该对基金市场以及准备转换的基金有充分的了解、分析，同时合理安排自己的资金变动及理财计划，做到心中有数再投资。

专家点睛→→→

基金转换同基金的认购和申购一样，实行的是"未知价"原则，在办理基金转换业务期间，基金的净值有可能会有一定的波动，市场也可能会有暂时的变动。因此，投资者在进行投资转化时要合理把握时机。

专家建议，在以下两种情况下，投资者可以进行基金转换。

首先，当市场行情发生较大的变化时，是投资者进行基金转换的好时机。当股市上涨时，投资者可以把手中的债券基金或者货币市场基金转换为股票型基金；相反，当市场震荡或者下跌时，投资者应该及时把股票型基金转换成债券基金或者是货币市场基金。当然，这种基金转换需要投资者能够准确地把握市场的变化趋势，而不是盲目地根据一时的变化就进行基金转换。

其次，投资者的风险承受能力发生变化时，可以根据具体情况进行基金转换。任何人的心理风险承受能力都不是一成不变的，升职、愿望实现等情况的发生可能会让投资者的心理承受能力和抗风险能力增强；相反，疾病等不良因素，则可能会导致投资者的心理承受能力下降。同时，随着年龄的增长，人们的风险承受能力也会随之降低。当投资者的风险承受能力提高时，可以适当地把一些收益较稳定的基金转换成风险较高、收益也更大的基金品种；相反，随着年龄的增长以及其他一些因素的发生，投资者应及时将风险高的基金进行转换，以免由于风险而影响到自己的身体健康。

总之，基金转换不是随意进行的，投资者要根据自身的具体情况、市场的变化情况，以及基金转换的具体条件来恰当地转换手中的基金，以实现更好的收益。

8．在熊市中检验基金

股神巴菲特有句话："从长期看，股指总是上涨的"。然而，股市毕竟是在不断波动的，其波动也必然会影响到基金投资者的收益情况，特别是对于选择指数型基金和股票型基金的投资者来说，股市的变化对他们收益的影响是很大的。那么，在股市下跌，步入熊市的时候，投资者该作何选择呢？

基金定投有分散风险的作用，同时，平摊投资成本也是基金定投最大的优势。因此，在熊市时，基金定投往往更受投资者的青睐。很多投资者会在熊市时，利用基金定投来规避风险，待到股市好转之后，再根据自己的投资计划进行重新选择。

由于基金定投需要每月固定投资，而且需要坚持长期，因此，在熊市时，基金定投就显示出了优势。基金定投不仅分散了风险，而且还摊低了成本。待市场逐渐好转之后，基金也会随之获利，这样既降低了风险，也不会遭受到损失。

但是，基金的投资品种很多，在熊市时选择基金定投，更应该注意基金品种的选择。对于渴望保值、希望风险降到最低的投资者来说，可以选择债券型基金进行定投；而对于可以承担一些风险、坚持在股市回暖后获利的投资者来说，可以选择指数基金或者股票型基金。从理论上说，熊市定投股票型基金和指数基金具有较好优势。在市场处于低谷时，指数基金的净值也低，买入份额多，自动调整仓位来降低股市下跌带来的冲击；市场好转后，净值走高，定投的优势就会凸现出来。股票型基金也是同样的道理。

投资基金要坚持长期，基金定投可以分散风险、分摊成本，在熊市时选择基金定投，长期坚持，待到股市回暖之时，必定会获得较高的回报。

知识补充→→→

在股市处于熊市时，投资者投资基金可以参考基金的 Beta 系数。

Beta 系数，是用来衡量基金的波动和投资市场总波动相关性的经典指标，简单理解就是基金波动相当于市场波动的倍数。

当 Beta=1 时，说明基金波动幅度与投资市场平均波动幅度相同；当 Beta>1时，说明基金的波动幅度要比投资市场平均幅度大；当 Beta<1 时，基金的波动小于平均幅度。

在证券市场熊市行情中，Beta 系数可以作为验证基金抗风险能力大小的优秀指标。Beta>1，说明基金的风险控制水平很差，投资此基金甚至比平均市场的风险还要大；Beta<1，说明基金的抗风险能力较强。Beta 系数越小，说明基金的抗风险能力越强。

9．保持长期投资

基金不会像股票一样，每天都有可能大起大落，它是一种适合长期投资的理财工具。在目前中国经济稳步快速发展的大背景下，长期持有基金显然会有更好的发展空间和获利前景。

坚持长期投资还有两大优势：一是节省交易成本，特别是选择后端收费的基金，长期持有是有很大优惠的；二是避免波段操作失误带来的风险，同时也就更有利于获益。

当然选择保持长期投资的基金也需要一定的投资技巧。首先，投资者可以选择那些投资风格稳健、管理能力强、管理层稳定性高的基金作为投资对象；其次，投资者还要注重基金经理的能力和投资风格。这两项都是投资者保持长期投资基金并且获利的前提。同时，一些特色基金和风险高的基金不适合选择为长期投资的对象。

需要投资者注意的是，长期投资并不代表着持有不动。长期投资更多的是要投资者保持一种长期投资的心态和理念，不要因为基金市场的一时波动而轻易退出。

总之，对于基金投资者来说，保持良好的投资心态，坚持长期持有的投资策略，才是投资基金的制胜法宝。

10．注重价值投资

价值投资，是投资方式的一种，指投资者专门寻找价格低估的证券进行投资，简单地说就是用五角钱来买一元钱人民币。

基金的价值投资理念源于股票。股票的价格在一段时间内可能会与其内在价值偏离，但从长期来看，股票价格一定会向其内在价值回归并趋于一致。基金的价值投资，就是投资者买入目前价格较内在价值相比显得较低的股票，预期股票价格会重返应有的合理水平。与成长型基金相比，价值投资的风险较低。该类基金主要选择商业模式比较成熟稳定、现金流动波动较小、红利发放率较高的公司。在市场下跌时，该类基金经常能起到稳定市场的作用，但在牛市时，收益相比成长型基金要低。

注重价值投资，一定要及时关注市场，抓住投资机会。

案例 1：股神沃伦·巴菲特的投资经历

沃伦·巴菲特是有史以来最伟大的投资家，他依靠股票、外汇市场的投资，成为世界上数一数二的富豪，他倡导的价值投资理论也风靡世界。

巴菲特说："投资的精髓，不管你是看公司还是股票，要看企业的本身，看这个公司将来 5 年、10 年的发展，看你对公司的业务了解多少，看管理层是否值得喜欢并且信任，如果股票价格合适你就持有。"

沃伦·巴菲特出生于 1930 年，从小就极具投资意识的他在 11 岁时购买了平生第一张股票。1947 年，巴菲特进入宾夕法尼亚大学攻读财务和商业管理。因为不喜欢教授的空头理论教学，两年后便不辞而别，后又考入哥伦比亚大学金融系，师从著名投资学理论学家本杰明·格雷厄姆。在格雷厄姆门下，巴菲特如鱼得水。格雷厄姆反对投机，主张通过分析企业的赢利情况、资产情况及未来前景等因素来评价股票。他传授给巴菲特丰富的知识和投资诀窍。巴菲特也成了格雷厄姆的得意门生。

巴菲特投资理念只有两点：一是不要亏损，二是永远谨记第一点。事实证明，巴菲特的投资几乎从来没有失手过，从 25 岁成立合伙基金公司开始到之后成长起来的市值接近 935 亿美元的巨型企业，他的公司总能很好地盈利。

1966 年春，美国股市牛气冲天，巴菲特却坐立不安，尽管他的股票都在飞涨，但他却发现很难再找到符合自己标准的廉价股票了。虽然股市给投机家带来了横财，但巴菲特却不为所动，因为他认为股票的价格应建立在企业业绩成长而不是投机的基础之上。

1968 年，巴菲特公司的股票取得了历史上的最好成绩：增长了 59%，而道·琼斯指数才增长了 9%。巴菲特掌管的资金上升至 1.04 亿万美元，其中属于巴菲特的有 2500 万美元。当年 5 月，在股市一路凯歌的时候，巴菲特却通知合伙人，他要隐退了。随后，他逐渐清算了在合伙人公司的几乎所有的股票。

1969 年 6 月，股市开始直下，并渐渐演变成了股灾，到第二年 5 月，每种股票都要比上年初下降了 50%，甚至更多。

1970—1974 的几年间，美国股市就像个泄了气的皮球，没有一丝生气，持续的通货膨胀和低增长让美国经济进入了"滞涨"期。而一度失落的巴菲特却暗自欣喜异常，因为他发现了太多的便宜股票。

1972 年，巴菲特盯上了报刊业，因为他发现拥有一家名牌报刊，就好似拥有一座收费桥梁，任何过客都必须留下买路钱。1973 年开始，他偷偷地在股市上蚕食《波士顿环球》和《华盛顿邮报》，他的介入使《华盛顿邮报》利润大增，每年平均增长 35%。10 年之后，巴菲特投入的 1000 万美元升值为 2 亿美元。

1980 年，他用 1.2 亿美元、以每股 10.96 美元的单价，买进可口可乐 7%的股份。到 1985 年，可口可乐改变了经营策略，开始抽回资金，投入饮料生产。其股票单价已涨至 51.5 美元，翻了 5 倍。至于赚了多少，其数目可以让全世界的投资家咋舌。1992 年巴菲特又以 74 美元一股购下 435 万股美国高技术国防工业公司——通用动力公司的股票，到年底股价上升到 113 美元。巴菲特在半年前拥有的 32 200 万美元的股票已值 49 100 万美元了。1994 年底已发展成拥有 230 亿美元的伯克希尔工业王国，不再是一家纺纱厂，它已变成巴菲特的庞大的投资金融集团。

从 1965—1994 年，巴菲特的股票平均每年增值 26.77%，高出道·琼斯指数近 17 个百分点。如果谁在 1965 年投资巴菲特的公司 10 000 美元的话，到 1994 年，他就可得到 1130 万美元的回报，也就是说，谁若在 30 年前选择了巴菲特，谁就坐上了发财的火箭。

2003 年 4 月巴菲特买进中石油，买入价格每股不超过 1.70 港元，总计投资为 4.88 亿美元。2007 年 7 月之后巴菲特清仓中石油，以每股 12 港元出售价格计算，巴菲特在中石油 H 股的投资每股涨幅已经高达 600%。当时很多人都感觉巴菲特不应该卖出中石油，因为其还在上涨的趋势中，但之后行情的暴跌，证实了巴菲特是当之无愧的"股神"。

2008 年全球暴发金融危机，世界股市的表现给投资者带来了恐惧，巴菲特却悄悄地出手了。常听别人说，这次巴菲特犯错了，他的名声肯定毁了，可到目前为止却证明是别人在犯错。

巴菲特曾经说，我不知道什么时候是市场运行的底部，我只知道我买入的几个公司很便宜，价格低于它的价值，如此而已。这可能就是价值投资理念的真谛吧。

二、改掉不良的投资习惯

很多投资者在投资基金后会有这样或那样的担心，这种心理，使得他们产生了一些不良的投资习惯；同时，一些投资者同时在投资股票，或者曾经投资过股票，这就使得他们容易把投资股票的经验用到投资基金上，这些情况都会造成一些不必要的麻烦，甚至是损失。

1. 投资者容易产生的六种不良习惯

投资者在投资基金的过程中极容易出现一些不良的习惯。其中，以下几点是格外值得注意的。

(1) 喜新厌旧。很多投资者认为新基金潜力大，而往往忽视了老基金。其实，老基金在市场上经过长期考验，具有一定优势。只要投资得当，新、老基金一样获利。

(2) 喜低厌高。一些投资者认为，净值低的基金上涨空间更大。对于开放式基金而言，净值的高低是一样的，合理投资才能获得高回报率。

(3) 组合不当。投资基金讲究组合，不可把资金都投在一只基金上，但是组合不当，也会造成损失。组合的关键是，不要重复选择同一类型的基金，而是要选择核心基金，同时配以其他类型的基金共同投资，来降低风险。

(4) 炒股心理。投资基金的炒股心理主要体现在申、赎过于频繁。基金与股票不同，要长期持有才会有效益的显现，频繁地申购、赎回，只能是增加不必要的费用支出，而丧失获利机会。

（5）只求分红。很多投资者选择投资基金，都是为了高额的分红，一旦拿到分红，就马上赎回。其实，对待运作好、有价值的基金来说，选择红利再投资，长期坚持，出现"利滚利"的效果，才是明智之举。

（6）忽视费率。投资基金会产生很多费用，除了申购、赎回时的费用之外，还有各项管理费用，将这些费用从获利中减去后，才是投资者真正的纯收益。同时，这些费用也是投资者在选择赎回基金或者赎回后转而购买其他基金时，应该计算在成本里的。

（7）上述几种情况，对于基金投资者来说都是需要忌讳的。同时，一些投资者可能还有其他的不利于投资盈利的习惯，比如跟风赎回，看到他人赎回基金，自己也跟着赎回，而忽视了自己的投资计划，等等。投资者在投资过程中，一定要逐渐克服这些不良习惯，以便更合理地安排自己的投资计划，获取期待的收益。

2．基金投资四大忌

基金投资，作为一种投资理财方式，在具体的操作应用中应讲究一定的原则和投资理念，避免一些认识上的错误。在基金实际的投资过程中，有"四忌"需要投资者注意。

1）忌短线投资

基金投资市场不是投机市场，基金讲究长期投资，而不是稍有收益就赎回或者是看到净值下跌就赎回。基金净值会随市场波动而变化，投资者应该要承受住波动的干扰，不可寄希望于短线投资，有在一两个月内赚快钱想法的人是不适合投资基金的。

2）忌投资过于分散

很多投资者信奉"不把鸡蛋放在一个篮子里"，在购买基金的时候，喜欢买不同基金公司的基金。从风险的概率来说，分散投资的方式确实能减少很多风险，但投资过于分散并不利于资金管理，一般来说选择几只适合自己投资风格的基金进行投资组合是比较适宜的。

3）忌看分红买基金

基金投资与股票有很大的区别，看分红选择基金是基金投资的一个误区。股票不能够赎回，它只是一种能够代表一定权利的凭证，所以股票的内在价值主要从分红上体现，分红能力越强的股票内在价值越高。

而基金可以通过到期赎回来体现其内在的价值(封闭式基金也有到期期限),基金的分红将直接导致基金净值的减少,分红是将基金的收益提前支付给投资者。经常进行分红的基金不一定是业绩好的基金,相反不分红但基金净值增长快的基金才应是投资者青睐的对象。

4) 忌随众

很多投资者都有从众心理,比如新发行的基金通常会有很多人抢着去买,看别人投资什么基金自己也投资什么基金。投资基金应该有自己的主见、自己的计划,投资者应该从基金管理公司的基本面、投资收益率及对当前市场的判断做出决定,而不是"随波逐流"。

三、一次性投资和定投技术

基金定投,对于很多投资者而言,分散了风险也分担了成本,是不错的选择。但是除了现在很多人喜欢选择的定投之外,基金还有一次性投资。这两者虽然存在着差异,但也各具优势。在实际的投资理财过程中,合理运用,两者同样会给投资者带来收益。

1. 了解一次性投资

开放式基金有两种投资方式:定期定额投资和一次性投资。

一次性投资,就是把计划投资的资金一次性购买基金。相对基金定投而言,一次性投资的收益更高,但是风险也就相对更大。投资者采用一次性投资基金的前提是,相信市场前景涨多于跌。对于一些没有固定收入的投资者来说,可以选择一次性投资。

一次性投资与基金定投在获利情况上的区别主要在于市场行情的变化。当市场行情处于波动期时,由于定投的基金份额是不固定的,因此更利于获利。而当市场处于不断上升期时,由于一次性投资具有一定的基金份额,所以可以充分享受市场行情上涨带来的利润;相反,定投的基金份额是一个逐渐累积的过程,那么其获利的速度和空间也明显要小很多。当然,当行情下跌时,一次性投资所承受的损失也相对更大。

总之,一次性投资是基金投资者在行情持续看好时的最佳选择。同时,选择基金的一次性投资,需要投资者能够承担一定的风险。对渴望通过长期持有,相对稳定获利,同时风险承受能力较低的投资者来说,是不适合选择

一次性投资的，基金定投更适合他们的投资理财方式。

2．基金定投的原则

基金定投是定期定额投资基金的简称，指投资者在固定的时间里用固定的金额投资到指定的开放式基金之中，与银行的零存整取存款方式相类似。基金定投还具有自动逢低加码、遇高减码的功能，在市场价格不断变化的时候，也能获得一个相对较低的平均成本，因此基金定投可以抹平基金净值的低谷和高峰，可在一定程度上消除市场的波动性。同时，基金定投具有分散风险、平均成本等优势，可以使资本积少成多，更适合进行长期投资的投资者。可以说，只要投资者选择的基金在整体趋势上是增长的，那么就可以获得一个相对平均的收益。

虽然基金定投具有很多优势，是一种不错的投资方式，但是并不意味着适合所有投资者。基金定投主要适合以下投资人群：每月领取固定薪酬的人群；有长期个人理财规划需求的人；愿意投资基金但不清楚入市时点的人。总体来说根据基金定投的本质特点，它非常适合有远期财务规划的人。

基金定投，作为一种投资理财方式，需要坚持一些原则。

(1) 因人而异，量力而行。基金定投，在某些方面，对于投资者来说是省时省力的，但是只有合理规划、安排，才能真正做到轻松理财。作为投资者，选择基金定投，要分析自己的收支状况，计算出固定能省下来的闲置资金进行投资。基金定投是一种长期投资方式，如果对未来现金的需求估计不足，一旦出现资金紧张，可能会中断基金定投从而影响到投资者的收益。

(2) 预先设置定投期限。基金定投，不能盲目。要根据市场的周期和所投基金的具体信息情况，来提前设置定投期限。只有设置好定投期限，才能有效避免到手的利润在大环境变差的时候大打折扣。基金定投属于长期投资，特别是在弱市环境中进行基金定投，更应制定一个长期投资计划和资产组合，确立投资目标和方向，避免不同类型资产之间发生碰撞；不宜过于关注基金定投的短期业绩，更不能因追求短期业绩而频繁买卖基金，因为赎回基金后再申购，投资者需要付出双倍的费用。

(3) 基金赎回要谨慎。有的投资者选择基金定投是为了在行情出现不利变动时快速"撤身"来减少损失，但是作为基金定投来讲，赎回时还是需要谨慎考虑的。在基金快速上涨的时候赎回，可能会降低盈利，而这种情况的发生，往往也是炒股心理在作怪。总之，基金定投的赎回，不仅要看市场，也要看个人的情况以及基金本身的发展前景，切不可因为一时的上涨或者下跌而盲目赎回，从而失去了基金定投本来的目的，同时也造成收益的减少或者意外的损失。

只有遵照一定的投资原则，对自己的资金进行合理的投资规划，在选择基金定投之后坚持长期投资，并且在必要的时候去咨询理财专家，做到了这些，才是最终实现获利的保障。

3．基金定投的四大交易要点

有人说，"基金定投是懒人理财的好方法"。基金定投的起点低，方法也相对简单，很适合那些资金不多、时间不充裕的人选择。就目前的情况而言，基金定投是不少"月光族"、"工薪族"所青睐的投资方式。

尽管方便、简单，但是，选择基金定投，还是要注意一定的方式、方法的，把握住交易要点，有助于我们更好地进行基金定投。

首先，选择基金定投应同时选择"后端收费"。投资基金需要支付认购或者申购费用，付费的模式有两种：前端收费和后端收费。对于选择基金定投的投资者来说，选择后端收费更有利。选择基金定投，就意味着我们选择了长期投资，而后端收费在投资者持有基金到一定年限时，会取消认购(申购)费，这样就节省了开支，无形之中也增加了投资者基金的持有份额。同时，选择后端收费有助于帮助投资者坚持长期理财。

其次，基金定投更适合波动较大的基金。基金定投有利于分散风险，所以更适合投资波动较大的基金，如指数型基金、股票型基金等。投资这类基金，当市场出现震荡的时候，我们可以平均投资成本，有效控制风险。对于债券型、货币市场型等收益比较稳定的基金而言，选择定投方式可能没有太大优势。

再次，在行市不明朗时，选择基金定投。在证券市场行市不明朗，持续震荡的时候，投资者进行投资往往会拿不定主意。而基金定投在这个时候就突显出了自身的优点。因为在不断走高的证券行情中基金定投方式会错过最佳入市机会，增加投资成本；熊市行情中根本就不适合投资股票型基金，其他品种基金也就没必要选择定投方式入市。所以基金定投方式的最佳适用时期，是在证券市场走势不明确的震荡行情中。

最后，选择基金定投的同时可以选择基金定赎。基金定赎是投资者在每月的固定日期，按自己的需求赎回固定金额的基金，是将基金定投反向操作的一项业务。选择这种业务的好处是如果市场处于调整期，基金市值减少，赎回基金的份额相对较多以控制风险；当市场转暖时，基金市值就会持续增加，虽然每个月赎回的金额一样，但实际上赎回的份额却减少了，有利于基金的增值。基金定赎在一定程度上降低了风险，但是同时也减少了收益。对于长期投资，又可以承担一定风险的投资者来说，选择定赎要谨慎。

4. 如何挑选定投基金

基金定投，实际上就是定期定额投资基金，有类似长期储蓄的特点，可以积少成多，平摊投资成本，降低风险。因为基金定投具有自动逢低加码，逢高减码的功能，所以无论市场价格如何变化，基金定投总能获得一个比较低的平均成本。只要投资者选择的基金有整体增长，那么就可以获得一个相对平均的收益。

挑选定投基金，需要注意以下几个方面。

第一，看基金的获利能力。一般来说，要从基金累计净值增长额和基金分红情况来综合分析基金的获利能力，可以使用基金年平均收益率这个指标来衡量。基金的年平均收益率越高，说明基金的业绩越好。投资者可以将基金收益与同类型基金进行比较，如果某只基金的年平均收益率比较高并且收益波动较大，最适用基金定投方式进行投资。同时，可以将基金收益与大盘走势相比较，如果一只基金大多数时间能够跑赢大盘，说明其风险和收益达到了比较理想的匹配状态，证明它是适合定投入市的基金。

> 基金年平均收益率的计算方法如下。
> 基金总收益率=(份额累计净值+基金单位份额分红累计金额-单位面值)/单位面值
> 基金年平均收益率=基金实际总收益率/基金运营年数

第二，选择后端收费。选择基金定投的投资者通常情况下需要长期持有，那么选择后端收费可以减免申购费用。

第三，选择方便转换的基金。挑选定投基金要考虑所选基金是否方便基金转换。虽然波动幅度较大的基金适合于基金定投，但是波动幅度与风险是成正比的，波动幅度大的基金风险自然也相对较大。因此，我们应尽量选择便于转换的基金来进行定投，在定投期结束之后，将该基金转换为业绩稳定的基金。

5．中途退出基金定投的途径

选择基金定投，并非要等到协议到期的时间才能退出。基金定投有很大的灵活性，投资者有权根据自身情况，选择在中途退出定投。在基金定投的期限内退出，有以下两种情况。

(1) 主动退出。投资者可以通过银行等销售网点，向基金管理公司主动提出退出基金定投业务申请，并经基金管理公司确认后，基金定投业务计划即停止。具体相关业务程序，不同的基金公司也不一样，在确定需要退出定投时，投资者应到基金销售网点进行具体咨询。

(2) 违约退出。违约退出一般发生在投资者账户余额不足以支付定投款的时候。基金定投定期从投资者银行账户中划走固定的金额，投资者在办理了基金定投业务申请后，一旦自己账户中的金额不足，就会导致基金定投业务不能如期进行，系统将视为投资者自动违约退出。如果投资者本期的资金账户余额不足，则本期扣款申购失败，违约次数加 1。在下一时期内，系统不仅要补扣上期申购款，还要扣取本期申购款，若补扣申购和本期扣款申购两者都成功，违约次数减 1。在整个投资期限内，违约次数若超过该基金定投业务参数设置的最大违约次数，则基金定投自动终止。一次当月扣款失败是不要紧的，只要在一定期限内将资金存满就可以继续参加定投。违约次数导致定投终止的规定各个银行有所不同，如工商银行定投系统设定为 3 次，交通银行则设定为 2 次。

6．掌握基金定投的技巧

基金定投，也被称做"懒人理财方法"，是一种中长期的投资理财方式。尽管基金定投的方法简单，风险也相对较低，但是选择基金定投，还得讲究一定的投资技巧。

(1) 把握时间。基金定投的时间把握要从两方面来分析。一方面是购买时间的选择，相对而言，在股市不明朗的情况下更适合选择基金定投。另一方面是赎回时间，基金定投一般要与基金公司选择定投年限，有的定投基金没有年限要求，可以随时赎回。赎回定投基金主要看市场变化情况和自己的获益需求状况。如果投资者在某一段时间获得了较好的收益，并判断当前证券指数处于了高位，市场失去投资价值并面临着很大的回调风险，这时可以终止定投，及时赎回。同时，在判断当前的市场已经发生了大趋势的改变，继续投资必将亏损，也应果断将定投基金赎回。

(2) 把握投资额度。投资者选择基金定投，要根据自己的时机、资金状况和具体的理财计划来确定定投的额度。因为基金定投要在每个月扣款，所以定投额度不宜选得过高，以免影响到自己的正常生活。在定投前，投资者应认真分析自己的每月收支情况，做出合理的基金定投计划。

(3) 把握基金品种。不同种类的基金风险也有所差异，同时基金品种的选择还与股市走向有关。尽管基金定投有分散风险的优点，但就长期投资而言，对于风险承担能力较弱的投资者，还是选择风险较低的基金品种比较保险，比如货币市场基金。对于能够承担一定风险的投资者，在股市的熊市期，或者股市不明朗的时候，可以选择偏股型基金进行基金定投，坚持长期定投，待股市好转，必然获利。

(4) 利用基金转换控制风险。对于一个长期持有的投资产品，波幅所伴随的必然是风险，基金定投方式适合选择波幅大的投资品种平衡成本入市，之后转换为风险较小的基金。当我们通过定期定额方法累积了相当数量的高波幅基金之后，需要进行一些组合上的调整，将这些累积的高波幅基金转换为同类型的盈利水平也差不多，但是低波幅的基金。这样在保持盈利几乎不变的前提下，可以进一步降低投资组合的风险。

7. 基金定投需要注意的四个方面

由于基金定投具有平均成本、分散风险的优势，同时，基金定投实现了银行按时自动划拨款，因此，越来越多的投资者开始选择用基金定投的方式进行理财。但是，对于选择用定投方式来投资基金的投资者来说，还是有许多地方需要注意的。

(1) 基金定投的金额不易过高。选择基金定投的投资者，首先要保障能够及时支付扣款金额，避免不能按时扣款带来的麻烦。投资者一旦出现不能按时扣款的情况后，极有可能被终止定投，因此，投资者应根据自己的收支情况，合理确定定投金额。如果由于自身的财务状况发生了变化，导致以往确定的定投金额不再适合，这时投资者可以根据自己的实际情况要求改变定投金额。按规定，签订定期定额投资协议后，约定投资期内不能直接修改定投金额，如想变更只能到代理网点先办理"撤销定期定额申购"手续，然后重新签订《定期定额申购申请书》后方可变更。

(2) 并非何时何人都适合基金定投。基金定投虽能够平均成本，控制风险，但也不是对任何情况都适用。比如我们如果具备充分的闲置资金，就没有必要分阶段购入基金，尤其是在行情明朗的情况下，基金定投反而会错过最好的入市机会。同时，对于工作稳定性差、经济收入没有固定保证的人来说，也不适合选择基金定投。

(3) 定投并非只能按月投资，到期赎回。一般情况下，基金定投都是按月投资的。但是有些基金公司的基金定投可以按照双月或者按照季度进行扣款。投资者可以根据自己的实际资金情况和收支状况进行具体选择。在定投基金的赎回问题上，很多投资者一定要等到定投期结束才停止投资，这是多数投资者容易进入的误区。虽然我们在购买基金的时候与公司签订了定投期限，但我们有权利在后市不看好的情况下提前结束定投并赎回基金。定投期限与保本型基金的封闭期限不同，提前结束定投约定不会因此付出额外的费用。

(4) 基金赎回后，定投协议不会自动终止。一些投资者认为定投的基金在赎回后，定投协议就自动终止了。实际上，及时将定投基金全部赎回，之前签署的投资协议仍然有效，只要你的银行卡内有足够金额及满足其他扣款条件，此后银行仍会定期扣款。所以，我们要想取消定投计划，除了赎回基金外，还应到销售网点填写《定期定额申购终止申请书》，办理终止定投手续。我们也可以连续3个月不向银行卡里充入满足扣款要求的资金额，以此来实现自动终止定投业务。

案例2：小陈的定投经验——不要走进误区

由于基金定投的诸多优点，因此越来越多的投资者开始选择它作为自己的理财方式。小陈是一名普通的白领，工作忙、应酬多，几乎没有什么闲暇时间，于是他选择了基金定投作为自己的理财方式。小陈认为，只要自己选择一只基金进行定投，银行会按时扣款，待到自己需要时直接赎回就可以了。可是，待到赎回时，小陈发现自己投资的基金居然亏了。

很多投资者认为只要签订了基金定投协议，就完成了自动投资，自己可以高枕无忧而只待赚钱了。其实，这是投资者选择基金定投的一个误区。在实际的投资理财过程中，选择基金定投的投资者在对定投方式的认识上，还存在着许多误区。

误区一：可以随意选择任何基金进行基金定投。

这是投资者最容易产生的误区之一。虽然基金定投的模式可以控制风险、平均成本，但并不是所有基金都适合用来基金定投的。一般来说，基金本身风险较低、收益相对稳定的，定投和一次性投资的区别并不明显，比如货币市场基金和债券型基金；而对于波动性较大、风险相对较高的股票型基金来说，就更适合用基金定投的方式来降低风险了。

误区二：选择基金定投，就必须坚持长期投资。

对于基金定投来说，坚持长期投资是肯定有利于获益的，但是也不是绝对的。任何事物都具有两面性，虽然基金定投可以在一定程度上控制风险，但是当市场前景变差，并且前景持续不看好的情况下，投资者可以考虑提前赎回定投基金。

误区三：扣款日期随意定。

扣款日期是很多投资者忽视的问题，很多投资者的扣款日期往往都是随便定的，这样不仅容易产生一些不必要的麻烦，还有可能因为扣款账户余额不足而被终止基金定投。首先，由于一年12个月中日期最少的月份只有28天，因此为了保证全年都可以按固定日期扣款，扣款日期只能选择1～28日；其次，如果扣款日遇到了节假日，那么扣款日将自动顺延；最后，当扣款时出现账户余额不足的情况时，扣款会顺延至下月扣款日，与当月应扣款一起扣除，一般来说连续3个月余额不足，基金定投将会自动终止。因此，投资者要根据自己的实际情况，合理安排扣款日期，避免造成不必要的麻烦和损失。

四、基金信息分析技巧

投资的效率在很大程度上取决于信息的即时获取和准确分析。经常关注与基金相关的信息，做出及时准确的分析和判断，有利于投资者更好地把握准操作时机，从而提高投资效率。

基金信息的来源是多方面的，比如通过基金的招募说明书我们可以来确认基金管理人的投资范围、投资目标、投资理念是否与我们的投资目的相一致；通过基金的财务报表可以知道基金是否处于正常的运营状态，能否达到预期收益水平；关注各种媒体对基金的评价，有助于我们发现和转投资更有增值潜力的基金；关注证券市场的行情走势，可以让我们在恰当的时机将手中的基金出手，避免行情的逆转给基金投资带来的风险；等等。

1. 投资基金应关注哪些信息

基金的信息来源是多方面，对于投资者来说，并不是每条信息都有用，面对不同媒介带来的不同信息，投资者应进行合理筛选，对自己所持基金的信息，以及整个市场的相关信息情况应该重点了解、把握。

为切实保护投资者的利益，增强投资者对基金投资的信心，中国证监会对基金业实行比较严格的监管，并强制基金进行较为充分的信息披露。严格监管与信息透明也是基金业的一个显著特点，因此，我们要充分利用这些信息，更好地进行自己的基金投资理财计划。

具体来说，有以下几个方面的信息，是值得投资者重点关注的。

(1) 基金的定期公开信息。基金的定期公开信息包括基金的年度报告、中期报告、基金资产净值公告、基金投资组合公告、每基金份额净值公告等。其中，基金的年度报告、中期报告会公布会计期间持有的股票及持股变动情况；投资组合公告每季公布一次，披露基金投资组合行业分类比例，及基金投资按市值计算的前 10 名股票明细。基金的净值公告是基金信息中最重要的部分，封闭式基金资产净值至少每周公告一次，开放式基金在每个开放日的第二天公告开放日基金单位资产净值。基金的季报、半年报和年报这几类定期报告包含着大量有用的信息，比如基金重仓股、基金资产的配置比例等，投资者从中可以了解到基金投资重点的变化，同时还可获知基金管理人的投资和对未来市场的观点。

(2) 基金的重大事项公告。基金的重大事项是指可能对基金持有人权益及基金单位的交易价格产生重大影响的事件，主要包括基金份额变动公告、基金管理人或基金托管人的变更、基金的分红方案、基金管理人或基金托管人受到重大处罚、重大诉讼仲裁事项以及基金提前终止等事项。此外，还有一些临时性的信息也需要投资者注意。比如基金代销机构的变化、网上交易信息、申购费率的优惠、促销活动的推广等。这些信息都可以从基金管理公司发布在指定信息披露媒体上的临时公告中查阅，基金管理公司网站上也会同步发布。

(3) 老基金的转制上市公告。对于一些经过改制后由交易所安排逐批上市的老基金,投资者应注意自己持有的老基金在改制后变更的新基金名称以及上市事项等公告。

(4) 基金的年(中)财务报告。一般情况下,基金公司会按季、按年公布该公司各基金的财务状况,投资者应及时关注自己所持基金的财务报告,以进一步合理安排自己的基金投资策略。

(5) 基金投资的市场行情。多数的基金收益都是建立在证券市场牛市行情之上的,特别是对于股票型基金的投资者来说,关注证券市场的行情变动显得尤为重要。宏观经济分析和证券市场的行情信息都可以从专业人士的分析和广大投资者评论中获取,如果某个时间段投资基金的收益率普遍比银行存款还低,这说明投资市场的冬天到来了。在基金运营状况没有出现重大问题的情况下,如果宏观经济环境发生了改变,我们仍要根据情况做出投资策略的改变。

2. 根据信息评估基金表现

了解、分析基金信息,可以帮助投资者评估基金表现。评估基金表现的具体方法有以下几种。

(1) 根据资产净值评估基金表现。基金的资产净值可以直观地反映出该基金的情况。由于基金总是或多或少的投资于股票,所以基金的资产净值就会随着证券市场的波动而发生变动。通常好的基金在牛市时其资产净值的涨幅会高于市场的平均涨幅;相反,在熊市时资产净值的跌幅会小于市场的平均跌幅。投资者如果想判断一只基金的大致表现,可以观察一定时期内该基金资产净值的变化情况,并将其与市场以及同类基金的变动幅度加以对比,通过对比,可以大致确定基金表现的好坏。基金净值的短期变化并不能反映基金投资的本质,投资者更应关注它的长期变化趋势,由此分析得到的信息准确率更高。

(2) 根据投资报酬率观察基金的表现。投资报酬率以数据形式,直观、有效地说明了一只基金的业绩表现。投资报酬率的计算公式是:投资报酬率=100%×(期末净资产价值−期初净资产价值)/期初净资产价值。投资报酬率越高,说明基金资产的运营效率越高,基金的表现就越好,投资者获得的收益也就越高。如果投资者将所得分红用于红利再投资,那么此时投资报酬率的计算公式就变成：投资报酬率=100%×(期末净资产价值-期初净资产价值+分红价值)/期初净资产价值。

同时，投资者还可以根据基金公司披露出的相关数据来进行专门的评估指标的计算，如夏普指数等。通过对评估指标的计算，投资者可以看出基金的表现情况。此外，一些专门的基金评级机构对基金做出的星级评定，也是投资者分析基金表现的重要信息渠道。

3．分析财务报表的实用技巧

基金的财务报表主要包括资产负债表、经营业绩表(损益表)、投资组合及投资组合变动表、收益分配表、净值变动表和审计报告等内容。其中，资产负债表和收益分配表是投资者最为关注的。

对于资产负债表，投资者应首先关注报表中负债与资产的比值，它能够反映基金的负债水平究竟有多大，基金持有人所拥有基金资产的比率有多大，这个比值越大则说明基金的负债情况越严重。其次，需要看流动资产与流动负债之间的比率，这个比率反映的是基金公司资产的流动性和清偿能力。流动资产包括现金、存款、应收款、有价证券等。由于投资基金主要投资于有价证券，所以基金公司的流动比率一般应达到 2 以上。

对于收益分配表，投资者应该主要看两个比率数值，一个是股票买卖价差收入与基金的经营总收入之间的比值，另一个是基金的总收入与总费用之间的比值。真正反映基金公司经营水平收入的是股票和债券的买卖价差收入，其他一些收入并不能代表基金的真正经营水平。我们可以从股票买卖价差收入与基金的经营总收入的比率来判断基金的实际经营效果。基金总收入与总费用之间的比值反映的是基金资金的使用效率，这个比值越高，表示资金的使用效率越高，这只基金就越值得投资。

4．如何阅读基金周报

基金周报是基金公司对一周投资的总结以及对下一周投资的看法。基金周报代表着基金公司对投资市场的看法，同时也体现出基金公司在投资上的策略。基金公司对宏观经济、股票市场、债券市场及综合投资的分析，都会体现在基金周报当中。投资者可以通过阅读基金周报，掌握基金净值的变动情况以及所投基金的阶段性业绩，从而来合理安排自己的基金投资计划。

基金周报中所披露的内容很多，其中也涉及了基金的一些重要概念和专业术语。投资者只有先熟悉、理解了相关的概念，才能做进一步的阅读分析，进而通过与相关历史数据的对比，做出准确的判断。

基金周报中经常涉及的主要概念有以下几个。

◆　份额净值：反映的是基金在某一时点上的每一基金单位的资产净额，它等于基金净资产除以基金规模，它揭示了每一单位基金实际所代表的含金量。单独分析份额净值没有太大实际意义，一定要结合过去基金的份额净值和分红情况分析基金净值的变动来了解基金的业绩。

◆　份额初值：现在份额净值对比的参照物，指基金在每一个年度的第一个交易日起的份额净值。在不考虑分红、派息的影响下，基金份额净值与份额初值的差值越大表示基金这个年度的运营业绩越良好。

◆　调整后份额净值、份额初值：它们是专门针对拟进行分红派息的基金而言的，是在现有份额净值、份额初值基础上，扣除份额分配收益后的余额。

◆　累计份额净值：指基金自设立以来，在不考虑历次分红派息情况的基础上的单位资产净值。它等于基金目前的份额净值加上基金自设立以来累计派发的红利金额，反映了基金从设立之日起，一个连续时段上的资产增值情况。

5. 如何科学利用报刊上的各种综合信息

投资者了解基金信息的渠道是多种多样的，报刊也是各种渠道之一。目前各类的财经报纸，特别是三大证券报(《中国证券报》、《证券时报》和《上海证券报》)，每天都会刊登关于基金的各种综合信息。

投资者通过阅读财经、证券信息类报刊，可以对市场大势及投资前景有一个大概的了解，同时还可以对基金公司的经营状况有所了解。一般来说，报刊在特定时期会刊登某些基金公司年报、中期业绩报告及季报供投资者查阅。在报告内，基金经理都会总结过去一段时间内基金市场的变化，对基金前景的展望。除此之外，通过报刊上的信息，我们可以更清楚地了解到基金所持有的投资项目、项目各自的投资额及股数、投资项目买入的价格及升跌的改变，甚至包括以往所作项目的收益及派息记录。了解、分析这些信息对投资者了解自己的基金，正确调整自己的投资策略以及了解投资市场的宏观行情都有很大的帮助。

需要注意的是，报刊上刊登的部分基金信息会有一定的相对滞后性，特别是在基金的净值和报价上，不可能做到与市场实时同步，因此投资者在进行基金的具体买卖时，报刊上的相关数据只能作为参考，具体的数据要以当天、当时的市场数据为准。

案例 3：你买组合基金了吗

投资基金，虽然说起来简单，但是真正步入基金市场之后，你才会发现别有洞天。买基金，并不像大家说的那样轻松、容易。

三年前，在朋友的介绍下，我开始选择投资基金来帮助自己理财。听朋友说基金定投简单、方便。我于是去银行开了户，办理了相关手续，就这样开始投资基金。由于自己是第一次投资，没什么经验，对基金的了解更是少之又少，就连所购买的基金品种都是听朋友介绍的，心想着既然是定投，又是长期的，那就先放着吧，因此自从买了基金后，我就像以前存定期存款那样，把基金束之高阁了。要不是每个月银行都会从我的工资卡里划钱，我几乎要把买基金这事给忘了。半年过去了，有一天在看新闻的时候，突然想起了我的定投基金，第二天去银行一看，我傻眼了，不是说稳定吗？怎么没赚钱，反而亏了呢？我二话没说，赶紧办手续赎回基金，退出定投。

回家之后，我越想越不服气，俗话说"从哪跌倒的，再从哪爬起来"，于是，我下决心开始学习投资基金的相关知识，随时准备再次投资。

经过一段时间的学习，我提高了不少。了解了基金的相关常识，也意识到了风险的存在，更重要的是，我明白了：投资基金，不能只买一只，要合理地进行基金组合，这样，在其中一只基金亏损时，其他基金还能及时弥补损失。了解了这些，我决定重返基金市场。

第二次投资基金，我依然选择了基金定投，不同的是，我把以前投资一只基金的钱做了合理分散，选择了 5 只不同类型的基金，并且以一只货币市场基金为主要投资目标。之后的日子，我除了保证自己的工资卡中留有按月扣除的钱之外，还不时地关注各种基金的相关信息，同时还订阅了《中国证券报》。至今为止，尽管不是每只基金都能帮我赚到钱，但至少也不会再"一亏全亏"了。

尽管我投资基金的时间并不长，经验也不是很多，但是我认为有一点很重要，那就是买基金要组合。具体来说，我认为基金组合要讲究以下几个方法。

方法1：注意不同类型的基金配置

基金的品种有很多，比如货币型基金、债券型基金，还有股票型基金等，不同种类的基金有着不同的特点。货币型基金相当于银行的活期储蓄，流动性强；债券型基金类似于定期储蓄；股票型基金又分为偏股型、平衡型(混合型)、指数型。相比来说，股票型基金的风险更大。

有效的基金组合应该是不同类型的基金组合，比如股票型、配置型、债券型相搭配。在搭配时还要看自己的风险承受能力，一般来说随着年龄的增长，人的抗风险能力是会下降的。因此，像风险较大的股票型基金，在年龄较大的投资者的投资比例中应该降低，甚至可以不投股票型基金。

方法2：注意不同时机进行基金组合

投资股票的人都想低点买进，高点卖出，可这毕竟是"说着容易，做着难"。投资基金也一样，要讲究时机。

首先可以考虑分批建仓。分批投资既可以帮我们克服投资恐惧的心理障碍，又可以摊平投资成本，增加收益。我们可以把资金分为三部分，在投入第一部分的10~15个交易日后再投入第二份资金，第三份资金可以留着机动使用，比如在大跌时补仓，当然也可在又过10~15个交易日后买入。

其次，我们也可以考虑采用一次性投资和定投相结合的方式。在你有比较多的资金时，可以一次选定1~2只基金买入，再定投一只或几只基金(长期定投，指数型基金收益较高)。定投既能平均成本，又能强制你执行投资，过几年，你会发现财富增长了不少。

方法3：核心基金与卫星基金组合

细心观察，我们就会发现，老牌的明星基金公司，旗下的基金比较稳定，而小基金公司的基金也可能爆出黑马。因此，我们可以选一些比较好的基金公司的基金作为核心基金长期持有，同时选一些比较激进的小基金公司的基金作卫星基金波段操作，长短结合。我现在采用的就是这种基金组合方式。当然，选择这种模式还是要有一定的风险承受能力的。

方法4：合理进行大小基金的配置

大规模的基金相对稳定，而小规模的基金在行市震荡中掉头快，俗话说得好，船小好掉头，所以你的基金组合里要考虑大规模的基金，也要配置小规模的基金。

除此之外，也要考虑大盘基金和小盘基金。大盘基金多配置蓝筹股票，小盘基金多持有成长性好点儿的公司的股票。这样可以使你在二八行情或是八二行情时都有比较好的收益。

第6章

基金投资的风险防范

本章导读

基金，作为一种投资理财工具，和众多的投资产品一样，具有一定的风险，只有了解基金存在的风险，才能对其进行有效的防范和控制。

基金的风险在哪里，如何衡量基金的风险，评估基金的风险有哪些数据化的指标，如何掌握基金投资风险防范的技巧等，都是本章要阐述的内容。

把握投资技巧，树立良好的风险防范意识，才是投资者投资基金获利的基本保证。

精彩看点

$ 基金的市场风险

$ 如何衡量基金风险

$ 评估基金风险的数据化指标

$ 掌握基金"波动"的原因

$ 基金的流动性风险

$ 如何分析股票型基金的风险

$ 监管部门是如何监管基金的运作的

$ 正确应对基金调整期

心平气和才能赚到钱

小王投资基金有几年的时间了，朋友们都很羡慕他那么早就有了基金投资意识，踏上了资产增值的快车。可是，小王的基金理财之路也并不是朋友们想象的那么顺利，由于他操作中的屡屡失误，实际的收益并不理想。

他曾以 0.8 元的价格买入一只基金，可是之后基金净值始终徘徊不前，价格时涨时跌并且跌涨的幅度也都不大。这种不紧不慢的波动对小王来说简直就是一种煎熬，一个月下来他发现基金净值竟然和购买时没有变化。终于小王沉不住气了，全部把基金赎了回来，心里说这么折腾还不如直接把钱存银行呢。

半年后，小王无意中看到了自己原来买的那只基金净值已经涨到了 1.2 元，他后悔极了。于是，又赶紧将全部储蓄拿出来投资，可刚买入的第二天基金净值就出现下跌，之后跌幅更大。小王害怕了，又赶紧将资金都赎了回来。没想到前期的回调是短暂的，这只基金的净值很快又开始上涨。观察了一段时间后，净值涨到 1.4 元，他终于再次杀入市场。这次小王终于踏准了节拍，赶上了大牛市，不足一个月的时间，这只基金的净值已经达到了 1.6 元。一番思想斗争之后他决定见好就收，落袋为安。没想到这只基金的净值是一路上涨，眼看着基金增值小王的肠子都快悔青了。

在牛市行情中下跌时没有耐性、上涨时又沉不住气是多数基民容易犯的通病。投资基金关键的不是操作的技术和分析能力，而是投资的心态。只要是宏观经济环境没有发生变化，自己做的也是价值投资，我们就应该相信基金、相信自己，保持一种平静的心态去面对价格的波动才能取得更好的盈利。

一、基金的风险在哪里

任何投资都存在风险，投资基金也不例外。基金的风险主要是指基金管理人将募集的资金投资于证券市场之后，由于收益的不确定性而导致基金的收益受到损失。基金的风险来自多方面，其中最主要的是基金的市场风险，同时还有一定的基金管理风险以及一些不可抗力因素所造成的风险等。

虽然基金以投资组合的方式来分散资金，进而达到降低风险的目的，但是毕竟没有任何一种投资是零风险的。投资基金存在的风险也是多方面的，投资者只有了解基金存在的各种风险，才能及时、有效地规避这些风险，从而稳定收益。

1．分析基金的市场风险

基金的市场风险可以分为两类：一类是基金的系统风险，另一类是基金的非系统风险。

基金的系统风险，是指金融市场由于各种原因遭受的风险。由于金融市场的风险对各种金融投资都会产生影响，因此，系统风险可以说是投资者和基金管理者无法控制的风险。

基金的系统风险主要包括政策风险、政治风险、经济周期风险、利率和汇率风险、购买力风险，以及市场的供求风险等。对于投资者来说，基金市场的系统风险是基金最主要的风险。

◆ 基金的政策风险：指由于国家宏观政策(如货币政策、财政政策、行业政策、地区发展政策等)发生变化，导致市场价格波动，影响基金收益而产生的风险。

◆ 基金的政治风险：指由于国内、外的意外政治事件的发生，而引起的基金投资收益的变动。基金的政治风险导致了证券市场价格出现急剧波动，以致影响到了投资者的收益预期。

◆ 经济周期风险：指随着经济运行的周期性变化，各个行业以及上市公司的盈利水平也呈现出周期性变化，从而影响到了个股乃至整个行业板块的二级市场走势，基金投资者的收益水平也会随之变化，进而产生风险。这种风险主要表现为经济的繁荣、衰退、调整以及停滞等不同阶段。证券交易市场作为国民经济的"晴雨表"，它充分反映着国家经济发展的周期性变化；同时，证券市场的发展与收益水平又直接受到国家宏观经济形势的影响，进而也呈现出相应的周期性变化。

◆ **基金的利率风险：** 指金融市场利率的波动会导致证券市场价格和收益率的变动。利率直接影响着国债的价格和收益率，影响着企业的融资成本和利润。基金投资于国债和股票，其收益水平可能会受到利率变化的影响。一般来说，利率的变动与股票价格的变动呈现反向变化，即利率上升，股价会有所下降。而债券的利率风险相比较来说是最大的，其次是优先股，一般的普通股票利率风险相对较小。

◆ **基金的汇率风险：** 指由于我国货币与外国货币之间市场汇率的变动而引起的投资收益的变动。基金的汇率风险主要存在于外国证券的投资交易之中。

◆ **购买力风险。** 基金的购买力风险也称为"通货膨胀风险"或者"物价风险"，具体是指市场的物价变动影响到证券价格的变动，从而产生的一种风险。由于基金的利润主要通过现金形式来分配，而现金可能因为通货膨胀的影响而导致购买力下降，从而使基金的实际收益下降。

◆ **市场供求风险：** 指在一段时间内，市场上可以供投资者持有的证券量与入市资金量之间的比例出现失衡所带来的风险。目前，我国的证券市场正处于成长阶段，市场容量和入市资金量呈现出双向快速增加的趋势。在这个过程中，如果市场扩容的速度与入市资金的增加速度不匹配，市场的供求结构风险就会凸显。

基金的系统风险在某种程度上有它存在的必然性，也是无法通过基金转换等手段降低或者消除的。因此，对待基金的系统风险，投资者在投资前就要有充分的认识，同时也要对其有一定的心理承受能力。在某些情况下，一旦发生系统风险，或者投资者根据相关信息判断基金将有可能受到系统风险的压力，那么投资者可以选择将基金赎回，以避免一旦发生风险而造成的损失。此外，针对基金系统风险的有效防范，投资者要多关注基金市场乃至整个金融市场的相关信息和具体的变动情况，也可以多向投资理财专家进行交流和咨询。

基金的市场风险除了系统风险之外，还存在着非系统风险。基金的非系统风险称为"可分散风险"，是指由于某些因素的变化而导致的个股价格或者是单个期货、外汇品种以及相关金融衍生品种的下跌，从而给持有者带来损失的可能性。一般来说，非系统风险是由企业的投资项目本身的一些不确定因素引起的，仅与个别的投资项目或者企业有一定联系，不对所有企业或投资项目产生影响，更与股票市场、期货市场、外汇市场，甚至是整个金融市场的波动没有必然的联系，因此，基金的非系统风险是最终可以被消除的风险。

基金的非系统风险主要包括基金的经营风险、操作或技术风险、道德风险、信用风险等。

◆ 基金的上市公司经营风险：指由于公司的外部经营环境和条件以及公司的内部经营观的问题而导致的公司收入发生变动，从而引起投资者收益的不确定性。上市公司的经营好坏受多方面因素的影响，如管理能力、财务状况、市场前景、行业竞争、人员素质等，这些都会导致企业的盈利发生变化。如果基金所投资的上市公司经营不善，其股票价格可能下跌，或者能够用于分配的利润会减少，从而使基金投资收益下降。虽然基金可以通过投资多样化来分散这种非系统风险，但是并不能完全规避。

◆ 基金的操作或技术风险：基金的相关当事人在各项业务环节的操作过程中，都可能出现由于内部控制不到位或者其他人为因素造成操作失误或违反操作规程而引起的风险。如越权交易、内幕交易、交易错误或欺诈等。此外，在开放式基金的后台运作中，还可能由于技术系统的故障或者差错而影响交易的正常进行甚至导致基金份额持有人利益受到影响。这种技术风险可能来自基金管理人、基金托管人、注册登记人、销售机构、证券交易所和证券登记结算机构等。

◆ 道德风险：基金管理人的专业技能、研究能力及投资管理水平都会直接影响到其对信息的占有、分析和对经济形势、证券价格走势的判断，进而影响基金投资者的收益水平。同时，基金公司的投资管理制度、风险管理和内部控制制度是否健全，能否有效防范道德风险和其他相关风险，以及基金管理人的职业道德水平等，也会对基金的风险收益水平造成影响。其中，基金公司和基金管理人的道德风险，是影响投资者获益的重要因素。一旦基金公司或基金管理人出现了违规行为，由于其道德原因而产生的后果，将直接影响到投资者的利益，甚至造成投资者的亏损。因此，在选择基金公司和基金经理时，应格外注意，除了业绩之外，基金公司的口碑，基金管理人的素质也是需要重要考察的。

◆ 信用风险：指证券发行人在证券到期时无法为投资者支付本息，从而导致投资者遭受损失的风险。信用风险主要存在于债券投资行为之中，对于基金投资者来说，除保本基金外，其他品种的基金没有还本要求，其利润分红也不固定，但是依然存在着一定的信用风险，如果基金公司出现财务状况，投资者在赎回基金时就有可能面临信用风险。信用风险实际上揭示了证券发行人在财务状况不佳时出现的违约或者破产的可能性，它主要受发行人的经营管理能力、公司的盈利水平，以及规模、稳定程度等因素的影响。

对于投资者来说，基金的非系统风险是可以规避的，投资者在投资时进行合理的投资组合或者及时进行基金转换，都是规避基金非系统风险的最佳手段。

2．什么是基金的流动性风险

对于开放式基金来说，一些基金为了避免市场行情迅速下跌时，投资者大量赎回而损及基金的操作，因而在基金信托契约中制订有限赎回条款，条款中会规定当某日赎回金额占基金总资产净值超过"规定"比例时，基金公司有权暂停投资人的赎回。一旦发生这种情况，投资人就会出现可能想卖出却无法实现的情形；而对于封闭式基金而言，在行情淡、成交量萎缩的时候，也不容易顺利脱手，以上情况就是所谓基金的流动性风险。

简而言之，基金的流动性风险其实就是基金的变现能力。特别是对于开放式基金来说，由于开放式基金需要应对投资者日常的申购和赎回交易，因此保持资金良好的流动性是非常重要的。

我国证券市场作为新兴转轨市场，其整体流动性风险还是较高的。基金投资组合中的股票和债券会由于各种原因而面临较高的流动性风险，使交易的执行难度提高，买入成本或变现成本增加。此外，基金投资人的赎回需求可能造成基金仓位调整和资产变现困难，加剧流动性风险。

知识补充→→→

我国于2003年7月颁布的《证券投资基金暂行办法》中明确规定：开放式基金投资股票、债券的比例不得低于其资产总值的80%，投资于国债的比例不得低于20%。由于国债的流动性极高，仅次于现金，因此决定开放式基金资产流动性的关键因素就在于该基金所持有股票的流动性。

3．了解基金的未知价风险

基金的未知价风险主要发生在开放式基金申购和赎回的时候，具体是指投资者在进行基金申购或者赎回时，所参考的基金的单位资产净值是上一个基金开放日的数据，而申购或赎回实际采用的是当日基金的最终单位资产净值，那么对于基金单位资产净值在自前一交易日到当日的变化，甚至是最终的结果，投资者是无法预知的。换言之，投资者在申购或者赎回基金时实际上是无法知道具体的成交价的，这种风险就是开放式基金申购或者赎回的未知价风险。

为了有效规避开放式基金的这种未知价风险，投资者在申购或者赎回基金时，可以采用"下午 2:30 法则"。我国金融交易市场是在下午 3:00 闭市，那么，一般情况下，在下午 2:30 左右，当日的基金净值就可以基本确定了，投资者在此时进行基金的申购或者赎回，就可以在一定程度上规避基金的未知价风险。

4．掌握基金的投资风险

基金的投资风险是针对投资者自身而言的。

由于不同类型的基金有着不同程度的风险，其中股票型基金比债券型基金的投资风险相对较高。股票型基金的投资风险主要受到上市公司的经营风险以及证券市场分享和经济周期波动风险的影响；而债券型基金的投资风险主要受利率变动的影响，同时还有债券投资本身的信用风险。

对于投资者来说，基金的投资目标不同，所要承受的投资风险也就不同。其中，成长型基金的投资风险最高，平衡型基金次之，收益型基金的投资风险最低。

投资者在投资基金时，应该合理分析自己的心理风险承受能力，根据自身的风险承受能力以及具体的财务情况和投资目标，来确定自己的投资品种，切不可为了追求高收益，而忽视了基金的投资风险。

5．其他风险

除上述风险之外，还有一些其他因素，也会对基金投资产生风险。如：由于基金业务快速发展而在制度建设、人员配备、风险管理和内控制度等方

面不完善而产生的风险；由于金融市场危机、行业竞争压力可能产生的风险；战争、自然灾害等不可抗力因素的出现，可能严重影响证券市场运行，导致基金资产损失等。

二、如何衡量基金风险

收益与风险肯定是并存的，只有准确衡量出基金的风险，才能更好地获取收益。对于普通的投资者来说，了解有关基金风险的常识、掌握衡量基金风险的相关指标，才能更有效地规避风险，实现预期的获利目标。

我们可以从以下几个方面来衡量基金的风险。

1．根据专业机构评级考察基金风险

专业机构对基金的评级，可以为投资者提供一定的参考。基金评级包括对基金的风险、收益等多方面的考察，无论是考察基金公司的业绩，还是基金本身的情况，机构评级是不可缺少的重要工具。

虽然投资基金的风险相对较小，但并不表示没有风险，因此，全面的考察可以使投资者的投资更加有所保证。

知识补充→→→

标准差，是指在过去一段时期内，基金每个月的收益率相对于平均月收益率的偏差幅度的大小。基金每月收益的波动越大，它的标准差也就越大。

例如，基金 A 在过去 24 个月内每月的收益率都是 1%，那么其标准差就是 0；而基金 B 的月收益率是不断变化的，一个月是 8%，下一个月是 20%，再下一个月是-5%，那么基金 B 的标准差则大于基金 A 的标准差；而基金 C 每个月都亏损 1%，其标准差也同样为 0。

标准差实际所量化的对象是投资组合收益的波动，而并不是投资组合中的风险，因为标准差无法体现基金的下行风险，即亏损的可能性。如上例所示，尽管基金 B 的标准差较大，但其风险并不一定比基金 C 的大。换言之，标准差大的基金可能没有下行风险，而仅仅是它的收益波动很大。因此，标准差主要是衡量收益波动的手段。

2．根据换手率衡量基金风险

换手率，也称为"周转率"，是指在一定时间内股票在市场上转手买卖的频率，是反映股票流通性强弱的指标之一。

换手率可以衡量基金投资组合变化的频率以及基金经理持有某只股票平均时间的长短。基金年换手率的计算方法是：用基金一年中证券投资总买入量和总卖出量中较小者，除以基金每月平均净资产。

投资者可以通过换手率了解基金经理的投资风格是买入并长期持有还是积极地买进卖出。通常情况下，换手率较低的基金表现出稳健特性，风险相对较低；而换手率较高的基金则比较激进，其风险也就较高。频繁的短线交易除去与其本身所标榜的长期投资理念相去甚远，同时还加大了基金持有人的成本，基金频繁交易所产生的巨额费用最终将由持有人来承担，这必然会损害持有人的利益。

知识补充→→→

一般来说，新兴市场的换手率要高于成熟市场的换手率。其根本原因在于新兴市场规模扩张相对较快，新上市的股票较多，加之投资者的投资理念不强，使得新兴市场交投较活跃。换手率的高低还取决于以下几方面的因素。

(1) 交易方式。证券市场的交易方式，经历了口头唱报、上板竞价、微机撮合、大型电脑集中撮合等从人工到电脑的不同阶段。随着技术手段的日益进步、技术功能的日益强大，市场容量、交易潜力进一步拓展，换手率也随之有较大提高。

(2) 交收期。交收期越短，换手率越高。

(3) 投资者结构。以个人投资者为主体的证券市场，换手率往往较高；以基金等机构投资者为主体的证券市场，换手率相对较低。

3．通过持股比例判断基金风险

一般情况下，基金招募说明书中都会有这样的说明：投资股票的比例不超过 90%，不低于 60%。基金资金的投向可以是股票或者其他资产。基金股票的持仓情况即仓位。仓位越高说明基金的持股比重越大，也就预示着基金的风险越大。在熊市行情中，基金的持股比重越大，投资者遭受到的损失也就越多；相反，在牛市行情中，基金的持股比重越大，投资者所获得的利

益也就越高。

基金经理往往会根据行情的变化来改变持股比重，例如，在熊市行情中加大债券型基金或其他相对稳定的基金类型的投资比例，而在牛市行情中加大股票型基金的投资比例。如果基金经理没有根据市场情况及时做出持股比重的调整，那么此时投资者就要自己进行调整了，否则将会影响收益或者造成损失。

可以说，持股比例是衡量基金风险的一个重要指标。同时，它也在一定程度上决定着投资者的益损情况。

4. 持股集中度反映出基金的风险程度

持股集中度，是指基金前十大重仓股票的市值之和占基金持股总市值的比例。基金的持股集中度是衡量基金风险程度的一个重要指标。基金持股集中度高便于资金控制，可能使基金净值上升很快，然而它怎样能做到"全身而退"，同样令人担忧。如果开放式持仓过于集中，一旦出现恶性赎回，无疑将严重影响基金的稳定性。

随着基金持股集中度的不断提高，其潜在的风险也日益增加。过于集中的投资将无法发挥投资组合规避"非系统风险"的作用，特别是当基金重仓股经过较大幅度的上涨后，这种风险将越来越大。同时，在不同时期基金经理们对后市的看法也不可避免地存在分歧，巨额赎回也是开放式基金必须面临的问题。

在市场走势不明朗的情况下，选择持股集中度较为适中的基金是最有发展潜力的，因为其基金经理人将会用更大的调整投资策略来适应市场变化的空间。

5. 行业集中度是影响基金风险的重要因素

行业集中度，是指基金重配行业占基金全部行业配置(基金持股总市值)的比重，一般情况下我们用投资的前三或者前五大行业代表基金的重配行业来进行行业集中度的计算。

基金的行业集中度决定了市场某个板块在出现大幅度下跌时，基金的表现是否会受到较大的影响，如果基金大量持有某个行业的股票，当这个行业的股票出现下跌时，基金的业绩也会随之有较大幅度的变动。

因此，投资者在选择基金时，应该考虑基金是集中在某个行业，还是分散在各个行业。选择分散于各个行业进行投资的风险相对较低。

案例1：沈先生在选择基金时不忽视集中度

随着经济的发展，居民收入也在不断提高，于是越来越多的投资者想到了理财，沈先生就是其中一位。经过考察，他最终选定了基金作为自己的投资理财方式。可是，任何投资都是有风险的，为了提高自己的风险意识，更为了在以后的投资理财过程中能够有效地防范风险，沈先生选择了向专家请教。理财专家告诉他，分析基金投资的风险，选择投资基金的具体类型都可以从集中度上进行分析。所谓集中度，主要有两点：一个是持股集中度，另一个是行业集中度。

基金的持股集中度和行业集中度，不仅反映出基金经理的投资风格和对未来市场的预测，同时也反映出一定的风险情况。因此，专家建议，投资者可以将基金的持股集中度和行业集中度作为自己选择基金的一个重要参考指标。

首先，基金的持股集中度和行业集中度可以在一定程度上反映出基金经理的投资风格以及其对未来市场发展的预测。持股集中度和行业集中度高，说明基金经理看好自己通过研究判断而选择的个股和行业，在未来收益上具有一定的把握。同时，投资者可以将基金的持股集中度和行业集中度与其他同类基金进行比较，从而分析该基金配置的侧重点，进而结合自己的分析和需要进行合理的投资安排。

其次，持股集中度和行业集中度越高，说明重仓股的涨跌情况对基金中股票资产的影响也就越大。投资者需要注意的是，持股集中度是针对基金资产中的股票资产而言的。因此，在衡量重仓股对基金净值的影响时，还需要看该基金的股票仓位。对于仓位低的股评，即使其持股集中度高，那么重仓股价格的变化对该基金整体资产的影响也是很小的。

持股集中度和行业集中度高的基金，说明其投资风险相对较大，基金投资者需要根据自己对金融市场未来的预测以及自身的风险承受能力，来运用持股集中度和行业集中度帮助自己选择基金。

经过了专家的耐心讲解，沈先生不仅了解了基金投资和风险的分析技巧，也充分认识了投资理财要咨询专家的重要性。

三、如何分析股票型基金的风险

股票型基金，是指 60% 以上的基金资产投资于股票的基金。在我国基金市场上，除股票型基金外，还有债券型基金和货币市场基金。从风险系数来看，股票型基金的风险远高于另外两种类型的基金。

按照股票的种类，可以将股票型基金划分为优先股基金和普通股基金。优先股基金的投资对象以各公司发行的优先股为主，是一种可以获得稳定收益且风险较小的股票型基金，其收益主要来源于股利的收入。而普通股基金是以追求资本利得和长期资本增值为主要投资目标的，其风险要高于优先股基金。

按照基金投资的分散化程度，可将股票型基金划分为一般普通股基金和专门化基金。一般普通股基金是将基金资产分散投资于各类普通股票上，而专门化基金是将基金资产投资于某些特殊行业的股票上。后者相对风险更大，但是具有较好的潜在收益。

按照投资目的，可以将股票型基金划分为资本增值型基金、成长型基金和收入型基金。其中，资本增值型基金的主要投资目的是追求资本的快速增长，由此带来资本的增值，这类基金的收益大，但是风险也相对较高，其收益也高；成长型基金主要投资于那些具有成长潜力且能带来收入的普通股票上，具有一定的风险；收入型基金主要投资于具有稳定发展前景的公司所发行的股票，追求稳定的股利分配和资本利得，收入型基金的风险小，收入也相对较低。

总之，股票型基金是所有基金种类中风险最高的基金品种，但是不同种类的股票型基金，其风险和收益也各不相同。投资者在投资基金之前，要对风险有充分的认识和分析，根据具体的情况来选择适合自己的基金类型进行投资。

除了自身的风险之外，我们还可以通过以下几个方面来分析股票型基金的风险。

1. 根据持股集中度分析风险

持股集中度，是指机构投资者在股票资产配置中重仓股票的集中程度，具体分为股票投资集中度和行业投资集中度。

将资金大量集中在某只或某几只股票型基金上的风险要远远高于分散投资的风险。基金十大重仓股占资产净值的比例，是投资者了解持股集中度的一个重要指标。同样的道理，如果大量持有某个行业的股票型基金，当这个行业的股票大幅度下跌时，基金的业绩也会随之大幅下降，此时由于投资过于集中，投资者必然蒙受较大的损失。因此，持股集中度越高的基金，其风险也就越高；相反，进行分散投资，持股集中度低的基金，风险相对也就较低，但是过度分散的投资，又不利于基金业绩的提高。

　　因此，投资者在投资股票型基金时，应该根据自己的预期收益以及风险承受情况，同时结合基金的持股集中度的分析，进行综合判断、合理选择和理性投资。

　　表 6-1 所示为 2011 年一季度，按重仓股市值排名的基金。

表 6-1　基金持股集中度一览表(2011 年一季度，按重仓股市值合计排名)

序　号	基金名称	基金代码	持股集中度/%	十大重仓股市值合计
1	广发聚丰	270005	57.76	1 316 413.94
2	银华核心价值优选	519001	64.92	952 478.40
3	中邮核心成长	590002	41.02	827 616.75
4	博时主题行业	160505	68.19	738 544.86
5	大成蓝筹稳健	090003	49.18	632 110.54
6	银华道琼斯 88	180003	63.50	594 642.89
7	博时新兴成长	050009	38.64	556 561.58
8	中邮核心优选	590001	46.74	554 551.69
9	博时价值增长	050001	65.29	551 627.60
10	大成创新成长	160910	55.44	515 100.57
11	富国天益价值	100020	52.22	503 972.45
12	广发大盘成长	270007	43.06	496 775.47
13	富国天博创新主题	519035	57.93	471 243.91
14	博时精选	050004	50.73	469 569.03
15	广发小盘成长	162703	46.17	442 924.47
16	上投摩根中国优势	375010	63.37	363 111.95

序　号	基金名称	基金代码	持股集中度/%	十大重仓股市值合计
17	大成价值增长	090001	39.65	354 898.82
18	广发策略优选	270006	37.09	350 014.28
19	大成财富 2020	090006	42.47	339 364.89
20	富国天瑞强势精选	100022	62.32	332 620.28
21	博时第三产业成长	050008	50.72	326 453.18
22	银华富裕主题行业	180012	33.85	319 689.06
23	长盛同德主题增长	519039	41.54	277 380.50
24	博时沪深 300 指数	050002	22.03	261 887.68
25	信达澳银领先增长	610001	42.02	240 990.17
26	广发稳健增长	270002	43.23	226 652.51
27	大成景阳领先	519019	47.19	226 575.25
28	富国天惠精选	161005	45.50	225 161.57
29	银华优质增长	180010	35.32	219 657.87
30	中海能源	398021	41.95	211 705.90
31	博时价值增长二号	050201	67.61	207 150.24
32	诚信四季红基金	550001	48.46	191 107.17
33	广发聚富	270001	46.25	183 357.34
34	中海优质成长	398001	50.05	181 593.34
35	银华深证 100	161812	31.86	173 398.04
36	万家 180	519180	28.93	170 167.71
37	长信金利趋势	519995	28.61	168 440.78
38	富国天合稳健优选	100026	49.89	164 368.51
39	东吴行业轮动	580003	57.55	162 500.02
40	申万菱信新动力	310328	52.76	160 844.40
41	大成沪深 300	519300	20.61	157 032.48
42	银华优势企业	180001	64.59	150 154.49
43	广发内需增长	270022	44.03	149 604.72

续表

序　号	基金名称	基金代码	持股集中度/%	十大重仓股市值合计
44	国联安双禧中证 100	162509	32.21	148 326.03
45	博时平衡配置	050007	89.78	143 680.88
46	德盛精选基金	257020	62.17	136 584.72
47	东吴双动力	580002	57.25	135 912.78
48	广发聚瑞	270021	60.54	133 720.16
49	上投摩根成长先锋	378010	40.09	126 879.30
50	银河银泰理财	150103	54.96	125 910.76

2．根据星级评定判断风险

专业的基金评级机构每年都会对基金做出星级评定。星级评定的标准是多方面的，其评定结果有助于投资者了解基金的历史业绩以及抗风险能力等具体情况。一般来说，基金的星级越高，其业绩相对就越好，抗风险能力也就越强。

我国的基金评级机构很多，比如晨星，它的星级评定主要是衡量基金风险调整后收益，是基金的风险、收益特征的浓缩体现，也是投资者快速了解基金的有力工具。

目前，在我国的基金评级市场中，银河证券、和讯、晨星和理柏四家机构在权威性和专业性上得到了业界较大的认可。

投资者需要注意的是，基金的星级评定结果有一定的投资参考价值，但是并不是投资者选择基金的唯一指标。投资基金，需要进行一个全面、综合的考察，从基金本身的业绩表现，到基金公司、基金经理的管理水平，包括专业机构的评定和投资专家的建议，同时还要合理根据自己的资金状况、心理承受能力制订合理的投资计划，等等。只有综合了上述因素，进行合理选择、理性投资，才能保证投资基金的最终获利。

3．不可忽视历史业绩和风险

了解基金的历史业绩和风险，有助于投资者更好地分析其未来发展情况以及对风险的承受能力，从而判断自己的投资能否达到预期的收益目的。在具体分析时，我们可以将所持基金与其他基金在同等历史条件下进行比较，相对业绩较好或者亏损比例较小的基金，其抗风险能力也就较强，特别是将其放在熊市环境中，能充分分析出它们的抗风险能力。

基金的历史业绩，是投资者选择基金的一个重要参考指标。尽管基金的历史业绩不能完全代表其未来的发展情况，但是历史业绩持续较好的基金，特别是在同等条件下比同类基金业绩表现好的基金，无疑可以证明该基金具有较高的投资价值。同时，历史业绩持续表现良好的基金，其抗风险的能力相对较强，这就在某种程度上降低了投资者的投资风险。

对于股票型基金而言，其风险与获利都比其他类型的基金相对要高，投资者在选择时，只有充分估计到了基金的抗风险情况，才能保证自己投资目标的实现。

案例 2：考察历史业绩让小吴尝到了甜头

小吴投资基金已经有几年了，最开始他和很多新基民一样喜欢买净值低的新基金，可是没有过往业绩的参照，让他吃了不少苦头。后来，通过学习和咨询，小吴有了自己一套投资基金的方法。"全面考察基金是很重要的，我认为不可忽视的一点就是基金的历史业绩和风险，这样不仅能看出它以前的盈利情况，也可以看出它的抗风险能力，我现在比较信赖老一点的基金，有历史的比较，也让我更踏实一些。"小吴之所以有这番感触，是因为在经历过几次亏损之后，历史业绩好的老基金让他获得了不少的盈利。

四、评估基金风险的五大数据化指标

投资基金，先要判断这只基金自身的优劣情况，业绩佳、抗风险能力强的基金无疑是首选，但是基金的抗风险能力是如何评定的呢？专业机构的星级评定结果是最好的体现吗？

首先，专业机构的星级评定是一个综合化的结果，它主要体现了基金的综合收益情况，星级评定有助于投资者了解基金的风险情况，但并不是唯一、最佳的途径。其次，我们看基金的星级评定结果，要在专业机构公布的星级评定表中去逐一寻找，比较麻烦，同时也不利于横向比较。

其实，评估基金的风险情况，有几项专业的数据化指标。

1. 夏普比率——绩效评价的标注化指标

夏普比率，又称为"夏普指数"，是基金绩效评价的标准化指标。夏普指数是经过风险调整之后的绩效指标，它结合了报酬与风险评估，主要是用来衡量一只基金每单位所承担风险可以获得的超额报酬。

> 超额报酬，是指基金过去1年及2年平均月报酬率超过平均一个月定存利率的部分。换言之，投资人每多承担一分风险，与无风险的定期存款利率相比，报酬率能高出多少。

夏普比率越大，说明基金单位风险所获得的风险回报越高，基金的绩效也就越好。夏普比率的具体计算公式是：夏普比率=$[E(R_p)-R_f]/\sigma_p$。其中，$E(R_p)$指投资组合预期报酬率，R_f指无风险利率，σ_p指投资组合的标准差。如果夏普比率为正值，则代表基金的报酬率高过波动风险；如果夏普比率为负值，则代表基金的操作风险高于报酬率。因此，每位投资者都可以根据夏普比率来判断基金投资回报与投资风险的比例，夏普比率越高，说明投资组合越得当，收益越好。

通过夏普比率，我们可以知道投资风险也是需要比较的，我们应尽量用小风险来换取大回报，要尽量规避一些不值得去冒的风险。

知识补充→→→

> 1990年度诺贝尔经济学奖得主威廉·夏普(William Sharpe)以投资学最重要的理论基础——资本资产定价模式(Capital Asset Pricing Model，CAPM)为根本，提出了举世闻名的夏普比率(Sharpe Ratio)，又被称为夏普指数，用来衡量金融资产的绩效表现。
>
> 夏普比率的核心思想是，理性的投资者会选择并持有有效的投资组合，即那些在既定的风险水平之下，使期望回报最大化的投资组合，或者是那些在既定期望回报率的水平之上，使风险最小化的投资组合。简而言之，就是投资者在建立有风险的投资组合时，至少应该要求投资回报要达到无风险的投资回报，甚至更多。

2. 阿尔法系数——确定投资回报率

阿尔法系数(α系数)，是投资的绝对回报与按照β系数计算的预期回报之间的差额。绝对回报，也称为额外回报，是基金投资实际回报减去无风险投资收益(在我国为 1 年期定期存款的回报)，绝对回报可以用来测量基金经理或者投资者的投资技术。预期回报等于 β 系数与市场回报的乘积，它能够反映基金投资由于市场变动而获得的回报。

简而言之，阿尔法系数就是平均实际回报与平均预期回报的差额。

当 $\alpha>0$ 时，表示股票或基金的价格可能被低估，建议买入。也就是表示该股票或基金以投资技术获得比平均预期回报大的实际回报。

当 $\alpha<0$ 时，表示股票或基金的价格可能被高估，建议卖空。也就是表示该股票或基金以投资技术获得比平均预期回报小的实际回报。

当 $\alpha=0$ 时，表示股票或基金的价格准确反映出了其内在价值，未被高估或者低估。也就是表示该股票或基金以投资技术获得与平均预期回报相等的实际回报。

例如，某投资者的投资组合，通过对其风险水平的分析，得到的资产定价模型预测年回报率为 15%，但是投资者得到的实际年回报率为 18%。由此可知，该投资者投资组合的 α 系数为 3%(18%-15%)，也就是说该投资者获得的实际回报率超过预期回报率 3 个百分点。

3. 贝塔系数——衡量价格波动情况

贝塔系数(β 系数)，主要用于衡量个别股票或者股票型基金相对于整个市场的价格波动情况，是一种评估证券系统性风险的工具。

由于贝塔系数衡量的是股票或基金收益相对于业绩评价基准收益的总体波动性，因此它是一个相对指标。如果 β 系数大于 1，则说明股票或基金的波动性大于业绩评价基准的波动性；反之亦然。 β 系数越高，就意味着股票或基金相对于业绩评价基准的波动性越大。换言之， β 系数越高，其相对应的风险也就越大。

- $\beta=1$，表示该资产的风险收益率与市场组合平均风险收益率呈同比例变化，其风险情况与市场投资组合的风险情况相一致。

- $\beta>1$，表示该资产的风险收益率高于市场组合平均风险收益率，即该资产的风险大于整个市场投资组合的风险。

- $\beta<1$，表示该资产的风险收益率小于市场组合平均风险收益率，即该资产的风险程度小于整个市场投资组合的风险。

4．R 平方——反映业绩变化情况

R 平方，衡量的是一只基金的业绩变化在多大程度上可以由基准指数的变动来解释，反映的是业绩基准的变动对基金表现的影响，其影响程度按照 0～100 计。如果 R 平方为 100，则说明基金回报的变动完全由基金的业绩基准变动所致；如果 R 平方为 60，则说明有 60%的基金回报由业绩基准的变动所决定。因此，R 平方的值越低，由业绩基准变动导致的基金业绩的变动就越少。

同时，R 平方还可以用于衡量 α 系数和 β 系数的准确性，基金的 R 平方值越高，这两个系数的准确性也就越高。

总之，对于股票或者基金来说，R 平方越大，其系统风险所占的比重也就越大，而个别风险所占的比重就越小，也就是说，该股票与大盘的联动性会更强，大盘指数上升，它也会跟着上升；反之，R 平方越小，系统风险所占的比重也就越小，个股与大盘的联动性也就越弱。

5．标准差——反映基金回报率的波动幅度

标准差，是基金月收益率与月平均和收益率的偏差，它反映了基金总回报率的波动幅度大小，其数值越大，表明波动程度越厉害。标准差的大小与基金的总业绩没有太大关系，只能说明基金在达到当前收益情况下的净值波动情况和稳定程度。在收益等同的情况下，我们应该选择标准差小的基金进行投资。

上述五个指标可以更有效地帮助投资者进行基金风险的评估，但是，要确定自己的投资目标，需要考虑和衡量的因素还有很多，比如该基金的具体市场表现，基金公司和基金经理的情况等，任何一个与投资基金相关的方面，都有可能影响到基金的风险，进而影响到投资者的益损情况。

五、监管部门如何监管基金的运作

基金的监管，是指相关部门对基金行业的监督管理，具体地说，就是国家有关部门用法律、经济或行政手段，对基金和基金管理公司的行为进行监督管理。根据目前基金投资所涉及的领域和市场，我国对基金进行监管的主要机关是中国证券监督管理委员会，即中国证监会，同时，基金的部分运作

还会受到人民银行、交易所和同行业协会等部门的管理。

作为基金行业的主管机关，中国证监会从规范证券投资基金运作、维护基金投资人利益、确保基金业持续健康发展等方面，对证券投资基金实行严格的监管。

1. 制定相关法规

1997 年 11 月 14 日，中国证监会颁布了《证券投资基金管理暂行办法》(以下简称《暂行办法》)，并根据该办法制定了四个实施准则，分别是：第一号《证券投资基金基金契约的内容与格式(试行)》、第二号《证券投资基金托管协议的内容与格式(试行)》、第三号《证券投资基金招募说明书的内容与格式(试行)》以及第四号《基金管理公司章程必备条款指引(试行)》，保障了证券投资基金规范、健康、有序地发展，同时也保护了基金当事人的合法权益。

2003 年 10 月 28 日，中华人民共和国第十届全国人民代表大会常务委员会第五次会议审议通过了《中华人民共和国证券投资基金法》(以下简称《基金法》)，并与次年 6 月 1 日起正式实行。

《基金法》颁布之后，中国证监会会同相关部门先后制定了一系列对基金的监管规则，形成了以《基金法》为核心，以《证券投资基金销售管理办法》、《证券投资基金信息披露管理办法》、《证券投资基金运作管理办法》《证券投资基金管理公司管理办法》以及《证券投资基金托管资格管理办法》为相关配套规则的基金监管法律体系，对基金投资市场的准入标准、行为规则和运作环节等进行了系统化、法制性的规范。

2. 对基金公司及其从业人员进行资格、资质审查

中国证监会对证券投资基金的运营机构及从业人员进行严格的资格和资质审查。

其中，对基金运营机构的管理，包括对其资格的认定、年检以及核销等内容，通过基金市场准入和退出机制的建立，进一步保证投资者的资金安全。

同时，根据有关规定，中国证监会对基金从业人员进行严格的资质审查，基金的管理人、托管人以及基金经理等人员必须通过专业的考试才能够具备从业资格。

此外，中国证监会还会通过基金公司对相关从业人员进行业务和职业道德等方面的培训。

3. 严格检查基金运作情况

中国证监会会定期或不定期地对基金管理公司及相关人员进行现场及非现场的检查，一旦发现在基金运作过程中出现违规活动将对其进行及时的曝光和相应的处罚，对所发现的问题也会及时采取措施，做相应的处理。基金公司通过这种动态地对基金实际运作情况的把握，进而更有效地保护投资者的权益。

4. 对信息披露的监管

中国证监会制定了严格、规范的基金信息披露制度，并对其内容与格式做了明确规定，基金公司必须按照要求对基金的具体运作情况及时报告并公告。定期公告主要包括基金净值的周报、季报、中报和年报，临时公告的内容主要是对投资者利益有影响的各种事项。

知识补充→→→

中国证监会于 2004 年 7 月 1 日正式颁布并实施《证券投资基金信息披露管理办法》(以下简称《办法》)。

《办法》中明确指出：基金信息披露义务人应当按照法律、行政法规和中国证券监督管理委员会(以下简称"中国证监会")的规定，披露基金信息，并保证所披露信息的真实性、准确性和完整性。

《办法》的第五条还明确规定了公开披露的基金信息的具体内容，包括：基金招募说明书；基金合同；基金托管协议；基金份额发售公告；基金募集情况；基金合同生效公告；基金份额上市交易公告书；基金资产净值和基金份额净值；基金份额申购、赎回价格；基金定期报告，包括基金年度报告、基金半年度报告和基金季度报告；临时报告；基金份额持有人大会决议；基金管理人、基金托管人的基金托管部门的重大人事变动；涉及基金管理人、基金财产和基金托管业务的诉讼；澄清公告以及中国证监会规定的其他信息。

同时，《办法》还指出了公开披露信息的相关违规行为以及各项信息的具体披露细则。

5. 督促基金公司建立完善的内控制度

基金公司应按照中国证监会制定的各项措施,对内部建立完善的内控制度,主要内容包括:基金管理人与其股东在资产、人员以及运作等方面要严格独立;对基金管理人的自由基金的运作范围要进行严格限制,同时要对其制定标准、有效的业务规程;严格防范内幕交易和不当关联交易等风险;在基金公司内部设立独立于业务部门的监察审核部门,其管理人员要拥有充分的监察审核权力;基金公司及其管理、工作人员必须严格遵守各项法律法规和公司制度等。

6. 会同中国人民银行,对基金托管银行实施监管

基金托管销售,是基金销售的一个重要渠道。中国证监会会同中国人民银行,对基金的各个托管银行及其相关业务进行严格监管,以确保投资者的利益不受损害。

目前,我国已经拥有了分工明确、协调配合、有序高效的基金监管体系。中国证监会作为基金监管体系的组织者和领导者,在基金监管体系中处于核心地位,它担负着政策研究、规则制定、行政许可、组织指导派出机构以及证券交易所的监管等重大职责。同时,中国证监会的各派出机构根据其授权,对辖区内的从业机构进行日常监管;证券交易所对基金在交易所内的投资活动进行监管,负责交易所上市基金的信息披露监管工作,并且及时处理所发现的相关问题;中国证券业协会负责基金从业机构和从业人员的自律管理。

各部门之间的合理分工、协调配合,使得对基金投资业的监管更加快速、有效,从而在某些方面降低了投资者的投资风险,充分保护了投资者的利益。

六、基金投资的风险防范技巧

我们经常听到这样一句话"股市有风险,入市须谨慎"。其实,任何投资都是有风险的,只是不同的投资所具有的风险也各不相同,投资基金也是如此。投资基金的风险是来自多方面,只有了解了其风险的存在,掌握一定的风险防范技巧,才能有效地降低风险,从而增加收益。

1. 切勿贷款买基金

用于投资基金的钱，应该是手中的闲钱，就是除去养老、医疗等之后，可以长期不动的钱，将大量资金用于投资，或者是把养老钱用于投资，都是不明智的。至于有些人为了快速获利，而选择贷款买基金，这样就更是不理智的投资了。

无论是对于家庭，还是个人，投资基金都是一种理财行为，在投资前需要对自己的已有资金及目前的收支情况做合理的安排，而不是盲目投资，更不是为了在短时间内牟取暴利。投资基金的目的，应该是在尽量确保本金的情况下，提高自己闲置资金的升值效率。

通过贷款的方式购买基金，投资成本在无形中就上升很多，投资者在计算收益的时候，也就不能仅凭基金表面的净值收益率来进行简单的计算，应该将风险同时考虑在内。我们取得的每一份收益，都应该考虑到这份收益是付出了多大的风险而博来的，贷款投资基金永远是收益与风险"不合算的买卖"。

同时在银行抵押贷款是要付利息的，根据贷款年限的不同，利息也是有区别的。一般说来，贷款的年限越长，其贷款利息率也就越高。也就是说，投资者在选择抵押贷款进行基金投资的时候，就先背负了一定的投资成本。如果获利，那么计算纯利时，除了要减去投资基金的申、赎等费用，还需要减去银行贷款所要支付的利息，这样一来，投资成本就大大增加，而获利空间却缩小了，同时，投资者还承担了更大的风险。

可以说，在银行贷款买基金，是不明智的投资行为。如果获利，那么由于本金的加大，就会获得一定的超额盈利，但是却冒了极大的风险；相反，一旦投资失败，那么这种投资所带来的亏损将会大大超出投资者的预期，损失的也许就不仅仅是金钱了。贷款买基金一旦亏损，就必定会给家庭带来超乎预期的巨大负担，很多投资者在贷款买基金亏损之后，由于亏损巨大，当初的抵押品(如房产等)也在一夜之间付诸东流。

无论是牛市，还是熊市，投资者进行基金投资都应该理智，要有明确的投资目标和理念，要有合理的投资理财方案，而不是把基金投资当成博弈。对于基金投资来说，迅速获利的想法本身就是不现实的。

远离基金投资风险，就一定要有合理的投资方案，同时，必须远离贷款

买基金。

2．树立较强的风险意识

与投资相伴而来的，一定是风险。投入的资金越多，风险就越大；收益越高，所要承担的风险也就越大，可以说收益与风险永远是成正比的。

尽管投资基金的风险，相对于股票来说要小很多，但是并不代表投资基金没有风险。因此，树立较强的风险防范意识，对于基金投资者来说，是十分必要的。

当市场行情处在牛市时，很多投资者会因升值快而忽视了风险的存在，一旦行情发生转变，投资者在面临行情急转直下的同时，往往无法承受突如其来的风险。而事实上，风险存在于任何情况下，有投资，就必然会有风险，熊市的时候有，牛市的时候也有，投资者的风险意识应该是贯穿于整个投资过程之中的。

基金，是普通大众一种主要的投资理财工具，但投资基金从来就没有只赚不赔的，有获得高收益的可能，同样也有大额损失本金的可能。股市有风险，"基市"也不例外。抱着发横财梦想去投资基金的人，那是在用投机股票的思维来投机基金，一旦市场出现较大的波动，这种行为是相当危险的。

投资基金最忌讳盲从与冲动，"投基"需有风险意识，理性投资才是基民长期稳定获利的生存之道。作为基金投资者，理应牢记投资有风险，即使是在市场一片大好的行情中，也不要忘记风险的客观存在，因为好的行情也可能随时风云突变，发财的美梦也可能瞬间变成投资者的噩梦。

想要真正获利，首先就要考虑到亏损的可能。只有将亏损的可能考虑充分，具备一定的抗风险能力，意识到自己能够承受的亏损额度，才能更加明确自己的投资目标，做出合理的投资规划。理智的投资，必然会降低风险。

风险并不可怕，可怕的是没有风险意识，带着风险意识，用长期投资的眼光理性看待基金，才是一个不错的理财选择。

3．掌握基金"波动"的原因

基金的风险，源自其价格的波动，只有掌握基金价格波动的原因，才能更有效地防范基金的风险。影响基金价格波动的原因是多方面的，主要有以下几点。

　　基金市场的活跃程度影响着基金价格的变化。金融投资市场的活跃程度，直接影响着基金交易的活跃度和基金的价格。当投资前景看好时，市场就会变得活跃，大量的投资者涌入基金市场，购买力的上升必然带来价格的上升；反之，当市场遇冷时，投资者的投资热度也会降低，市场冷淡，基金价格也随之下降。因此，基金"波动"的原因在于价格的变化，价格的变化源自市场的活跃情况。只有准确把握市场动向，才能合理地选择入市时机，进而降低风险，实现获益。

　　基金份额净值的变化，影响着基金的价格。基金的份额净值是基金单位的内在价值，是决定基金价格的最重要因素，它是基金价格波动的最直接原因。基金份额净值高，基金价格就会相应较高；反之，基金价格就会较低。基金份额净值主要受三个因素影响：基金管理人的管理水平、证券市场的走势及活跃程度、宏观经济环境等。当基金公司的基本状况发生了重大变化，或者宏观经济环境发生了改变，这些因素导致基金表现出来的就是份额净值发生变化。

　　除上述两个因素外，政治、经济的变化也会影响到基金的价格。例如外汇市场汇率的变化、资金市场利率的变化、投资者的心理因素、各种突发事件，以及基金本身的封闭期限长短等。其中，银行利率对基金价格的影响是很值得投资者关注的，因为它对基金的价格影响很大，每一次利率变动都能快速影响到基金价格的剧烈波动。对于投资者来说，投资方式的选择是多样化的，我们可以将手头的钱存入银行，直接投资于证券市场，或者购买基金等。如果银行存款利率提高，将增加银行存款对投资者的吸引力，部分投资者将增加银行存款，减持基金，从而使基金价格回落。反之，如果调低银行存款利率，将导致更多的人愿意将银行的钱取出来投资基金，使基金价格上升。政府重大经济政策的出台、重要法规的颁布等，这些都会影响投资者对社会经济发展前景的预期，从而也会引起基金价格的变动。控制基金的风险，我们应将各种因素可能给基金价格带来的波动考虑在内。

4．正确应对基金调整期

　　基金的每一次调整，对于投资者来说都是风险与机会并存的。为了把投资基金的风险降到最低，投资者应该尽量避免在熊市行情中选择入市。但是，在牛市行情中，基金的上涨趋势也会经常由于各种因素的影响导致小区间的调整，同时大幅度的调整也可能意味着行情的翻转和牛市的结束。在实际操作中，如何面对基金的调整期，常常成为投资者的困扰。实际上，及时做好应对基金调整期的准备，在基金调整期到来的时候，掌握一定的投资技巧和原则，就会很顺利地度过调成期，同时，掌握一定的投资策略，还有可能在基金调整期结束后，获得一定的收益。

1) 应对基金调整期的准备

在股市处于牛市行情时，投资基金的风险相比熊市行情而言，自然要小许多。但是，任何行情都不是长期平稳的，小幅度的变动是正常的，而巨幅的震荡也随时可能出现。基金，作为一种投资理财产品，也一样存在风险，基金的净值也同样会有震荡。投资者只有做好充分的准备，才能应对基金的调整期。

首先，是心理准备。基金进入调整期，风险会随之而来，最突出的表现就是基金净值的不规律变动。由于此时基金管理人的运作及管理都会有一定程度上的变化，同时还可能受到政治、经济等多方面外部因素的影响，那么基金净值的变动是很正常的，特别是在基金处于升势时，大幅度的调整也是正常现象。投资者应该理性地面对基金的调整期，要认识到基金净值的变动是受多方面因素影响的，在调整期的这种变化也是正常的，切不可在此时盲目赎回基金。

其次，要做好长期持有的准备。基金本身就是一种需要投资者长期持有的理财产品。在基金的调整期，行情的变动很可能导致投资者的盲目赎回。事实上，基金的这种调整期不会持续很长时间，当证券市场在牛市行情中调整时，暴跌都是暂时的，并且几乎是在瞬间完成的，经过一天的暴跌之后，新一轮的上升行情会很快到来。如果投资者此时将基金赎回，资金需要一定的时间才能到账，对于股票型基金来说，到账时间大概需要一周，当资金到账时，股市的行情很可能已经回暖，甚至走高了。因此，作为基金的投资者来说，应意识到投资基金是要长期持有的，盲目地赎回很可能会影响到投资的收益。

再次，要有一定的资金准备，即投资者在投资前就应该合理留出一定的备用投资资金。投资基金的钱应该是在一定时期内不会使用的"闲钱"，投资者在投资基金时，不能盲目大量投资，应该留有一定的资金储备，用以面对市场行情的变动。当市场行情出现巨幅震荡时，投资者可以选择在价格低位补仓，这样可以摊低本身购买基金的平均成本。也就是说，在基金净值下跌的时候，投资者用储备金进入市场。当然，这样做有一定的风险，投资者要在确信市场的牛市行情不会变化的前提下才可投入。基金的调整期毕竟是短时间的，基金净值的下跌有可能是短期的，但是也不可避免地会有某只基金出现整体的下跌趋势。因此，为了确保本金不会大量流失，投资者在补仓时应该慎重。

最后，要有止损准备。基金的止损，是投资者在行情发生变化时，将其及时赎回、果断变现，以防止更大损失的行为。基金处于调整期时，风险要比正常行情下大许多，如果基金的调整幅度超出了投资者的预期，证券市场价格存在严重泡沫，投资者判断某只基金有可能会发生整体趋势的改变，此时，该基金已经没有投资价值，应果断止损。果断止损，可以避免投资者遭受更大的损失，是理性的投资策略，毕竟任何投资都伴有风险，投资基金也不例外。

2) 应对基金调整的原则

在基金调整期，投资者只要把握一定的原则，合理运用投资技巧，及时抓住机会，就有可能实现短期获利。同时，此时的投资行为也伴有极大的风险。一般来说，在基金调整期，投资者都是"高抛低吸"，以实现短期获利。但是，这种方法只在牛市行情中适用。投资者应该充分意识到，基金的这种调整，很有可能演变成整体趋势的改变，因此，在基金调整期采用的投资策略应讲究一定的原则。

首先，加码要在牛市时。基金处于调整期的时候，加仓买入是合理的策略，但是这种投资策略一定要在牛市行情下才能够适用，如果对行情的发展不确定，那最好不要盲目加码。投资者应该时刻意识到，增加投资额，在有可能获得高收益的同时也伴随着更高的风险，一旦行情突变，就会造成损失。在基金调整期，应理性加码，最好是在调整期结束，原上升趋势重新呈现时再加仓买入。

其次，行情突变，及时赎回。基金的调整期是有一定时限的，其调整幅度也是有一定限度的，一旦超过了预期的时间和幅度，那么这种调整就极有可能成为大势所趋，基金价格的下跌就不再是短期的现象。此时，为了确保既得利益，或者是为了降低损失，投资者都应果断将基金赎回。投资就有风险，市场的变化也是不以人的意志为转移的，当行情突变时，只有及时止损才能控制风险，减少损失。

最后，确保本金，稳妥第一。投资基金的根本目的是获利，而不是博弈。面对风险，在抓住短期收益机会的同时，也应保证本金的稳妥。当行情持续下跌时，保本型基金受到的影响往往较小。当投资者对行情趋势判断不明确时，可以选择保本型基金。同时，在基金调整期，行情不稳定，货币市场基金也是不错的投资选择，这样既可以保持稳妥，又能够获得比银行存款多的收益。

案例 3：忽视风险，小张长期持有的基金亏损了

小张 2006 年大学毕业后成功进入国企工作，比起那些忙碌找工作、不断变化的同学来说，可谓是一帆风顺了。有了稳定的工作、稳定的收入，小张开始想到了理财，存入银行显然是最保险的，但是利息太低了，于是他决定投资基金试一试。

小张在大学时就做点小生意，攒了一点钱，加上工作大半年的积蓄，他手头上现在也差不多有 5 万元了。任何投资都是有风险的，小张想，不能太盲目，还是要留一点存到银行里。在投资基金之前，小张还是较为合理地安排了自己的现有资金。

2007 年 3 月，小张拿出 3.5 万元准备投资基金。初入基市的他没什么经验，想着自己的投资有基金经理管着，应该不用太费神。在一次性投资和定投的选择上，小张选择了一次性投资。他认为，基金投资是长期的，第一次投入一点，以后每个月都要投入，还不如一次性投资，省得以后每个月像还房贷一样，总得惦记着。于是，小张用这 3.5 万元买了大成 2020、华宝行业、大成精选等一共六只基金。

"长期持有，一共六只，尽管投资不多，但是总会有一只赚吧？"，小张没事就盯着大盘看，看的时候一直这样想。

投资的前半年还算不错，大盘看涨，小张自己的基金总体涨幅大概也在三成左右。这种涨幅，给小张增添了不少的信心，也更坚定了他长期持有的投资信念。可是好景不长，2008 年，金融危机席卷全球，股市也受金融危机的影响，开始下跌。小张几次想过赎回基金，但是看到偶尔也会有小幅上涨，他又想，市场总会反弹的吧？于是小张就这样在股市的持续下跌中一直耗着，结果却是越耗亏得越多，跌到后来，小张几乎失去了信心。最后，他干脆来了个自我安慰：跌到底了还不涨？反正已经亏了，就放着吧。

小张的长期投资就这样真的成了"长期"，他没有赎回，也很少再看盘了。直到 2010 年 3 月，即将结婚的小张在筹备婚礼时，突然想到了它的"长期投资"。"婚前统计一下财产，我去赎回来"，小张没有多想什么，直接去了银行，当初的 3.5 万已经变成了 2.5 万，投基 3 年，亏了 10000 元。

　　事后谈起这件事，小张说："我输就输在了风险上，我几乎就没有想过基金会有什么风险。当时金融危机那么严重，我想的不是金融危机会给我的投资带来风险，而是天真地认为自己买的都是有潜力的基金，而且股市也是会反弹的。我根本没有想过要怎样面对风险，其实当时如果把手里的股票型基金转换成货币市场基金什么的，也许不会亏这么多，但是那时候却是一直在等待。对基金风险的忽视，最终导致了我的亏损。"

　　事实上，像小张这样的投资者还有很多，他们过分相信长期投资基金就一定会有收益，从而低估基金的风险。股市的震荡、市场的风云变化、基金公司的人事变动、经济环境的改变等，都会给基金带来一定的风险。忽视风险必然会导致亏损。

　　投资基金与银行存款不同，长期持有，并不意味着一定要死守坚持，市场存在风险，当收益受到影响，市场前景不再看好时，应当及时赎回，而不是抱有侥幸心理，期待反弹。下跌的结果也许不是反弹，而是持续的下跌。

　　总之，基金的风险是万万不能被忽视的，在某些情况下，比如股市的震荡期，我们反而应该更加重视基金的风险。同时，在股市持续大幅下跌时，及时赎回变现，才能避免更大的损失。

第 7 章

投资基金的常见问题

本章导读

投资基金与银行存款不同，投资者除了要了解投资基金的基本知识之外，还要有具体的投资计划，掌握一定的投资技巧，同时还应具备良好的心理素质，能够承担投资基金带来的风险。

在基金投资的过程中，投资者经常会遇到各种问题，这些问题在一定程度上会影响到投资者的投资计划，甚至是最终的收益情况。

本章将主要介绍并解答投资者在购买基金时以及在投资基金的过程中遇到的一些常见问题。

精彩看点

💲 低净值的基金是否更具投资价值　　💲 如何撤销基金赎回

💲 谨慎购买复制基金　　💲 什么是基金的强制赎回

💲 购买基金后切忌不再问津　　💲 基金投资有什么禁止行为

💲 什么是基金的非交易过户　　💲 投资基金应该怎样组合

不让资产贬值，策略胜于预测

老张不算是一个纯粹的基民，他曾投资过各种金融品种：股票、外汇、期货等，同时也研究过各种投资方法，短线长线都试过。最后他还是选择了基金作为主要的投资品种。究其原因，老张说："随着投资额的增大，资金的安全性是我首先要考虑的问题，因为我的投资目的只是获得市场的平均收益水平，达到资产保值增值的效果就行。"

老张一直坚持长期投资，在2008年很多投资者都亏损的情况下，他却躲过了这次的股灾。老张的成功主要得益于他严密的投资计划，他把制定策略的出发点从市场转移到自身，不再预测市场。市场不易确定，但自己的投资目的和风险承受能力却是可以确定的。经过考虑，他投资的目的就是为了抵御通货膨胀压力，而不是为了发财，所以他要求70%的资金确保安全，另外30%可以进行风险投资。他资产的大部分都是货币市场基金或保本基金，即使在证券市场最好的行情中，股票类投资也没有超过30%。他的计划中还包括何时对投资比例进行调整，何时进行投资的赎回，不管是什么样的市场诱惑他都没有改变过投资计划。

投资是一门学问，必须钻研学习。别人的建议能帮你发现机会，但并不能保证你永远获益。投资用的是自己的钱，因此一定要对自己负责，多读书，多看报，多学习，多探讨。如果你看好股市的长期走势，那就最好耐住性子。虽然要有高度的风险意识，但也不要因为市场的短期震荡或外界的流言蜚语破坏了投资计划。

投资需要的是根据自己的投资目的去制订完备的投资计划，并严格按照计划执行。投资基金的成功并不取决于分析市场的能力，而是决定于是否能够完全按计划行事。

一、购买基金的常见问题

　　购买基金需要一定的认购或者申购程序，同时，由于基金种类的繁多，不同的基金有不同的特点，也适应于不同的购买者。因此，投资者在购买基金时，首先要综合分析自身的需求，并且要制定合理的投资计划，然后再根据资金状况、时间条件以及个人的风险承受能力等因素，综合考虑，最终选择最适合自己的基金品种和投资方式。

　　很多投资者，特别是初次投资基金的投资者，在购买基金时常常会遇到一些问题，市场上对各类基金五花八门的介绍，也给投资者带来了选择上的很多困扰。以下是投资者在购买基金时经常遇到的一些问题，以及再买基金时需要注意的一些情况。

1. 低净值的基金是否更具投资价值

　　低净值的基金不一定就是具有投资价值的基金。

　　很多投资者都选择投资净值低的基金，认为净值越低，上涨空间越大，越有投资价值。

　　基金的价格主要取决于基金净值的高低，当基金价格低于其净值时，基金为折价状态；相反，当基金价格高于其净值时，基金为溢价状态。而基金折溢价的高低又会从某种程度上决定基金市场的泡沫成分。因此，投资者应该及时关注基金净值的变化。

　　但是，这并不意味着净值低的基金就更具备投资价值。基金净值的变化主要取决于市场中基金本身的运作能力。因此，净值低的基金如果在市场中呈现下滑态势的话，那么该基金的净值有可能继续走低，从而不具备投资价值。相反，净值高的基金，在合理运作的前提下，很有可能会持续走高，进而逐步扩大获利。因此，基金的投资价值不在于其净值的高低，而在于其发展前景。

　　判断一只基金是否具有投资价值，有多方面的因素。首先是折价率，如果基金的折价率明显高于市场平均折价率，那么这些基金的市场定位很可能被低估，此时具备投资价值；其次，某些基金的运作能力极强，会出现跑赢市场的现象，而且一些老基金经过这样的长期验证，更值得进行长线投资；最后，当股市出现大的转机，预示着基金净值会有较大幅度上涨时，此时应当把握机会，及时投资。同时，当市场的平均折价率在 15%左右时，市场的整体具备投资价值。

因此，判断目前的基金市场或者是判断某一只基金是否具备投资价值，应该考虑多方面的因素，基金的净值仅仅是一个方面，切不可忽略市场的整体情况。

2．可以根据基金排名来买基金吗

基金的星级排名，是专业的基金评级机构根据基金的过往业绩等情况对基金作出的综合评定，具有一定的参考价值。

但是，选购基金是一个综合考察的结果，仅仅根据基金的星级排名来购买基金，显然是片面的。

首先，基金的星级排名体现的是基金的过往业绩表现，尽管它在一定程度上能预示基金的未来发展情况，但是却并不能代表其未来的业绩一定会继续保持良好。基金的业绩最主要的还是靠基金经理的具体投资运作情况，同时，金融市场的风云变化也随时影响着基金净值的变化，最终会通过业绩表现出来。

其次，不同的基金评级机构的评定标准也会有所不同，其评定结果自然也会产生区别，这就给投资者带来一定的困扰。

综合上述两点因素来看，基金的排名，只能作为投资者购买基金的一个参考，而不能作为最终购买的决定性因素。投资基金很忌讳的一点就是考虑片面、冲动购买，这样不仅会影响到投资者的收益，还极有可能造成一定的亏损。

表 7-1 所示为 2011 年一季度基金资产规模前 10 名的基金公司。

表 7-1　2011 年一季度基金资产规模前 10 名

序　号	基金公司名称	资产净额/亿元
1	华夏基金管理有限公司	2132.29
2	易方达基金管理有限公司	1536.43
3	嘉实基金管理有限公司	1390.66
4	博时基金管理有限公司	1080.94
5	南方基金管理有限公司	1053.87

续表

序　号	基金公司名称	资产净额/亿元
6	大成基金管理有限公司	961.21
7	广发基金管理有限公司	950.85
8	银华基金管理有限公司	754.54
9	华安基金管理有限公司	702.83
10	富国基金管理有限公司	602.77

表 7-2 所示为 2010 年基金收益排名前 15 名的基金。

表 7-2　2010 年基金收益排行榜(前 15 名)

序　号	基金名称	基金代码	基金类型	年终净值/元	年收益率/%	规模/亿份
1	华商盛世成长	630002	股票型	2.3660	37.76	40.67
2	银河行业股票	519670	股票型	1.4220	30.59	4.94
3	华夏策略混合	002031	混合型	2.4630	29.50	12.80
4	嘉实增长混合	070002	混合型	5.3750	24.92	10.25
5	华商动态阿尔法	630005	混合型	1.2090	24.64	18.40
6	华夏大盘精选	000011	混合型	12.2780	24.24	6.31
7	华夏优势增长	000021	股票型	2.0240	23.95	89.96
8	天治创新先锋	350005	股票型	1.5295	23.90	1.70
9	信达澳银中小盘	610004	股票型	1.2370	23.70	5.95
10	嘉实优质企业	070099	股票型	1.0130	23.24	58.60
11	东吴双动力	580002	股票型	1.4828	23.00	25.54
12	泰达红利成长	162201	股票型	1.3169	22.26	13.87
13	华泰博瑞价值增长	460005	股票型	1.3614	22.18	3.40
14	大摩领先优势	233006	股票型	1.3558	21.97	28.91
15	汇添富策略回报	470008	股票型	1.2330	21.60	22.80

3．新基金与原始股一样吗

很多投资者都喜欢购买新发行的基金，因为新基金的净值只有 1 元，他们认为认购新基金就相当于是购买原始股，而老基金的净值已经上涨，似乎

没有新基金划算。

首先，将新基金等同于原始股的说法本身就是错误的，基金与股票有着本质的区别。基金是一种专门用来投资金融产品的投资工具，在我国，基金只能用于投资资本市场，也就是用来投资股票、债券等。而股票则不同，股票是一种实业投资资产的所有权凭证。

其次，在资本市场上，投资基本上是风险与收益对称存在的，换言之，投资基金的盈利与亏损的风险是一致的，因此新基金的净值 1 元就是 1 元，不会出现溢价的问题。而股票进行的实业投资，除了投资本身之外，还会涉及事业方向的选择，企业经营的情况以及产品市场的机会把握等。一家相对成熟的企业，实际上已经承担过了这些风险，所以一般来说成熟的事业企业发行原始股票时都要求有一个溢价，相当于是对投资者风险承担的一种补偿。由此可见，新基金与原始股有着本质的不同。

对于投资者来说，投资 10000 元认购新基金或者是申购老基金，只是在基金份额上的区别，在基金上涨或者下跌时，其收入或者亏损都是一样的。也就是说，投资者在投资基金时不要紧盯基金净值，盈亏的关键在于投入的资产，也就是购买的总份额，然后就是基金未来的业绩发展状况。

因此，投资者切不可将新基金盲目地等同于原始股，仅仅因为净值低就进行认购，而忽视了基金的整体情况以及市场的具体状况。

4. 谨慎购买复制基金

所谓复制基金，是指以一只老基金的运作方式成立一只新基金。由于老基金的运作已经得到投资者的认可，但是其单位净值已经很高，基金的规模也很大，因此持续申购可能会摊薄老基民的收益，而新的投资者极有可能因为较高的基金净值而不去申购，基金复制解决的就是这个问题。但是，由于老基金与复制的新基金所处的时机不同，因此复制基金未来的业绩是否能和老基金保持一致，也是一个未知数。

因此，投资者在购买复制基金时需要谨慎。因为基金公司都会选择业绩好的老基金进行复制，投资者购买复制基金往往都是根据老基金的业绩和运营状况做出的选择。但是，在未来的业绩发展中，由于两者产生的时机不同，加之具体运作上的差别，新基金未必能产生和老基金相同的业绩。

投资者在购买复制基金时，除了与老基金业绩的对照之外，更重要的是观察当时的投资环境，确认在此环境中，复制基金的发展前景，而不能仅仅因为老基金的业绩好，就盲目地购买新复制的基金。

知识补充→→→

复制基金的英文是 Clone Fund，因此又可以翻译为克隆基金。

在国外，复制基金十分普遍，主要可以分为两种形式：一种是通过衍生品来复制目标基金的市场表现；另一种是投资策略的复制。

前者主要用在由于监管等种种原因不能直接投资目标基金的情况下，比如加拿大投资者的退休金有不能投资海外基金的限制，因此加拿大的投资者如果想更多地拥有标普500指数基金，那么，就可以通过投资标普500指数的复制基金而绕开这种限制。

投资策略的复制，主要用在对本公司已经成功的基金产品的复制上，当一只基金规模大、净值高时，为了更好地保护投资者的利益，便于基金管理人的管理和运作，国外的基金管理公司往往会对该基金进行复制。这一类复制基金一般是由同一基金管理人管理，具有相同的投资方向、投资目标、投资政策、投资策略、运作方式、风险偏好等，因此也具有相似的业绩表现。

在我国，首只复制基金是成立于2001年9月28日的南方稳健成长基金。

5．该在分红前还是分红后买基金

基金分红是基金实际收益的一部分，而并不是额外增加的收益。

由于基金分红会导致基金净值的下降，因此投资者在分红前申购基金，基金的份额净值相对较高，但是投资者可以享受到分红的权益；相反，如果是在分红之后再进行申购，净值要比分红前低一些，但是却不能享受当年的分红待遇。

选择购买哪只基金，主要还是应该注意分析该基金未来的收益能力以及具体的投资组合情况。基金的分红必然是以净值的下降为代价的，而分红本身也并不会额外增加投资者的收益，因此在分红前或者是分红后申购基金都是一样的。

知识补充→→→

在市场没有出现波动，或者波动极小的情况下，投资者在分红前和分红后申购基金，其结果是一样的。

假如投资者用2000元购买基金，分红前的基金净值是2元，分红金额为

0.5 元/份，那么投资者可以申购到 1000 份的基金份额，同时在分红时得到 500(1000×0.5)元的分红，而基金净值也在分红的同时降低到 1.5 元，投资者进行红利再投资，又可以得到 333(500/1.5)份基金份额，因此，在分红后，投资者的基金份额是 1333 份，而投入的总资产依然是 2000 元。如果投资者用 2000 元在基金分红后申购基金，那么得到的基金份额是 1333(2000/1.5)份，与在分红前申购是一样的。

由此可见，投资者在申购基金前还是应该关注具体的投资环境和市场变化，与分红前还是分红后申购基金没有必然联系。

6. 购买基金是不是封闭期越短越好

开放式基金在经过监管部门批准之后，开始进行基金募集，在此期间内投资者购买基金，成为基金的认购，投资者的认购款项会存入该基金的托管商业银行，由于在此期间基金还没有正式成立，基金经理也不能对基金进行任何操作，因此这段时间称为基金的募集期。

在募集期内，当基金达到了规定的成立条件时，即可停止募集活动，在经过相关审计机构验资后，该基金则可以宣告正式成立。

在开放式基金成立初期，通常都有一定的封闭期，在此期限内基金公司只接受申购而不办理赎回，根据相关规定，基金的封闭期不得超过 3 个月，在此期间内基金经理已经开始对募集到的资金进行证券投资活动了。

在封闭期结束后，基金进入可以自由申购赎回的开放期。

开放式基金之所以在成立后设立一定的封闭期，是因为新成立的基金需要一段相对较长的时间来逐步根据市场的状况完成持股及债券的布局。如果基金的封闭期过短，则会出现基金还没有完成布局就必须应对赎回的问题，这样会影响到基金的单位净值，进而影响到投资者的收益。因此，封闭期短的基金，其风险相对较大。

7. 投资规模大的债券型基金更好吗

就目前的金融市场来说，在同一时间段内申购中小盘股票需要的合计资金一般要在 5 亿～10 亿元，如果债券型基金的规模太大，比如说达到了 50 亿元，那么中小盘新股的净值贡献就只有债券基金的 1/5 了，因此，同样是新股，在投资策略一样的前提下，小规模的债券型基金相对来说就更具有优势。

对于债券型基金的投资者来说，不能只看基金的规模，盲目地选择规模大的基金进行投资，那样有可能会增加自己的投资风险。

投资任何类型的基金，都是一个综合考虑的结果，不能因为其某一点的优势，或者是不经过对比分析，就急于投资。

8．投资债券型基金与购买债券有什么区别

很多投资者都有过自己买债券的经历，现在投资债券型基金不免就会想到，这和自己买债券有区别吗？

实际上，对于债券而言，自己购买与进行债券型基金的投资有着很大的区别。作为投资者切不可将二者混淆。

投资者自己能买到的债券仅限于在银行柜台直接发售的凭证式国债，并且具有一定的期限，如果投资者要提前将国债卖还给银行，就会损失掉相当一笔交易费用；同时，投资者还可以在证券交易所买上市的债券，所购买的债券如果坚持持有到期，那么收益率就是买入时的收益率，如果提前卖出的话，那么就要以当时的市场价进行交易。实际上，自己购买债券，想要获利的关键就是必须坚持到期。

而对于债券型基金而言，尽管其本质上也是在购买债券，但是有专业的人员进行管理、操作，在经验和具体的运作模式上都可以在保持流动性的同时让基金的净值增长强于买入时的债券票息水平。除此之外，投资者还可以通过申购新股、基金转换等方式来增加投资收益。同时，投资债券型基金没有时间限制，投资者可以随时赎回，赎回款是在 T+3 日到账，其流动性远高于自己购买凭证式国债。

具体来说，投资债券型基金与自己购买债券有以下几个不同之处。

◆ 组织形式不同。债券型基金是由基金管理公司和基金托管人负责募集的一种用于投资多种债券的集合理财产品；而自己购买的债券则是由某个发行人或发行单位承诺按照某一固定持有期限安排支付本金和利息的合约。

◆ 交易对象不同。债券型基金的投资者可以通过银行、证券商或者是直接向基金管理人进行申购或者赎回的交易；而普通债券的持有人则必须通过证券商或者银行柜台直接购买债券。同时，我国的大多数债券仅限于在银行和债券市场流通，也就是说即使投资者有足够的购买能力，也并不一定能

够购买到自己想持有的债券。

◆ 期限不同。债券型基金的续存期不固定，投资者可以随时赎回；而普通的债券则具有明确的持有期限，投资者如果在到期日卖出，必定会因交易费用而受到损失。

◆ 现金流入的规模和时间安排不同。债券型基金可以到约定的时间进行分红，也可以根据收益状况来进行分红，其现金的流入规模是不确定的；而普通的债券在还付投资者本金、利息的数额与时间上都是在购买时就有具体规定的。

◆ 多样化程度不同。债券型基金的投资组合具有多样化的特点，在一定程度上分散了投资的风险；而投资者购买债券，就是一只固定的债券。

◆ 流动性不同。投资者投资债券型基金，可以根据自己的实际情况和市场的变化状况在开放日随时赎回基金；而投资者购买普通的债券，如果不想遭受损失，那么就必须等到持有到期日并且通过二级市场进行交易。

◆ 持有期成本不同。投资者投资债券型基金的成本相对较高，需要支付基金管理费用、托管费用，以及申购、赎回交易费用等；而购买债券则只需要一次性支付购买的交易费用即可，如果持有到期，那么就不涉及卖出的交易费用损失。

◆ 投资者进行再投资的难易程度不同。投资者投资债券型基金可以根据市场情况和自身需求自由安排赎回、红利再投资或者是追加本金投入；债券的持有者如果想进行再投资，则必须首先满足市场的最低资金要求，其次还需要具备有效的市场供给条件。

由此可见，无论是从收益还是从流动性来说，投资债券型基金都要优于自己购买凭证式国债。但是，从风险的角度来说，投资债券型基金的风险肯定是相对较大的，毕竟买凭证式国债只是一种购买并持有的行为，而投资债券型基金肯定是要伴随着一定的投资风险的。

9. 在众多的基金购买渠道中，哪里的咨询服务最好

对于第一次购买基金的投资者来说，在投资前进行相关的咨询是很必要的，这就涉及一个咨询服务的问题。服务态度好，提供的信息充分，对于投资者来说才算是有效的咨询。

首先，对于那些对基金还不太了解的初次投资者来说，可以先到基金的

代销网点或者是直接拨打基金公司的客户服务电话进行咨询,这是比较方便快捷的。在对基金有了一定的了解,制定了具体的投资计划之后,就可以去基金的代销网点,或者是通过网络直接进行购买了。

其次,现在可供投资者购买基金的渠道有很多,在众多的投资渠道中,应该说基金公司的服务是最为专业化的。同时,随着股票型基金的不断升温,券商提供的专业咨询服务也日益凸显出来。投资者可以根据自己的需求来选择合适的咨询方式。

在时间和条件允许的情况下,投资者在购买基金之前,最好是通过多种渠道对计划购买的基金进行较为全面的了解,之后再根据自己的具体投资计划进行投资。

案例1:小王的经验——投资基金要重视咨询服务

小王看到身边的很多人都用各种理财方式增加了收入,心里也想着试一试,于是他决定拿出一部分存款来投资基金。

对于投资,小王可以说是初出茅庐,没有什么经验,甚至对基金的很多事情都缺乏了解。但是,小王知道,投资基金的风险比较低而且也不用自己太劳神费力地去管理,于是,他去银行简单地咨询了一下工作人员,就匆匆购买了两只基金。

可是没过多久,他就发现自己的基金不但没有升,反而让他赔了不少。小王耐不住性子,去银行问了半天,工作人员的回答也是含糊其辞。小王最终还是拨打了基金公司的客服电话,详细询问之后才知道:自己当时只是听银行工作人员的介绍就买了基金,缺乏对基金的全面了解,而且自己买的是股票型基金,与股市行情紧密相连,风险也是很大的。

咨询之后,小王把基金赎回,他想先学习一下基金的相关知识,然后再向专家和基金公司咨询,之后再购买。同时,小王还明白了,银行的工作人员并不是专家,他们更多的是在推销基金,而自己在购买之前太忽视专业的咨询服务了。

二、基金投资过程中的常见问题

很多投资者在购买基金后,就很少管理基金了,特别对于选择基金定投的投资者,有很多都是到了要赎回基金的时候才去看具体情况。这样做是不可取的。实际上，在投资基金的过程中，随着市场的变化等情况的发生，投资者要做的事情还有很多，在具体的投资过程中也经常会出现一些问题。只有及时关注自己所购买基金的具体情况，解决相应的问题，才能确保投资目标的实现。

1. 什么是"T+2日后确认交割"

"T+2日后确认交割"，是投资者通过网络购买基金会遇到的问题。

一般情况下，投资者在通过网络申购基金后都会看到这样的提示"尊敬的客户，您的购买申请已经成功受理，请于T+2日后确认交割"。也就是说，投资者可以在T+2日后确认自己购买成功并且可以查询基金的具体明细了。

这里的T日，就是投资者申购基金的当日，换言之，投资者在申购的两天之后就可以进行相关查询和操作了。

2. 基金分红后，份额净值是否就会降到1元左右

基金分红后的份额净值主要取决于该基金在分红前的份额净值以及分红的比例，并非所有基金在分红后其份额净值都会降到1元左右。

如果在基金分红期间，市场一直保持平稳，没有出现涨跌现象，那么该基金在分红后的份额净值就等于其分红前的份额净值减去分红比例。例如，某只基金在分红前的份额净值为1.925元，其当次分红每份的派发现金红利是0.5元，那么在市场保持不变的情况下，该基金分红后的份额净值就是1.425元。

值得投资者注意的是，分红是投资者既得收益的一部分，而并非是额外的利益。投资者可以选择现金分红，也可以选择红利再投资，以此来增加基金持有的份额，从而扩大收益。

3. 购买基金后切忌不再问津

很多投资者认为，基金是长期投资的理财品种，而且有专业的基金经理代为管理，因此，在购买基金后，就束之高阁，不再问津。

事实上，投资者在购买基金后需要做的事情还有很多，切不可不再问津。

首先，投资者应及时跟踪自己所购买基金的市场表现情况，同时根据自己的需求和投资计划，适当调整投资组合。具体来说，投资者需要关注基金

公司对自己所持基金的相关公告以及相关信息的披露，及时掌握该基金的收益情况和投资现状。

其次，基金公司的变动情况也是需要投资者注意的。当基金经理离职，或者基金公司内部有其他变动时，都可能影响到基金未来的收益情况，投资者应及时调整投资策略。

最后，要关注市场的整体情况，根据市场变化调整投资策略。

总之，不管是投资哪种基金，是选择基金定投还是一次性投资，投资者在投资之后都不能束之高阁，不再问津。应及时跟踪、了解所持基金的各项情况以及基金市场的整体情况，遇到问题还可以向专家咨询，在投资的过程中及时调整自己的投资策略，确保预期收益的实现。

4．不可随意跟着基金经理走

基金经理仅仅是基金运营中的一个因素，基金的具体运营情况靠的是基金公司一个团队的力量，切不可基金经理走到哪，就买到哪。

投资者在选购基金时，必须进行多方面因素的考察，基金经理仅仅是其一。当基金经理离职后，投资者首先应考虑自己所投基金会不会因此而降低收益或者亏损，其次还要关注新基金经理的运营策略以及基金公司的整体情况。投资者可以先观察一段时间，如果对自己的投资收益没有大的影响，就不必惊慌；当然如果发现基金经理的离开和变更影响到了自己的预期收益，就可以及时赎回。

投资基金首先要看的还是基金本身以及投资市场的情况，而不是某个明星基金经理管理什么就买什么，或者是基金经理走到哪就买到哪。

就目前我国的基金市场来说，基金经理的变动是很正常的，甚至有时是变动频繁的。盲目地跟着基金经理走，有可能会造成投资的频繁变化，影响长期投资的计划，进而影响到投资者的收益。

投资基金是一个长期的理财计划，投资者在选择基金时应理智，同样，对待基金经理的变动也应该理智。要根据自己的实际情况和投资计划来规划投资策略。

5．基金投资有期限吗

在我国的基金交易市场当中，封闭式基金具有一定的期限，而开放式基金由于其本身就是开放的，因此不存在期限问题。

封闭式基金在发行时都会设立一个固定的存续期，我国《证券投资基金法》中明确规定：封闭式基金的期限应该在 5 年以上，期满后可申请延期。目前我国的封闭式基金的存续期一般都为 15 年。

对于封闭式基金的投资者来说，可以在到期后进行结算，拿回自己的收益，也可以在封闭期内通过交易市场进行交易。同时，封闭式基金本身也可以转化为开放式基金。

表 7-3 所示为上海证券交易所封闭式基金的到期日。

表 7-3　上海证券交易所封闭式基金到期日统计

序　号	基金简称	基金代码	到期时间
1	基金金泰	500001	2013 年 3 月 27 日
2	基金泰和	500002	2014 年 4 月 7 日
3	基金安信	500003	2013 年 6 月 22 日
4	基金汉盛	500005	2014 年 5 月 17 日
5	基金裕阳	500006	2013 年 7 月 25 日
6	基金兴华	500008	2013 年 4 月 28 日
7	基金安顺	500009	2014 年 6 月 15 日
8	基金金鑫	500011	2014 年 10 月 21 日
9	基金汉兴	500015	2014 年 12 月 30 日
10	基金兴和	500018	2014 年 7 月 13 日
11	基金通乾	500038	2016 年 8 月 29 日
12	基金科瑞	500056	2017 年 3 月 12 日
13	基金银丰	500058	2017 年 8 月 15 日

表 7-4 所示为深圳证券交易所封闭式基金到期日。

表 7-4　深圳证券交易所封闭式基金到期日统计

序　号	基金简称	基金代码	到期时间
1	基金开元	184688	2013 年 3 月 27 日
2	基金普惠	184689	2014 年 1 月 6 日
3	基金同益	184690	2014 年 4 月 8 日

续表

序　号	基金简称	基金代码	到期时间
4	基金景宏	184691	2014 年 5 月 5 日
5	基金裕隆	184692	2014 年 6 月 14 日
6	基金普丰	184693	2014 年 7 月 14 日
7	基金天元	184698	2014 年 8 月 25 日
8	基金同盛	184699	2014 年 11 月 5 日
9	基金景福	184701	2014 年 12 月 30 日
10	基金裕泽	184705	2011 年 5 月 31 日
11	基金丰和	184721	2017 年 3 月 22 日
12	基金久嘉	184722	2017 年 7 月 5 日
13	基金鸿阳	184728	2016 年 12 月 9 日

6．什么是基金转换的申购补差费

基金转换的申购补差费是针对两只前端收费基金之间进行转换时而言的。

当两只前端收费的基金进行转换时，按照原有基金的转出金额，计算在转换申请日当天转出基金和转入基金的申购费。如果是由申购费率低的基金转到申购费率高的基金，那么就收取二者的申购费差价，这个差价就称为"申购补差费"；相反，如果是从申购费率高的基金转到申购费率低的基金，则不收取差价，即不存在申购补差费。

需要提醒投资者注意的是，基金作为一种中长期的投资理财产品，是不适合频繁转换的。一般来说，当投资者所持有的基金已经不能满足自身的收益需求，投资者对已有基金品种的前景不看好，或者是投资者本身不能够继续承担投资基金所带来的风险时，可以进行基金转换。同时，在股市波动较大的时候，投资者可以将手中的股票型基金转换为风险较低的债券型基金，待到股市回暖，可以再转换为股票型基金，以此来规避金融市场的风险。

总之，投资者在进行基金转换时需要进行全面的考虑，不可随意进行。

7．什么是"场内交易"和"场外交易"

场内交易和场外交易中的"场"，指的是证券交易市场，或者是通常所

说的股票市场。

具体来讲，场内交易是指投资者用股票账户在证券交易市场中买卖封闭式基金、LOF 基金或者是 ETF 基金；而场外交易是指投资者在基金的分销代理渠道进行的基金交易。

简言之，场内交易是通过证券交易市场进行的，而场外交易则是通过代理机构，如银行进行的。

8．什么是基金的非交易过户

所谓基金的非交易过户，是指由于继承、赠予或者司法强制等非交易原因而导致的基金份额所有权的转移行为。

其中，继承是指基金持有者死亡，其生前所持有的基金份额根据相关法律，由其合法继承人继承；赠予是指基金持有者将自己的合法持有基金份额赠予他人或者是捐赠给福利性质的社会团体和基金会；司法强制执行是指由于某种特殊原因，如基金持有者因债务引发的官司，在自身无力偿还债务的情况下，司法机关通过司法手段进行强制执行，用其持有的基金份额进行偿还债务的行为。

在办理非交易过户时，基金份额的受让人必须拥有自己的基金账户，如果没有，则需要开立基金账户。同时，办理非交易过户是需要支付一定的过户费用的，一般情况下，这笔费用需要受让方承担。

办理非交易过户的具体流程是：基金原持有人需要递交非交易过户申请；基金的代销机构在收到申请后，需在当日将相关文件资料以传真形式发给基金管理公司，并在第一时间将资料原件邮寄给基金管理公司，如遇投资者需要保留原件的，代销机构可将加盖代销机构业务公章的复印件邮寄给基金公司；基金管理公司在收到投资者的非交易过户相关书面资料后，需在两个月内完成非交易过户的相关手续，在业务处理完毕后，将相关信息通知给基金的代销机构，以最终完成过户。

9．什么是基金清盘，什么情况下会出现基金清盘

基金清盘，是指将基金的资产全部变现，并将所得资金分给基金的持有人。基金的清盘时间在基金设立时的基金契约中会有相关规定，同时，基金持有人大会可以修改基金契约，确定基金的清盘时间。

根据我国基金投资的相关法律、法规，开放式基金自合同生效之日期，在基金的存续期内，如果连续 60 天基金的资产净值都低于 5000 万元人民币，或者是连续 60 天基金份额的持有人数量达不到 100 人的，则基金管理公司在经过中国证监会的批准后，有权宣布该基金终止交易，进行清盘处理。

知识补充→→→

基金清盘在一般情况下不会出现。

关于由于基金资产规模过小而导致需要清盘的情况，在亚洲金融危机期间曾经出现过。亚洲金融危机时的中国香港，由于后市看淡，投资者的基金份额赎回相对较多，从而导致多家基金公司选择关闭部分基金。

在国外，基金的清盘需要得到专管机关的许可，或者基金公司需要向主管机关进行备案，方可进行基金清盘。例如，英国规定开放式基金在清盘之后必须立刻停止股份的发行、出售以及赎回和注销，并且不再进行股份的转让登记，股东登记的变更事宜没有董事的批准也不得继续进行，基金管理人需要以书面形式公布基金的清盘通知，并且停止基金的各项业务。

三、赎回基金的常见问题

在投资取得盈利，或者亏损情况已达到投资者承受水平等情况下，投资者会选择赎回基金。基金的赎回，代表着投资者将所投基金进行变现，以止盈或者止损。

由于很多外界因素都会影响到投资者的赎回行为，同时基金的赎回还需要缴纳一定的赎回费用，因此，投资者在进行基金赎回时，也要选择一定的时机。在基金赎回时，投资者也容易遇到一些问题。

1．基金可以随时赎回吗

对于开放式基金而言，除了基金的建仓期之外，投资者可以在正常的交易日随时赎回基金。而对于封闭式基金而言，在基金的封闭期内，只可在市场进行买卖交易，而不能赎回，待到封闭期结束后，如果该封闭式基金转为了开放式基金，那么投资者可以随时选择赎回。

知识补充→→→

> 开放式基金的赎回需要在证券交易所的正常开放日进行，一般情况下是周一到周五(国家法定节假日除外)的上午 9:30～11:30，下午的 1:00～3:00；同时，对通过网络进行赎回交易的投资者来说，没有此时间限制，可以在 24 小时随时办理。
>
> 此外，由于基金的赎回与申购一样，采取的都是未知价原则，因此为了确保利益，投资者可以采用"下午 2:30"法则进行基金的赎回，即在下午 2:30 左右办理赎回业务。

2. 如何撤销基金赎回

很多投资者在递交了基金的赎回申请后，由于各种原因，希望继续投资，这就产生了撤销基金赎回的问题。

一般情况下，投资者当日的赎回申请可以在当日交易停止前(即 15:00 前)撤销，一旦错过了这个时间，投资者的赎回行为就已经发生，不得再进行撤销了。

因为撤销基金赎回有一定的时间限制，特别是有些投资者为了确定基金的当日净值而选择用"下午 2:30 原则"进行基金赎回，这样要想再撤销赎回就很困难了。对与投资基金来说，认购、申购、赎回，包括其撤销，都需要履行一定的手续，这样无形之中就需要一部分时间。因此，投资者在选择赎回基金时一定要慎重，尽量避免在递交赎回申请后又撤销赎回的行为，因为一旦无法撤销，就极有可能造成投资者的损失，或者是影响投资者的投资计划。

3. 什么是基金的强制赎回

基金的强制赎回主要有以下两种情况。

第一，当投资者赎回基金时，如果由于某笔赎回业务导致其在代销机构的交易账户中基金单位少于 500 份，那么余额部分将会被强制性一同赎回。

第二，如果投资者因为一些原因，如办理非交易过户、转托管手续等，因此造成的其在代销机构的账户余额少于 500 份时，允许投资者的赎回份额少于 500 份，但是必须强制一次性全部赎回。值得投资者注意的是，最低的赎回金额是根据具体的基金不同而略有区别的。

　　投资者在赎回基金时，可能不会选择一次性全部赎回，但是一定要注意自己的实际基金份额，如果一次赎回量较大，而剩余的基金份额不足 500 份，就会造成强制赎回，因此影响到投资者的投资计划。特别是对于选择红利再投资的投资者来说，每一次的红利再投资都会导致基金份额的增加，因此，投资者在每次分红或者是进行相关交易之后，都要确定自己持有基金的具体份额数，以便更好地安排自己的投资计划。

4．在哪里买的基金，就要在哪里赎回吗

　　从原则上讲，投资者在哪里购买的基金就必须到哪里进行赎回。但是，由于现在银行都开办有网上银行，因此，投资者在银行购买的基金，是可以通过网上银行进行赎回的，但是需要注意的是不能跨行操作。

　　同时，如果投资者在基金赎回之前办理了转托管业务，将某只在银行柜台上购买的基金通过转托管，托管到了基金公司的直销账户中，那么投资者就可以在基金公司或者是通过基金公司的网站进行基金赎回业务的办理。

　　因此，投资者在申购基金时就应该提前考虑到基金的赎回，要选择符合自己条件的、方便的渠道来购买基金，以避免在基金赎回时浪费时间，进而错失了最佳的赎回时机，影响到自己的收益。

5．把股票型基金先转为货币基金再赎回的好处

　　当投资者决定赎回基金时，赎回的时间就成为投资者最关注的问题之一。基金的赎回，其实就是基金份额的变现，对于投资者来说，自然是基金越快到账越好。

　　而对于股票型基金的持有者来说，将股票型基金先转为货币市场基金，再进行赎回，无疑会缩短基金的赎回时间。

　　一般情况下，赎回股票型基金，资金要在 T+7 个工作日才能到账，期间加上周六、日，总体算来，从投资者申请赎回，到基金的最后到账，有可能要经过近 10 天。

　　而货币市场基金的赎回，资金一般在 T+3 个工作日就可到账，由于时间较短，投资者完全可以躲避开休息日。

　　这样，投资者将股票型基金转化为货币市场基金需要 1 天时间，赎回货币市场基金，资金会在 T+3 个工作日到账，这样算来，投资者最多只需要 5

天就可以拿到赎回款了。

需要投资者注意的是，利用基金转换来缩短基金的赎回时间，一定要在基金转换后及时赎回；否则，非但不能缩短时间，还有可能因为市场的变动而造成收益的影响。此外，转换后赎回与直接赎回在赎回费用上是没有区别的。

6．基金定投提前赎回需要缴纳违约金吗

基金定投都有一定的年限，一般来说基金定投的默认年限是 3 年，在定投期限内投资者可以随时赎回，没有缴纳违约金的说法，投资者只需要缴纳一定比例的赎回费用就可以了。

在赎回定投基金时，投资者需要注意的是，对于选择后端收费的投资者来说，如果定投时间太短，一般是得不到优惠的；相反，后端收费是按照赎回份额计算申购费用的，因此，由于赎回时基金份额的增加，投资者要支付的费用反而有可能会比前端收费还要高。

因此，选择基金定投，投资者在申购和赎回时都要谨慎对待，由于定投时间太短或者是前端收费和后端收费的选择不当，都有可能造成一些不必要的损失。

7．净值跌了就要赎回基金吗

基金作为一种中长期的投资理财产品，投资者应该理性看待基金净值的起落。

当基金净值出现下跌时，投资者应该根据具体情况来决定是否赎回基金，而不是盲目地看到净值下跌就马上赎回基金。

基金下跌的情况及原因是多种多样的，可能只是暂时的震荡下跌，也可能是长期下跌。当金融投资市场大市变坏，基金公司的管理出现问题或者公司本身有了大的异常情况，从而导致基金净值的下跌，那么投资者就应该考虑将基金赎回。如果基金是由于基金市场的一些变化导致的净值短暂下跌，投资者就不适宜贸然将基金赎回。

总之，投资市场总是不断变化的，对基金投资者来说，赎回基金要选择时机，更重要的是观察市场的变动情况，这就需要投资者有一定的市场预测和判断能力。如果投资者在基金净值短期下降时就急于赎回基金，那么就会

造成盈利的减少，甚至是将盈利变成了亏损；相反，在大势变坏，基金净值持续下跌时，投资者还坚持选择持有观望，那么就极有可能错失了赎回的最佳时机，而导致亏损。

在基金净值下跌时，投资者不必贸然赎回基金，应合理分析、判断，理性决定，同时在自己无法看清市场大势的时候，可选择基金转换来规避风险，或者是向投资专家进行咨询，以确保自己的收益。

案例2：贸然赎回基金给张阿姨带来损失

赎回基金需要讲求一定的策略，不能盲目，更不能因为基金净值的一时下跌就急于赎回。

张阿姨是众多老年基金投资者之一，但是张阿姨生性有些胆小，她选择投资基金就是听人家说基金的风险低，不会亏本。可是出乎意料的是，张阿姨购买的基金没过多久就下跌了，这可让胆小的张阿姨慌了神，坚持了没几天就赶紧赎回了。

张阿姨正想着，好歹亏得不多，却听说那只基金又上涨了，还涨了不少。通过了解，张阿姨才明白，当初的净值下跌是因为基金处在调整期，短时间的下跌是正常的。

其实，像张阿姨这样的投资者还有很多，总是看着净值一下跌就贸然赎回，而忽视了合理的分析和判断，结果不仅错失了获利的好机会，还有可能造成不小的损失。

四、其他相关问题

有些投资者在投资基金之前，有过投资股票或者是其他金融产品的投资经验；而现在更多的投资者是初次开始投资，目的是通过投资基金来使自己的部分资产升值，达到理财的目的。

由于所选择的基金品种不同，以及投资方式的区别，不同的投资者在投资过程中会出现不同的问题。更多的投资经验，往往是在不断的解决问题中累积起来的。

1．什么是权益登记日、除息日和派现日

权益登记日、除息日和派现日都是与基金分红相关的。

权益登记日，是指基金管理人在进行红利分配时，需要定出一个具体的日子，在这一天登记在册的所有基金持有者都可以参加红利分配，这一天就是权益登记日。

基金的具体分红数额是按照权益登记日当天的交易清算结果进行计算的。通常来说，在权益登记日当天持有该基金份额的持有者和在当天申购成功的投资者享有红利分配的权利。如果投资者在权益登记日当天将基金份额赎回，那就失去了分红的权利。分红方式变更的最后有效时间是权益登记日当天交易所闭市之前，即下午 3:00 之前。

投资者需要注意的是，通过中国证券登记结算有限公司进行清算的基金，例如华夏平稳增长，这类基金的权益登记规则与一般的基金有所区别。对于这类基金，在权益登记日当天申购的投资者是没有红利分配权利的，而在权益登记日当天赎回基金的投资者则同当日的基金持有者一样，享有红利分配的权利。同时，这类基金分红方式的变更最后有效时间则是权益登记日的前一交易日下午 3:00 之前。因此，投资者在进行基金赎回时，要注意该基金的权益登记日，还要注意自己所投基金是否是通过证券登记结算有限公司结算的，以免错失了分红机会，造成利益的损失。

除息日，也称为"除权日"，是指在预先确定的日期从基金资产中减去所分配红利的总金额。在除息日当天，基金公司会将进行分配的资产收益部分，也就是分红的资金从基金总资产中扣除，因此，在除息日当天，基金的净值一般都会有所下降。基金的份额净值在除息日当天会按照分红的比例进行除权，如果除息日与权益登记日是同一天，那么当天的净值中就会扣除红利所占的部分。

派现日，是指现金红利从基金托管行划出的日期。对于选择现金分红的投资者来说，分红的款项一般在 2～3 个工作日后就可以到账，具体的到账时间取决于基金销售机构的划款速度；而选择红利再投资的投资者，基金管理人会将分红款直接买入该基金的基金份额，且买入的价格按照派现日当天的基金净值进行结算。

基金的分红，实际上是投资者，也就是基金份额持有人既得利益的一部分，而并不是无端增加的价值。一般来说，在分红前申购基金，基金的净值较高，但是投资者可以得到红利分配的机会；而在红利分配之后，由于基金净值的下降，投资者用同等资金申购到的基金份额相对要多。对于选择红利再投资的投资者来说，在市场保持平稳的状态下，用同等的资金申购基金份额，在分红前与分红后是没有区别的。

2．可以把基金当做储蓄吗

很多投资者认为基金的风险低，投资基金就是储蓄存款。这显然是忽视了基金风险的存在。

基金投资在某种程度上具有储蓄的效果，比如基金定投，有点类似于零存整取。但是，投资基金与银行储蓄有着很大的区别。

首先，二者的性质不同。基金是一种受益凭证，基金管理人仅仅是代替投资者来管理资金，并不承担因投资损失造成的风险；而银行储蓄是银行的一种负债行为，对存款人有保本付息的责任。

其次，二者具有的风险不同。投资基金可能会取得较高的收益，但是也可能亏损，投资者需要承担一定的风险，这种风险与收益密切相关；而银行储蓄几乎没有什么风险，更没有损失本金的可能性。

最后，二者的信息披露情况不同。基金公司和基金管理人必须定期向投资者公布基金的运作情况，甚至还要不定期地公布一些基金的调整变动情况；而银行不需要向储户披露任何资金的运用情况。

总之，基金和储蓄有着本质的不同，切不可把基金当做储蓄，购买后就置之高阁，不再理会。基金是存在风险的，这种风险有可能导致本金的流失或部分流失。因此，投资者投资基金必须具备风险意识以及一定的投资技巧。

3．基金可以用来炒吗

选择投资基金，就是选择了一种长期的投资理财方式。想要从基金投资中获利，一个很重要的方法就是保持长期持有，短线投资基金不仅会影响获利，还要搭上很大一部分的交易手续费。

对于个人投资者来说，可以选择一只业绩稳定的基金，保持长期持有，同时，要经常关注该基金在同类基金中的业绩表现，然后根据自己的投资目标和理财计划来决定赎回基金的时间。在投资的过程中，千万不要因为基金净值的一点细微波动，就马上赎回。

总之，投资基金要保持一种平稳的心态，坚持长期持有的投资策略，不能因为净值的波动就经常赎回，更不可像炒股一样，短线作战，希望在投机中获利，那样只会在不断的申购、赎回中损失掉不少的手续费。

4．追涨杀跌是投资基金的大忌

既然投资基金是一种长期的投资理财行为，短线作战会影响投资收益，那么盲目地追涨杀跌就必然成为投资基金的大忌。

投资基金与投资股票有所不同，投资基金最大的忌讳就是"追涨杀跌、频繁买卖"。投资基金应该坚持长期持有的策略，在具体的投资过程中，投资者可以注意把握以下两点。

第一，认真分析证券投资市场、经济周期以及国家的宏观政策，从中找到买卖基金的时机。一般来说，可以在股市或经济波动期的底部时买进，而待到高峰时卖出。在股市持续下跌时，可以适当提高债券基金的投资比重，或者将手中的股票型基金转换成债券型基金；等到经济好转，股市上升时，再重新调整基金的持有比例。

知识补充→→→

"金字塔申购法"：当投资者认为投资时机成熟时，可以先用1/2的资金申购某只基金，如果买入后基金不涨反跌，那就不必再追加投资，而是等该基金的净值出现上升时，再买进1/3的基金，如此在上涨中不断追加投资份额，直至某一价位"建仓"完毕。就好像是一个"金字塔"，在低价时买得多，而在高价时买得少，综合来看，降低了购买成本，盈利能力自然也就有了提升。

第二，对于没有时间研究证券市场、分析经济动向的投资者来说，可以采用基金定投的模式进行基金投资，即每隔相同的一段时间，用固定的资金来投资某一只基金，逐步累积，让"小钱"慢慢积攒成"大钱"。

总之，投资者想要在投资基金中获取较好的收益，就必须具备中长期投资的准备，同时应切忌浮躁的心理。在净值较低时赎回，只会将账面损失变成实际损失；而在净值回升时赎回基金、落袋为安，则会牺牲相对较高的中长期收益。基金，作为一种中长期投资组合产品，应该用专业的判断和技能使基金组合的净值优于大市，并且坚持在中长期的投资中获取收益，切忌盲目地追涨杀跌，在市场中博弈。

5．基金投资有什么禁止行为

根据我国现行的法律法规，禁止基金财产从事的投资行为主要包括以下几种。

◆　承销证券。

◆　向他人贷款或者提供担保。

◆　从事承担无限责任的投资。

◆　买卖其他基金份额，国务院另有规定的除外。

◆　向其基金管理人、基金托管人出资或者买卖其基金管理人、基金托管人发行的股票或者债券。

◆　买卖与其基金管理人、基金托管人有控股关系的股东或者与其基金管理人、基金托管人有其他重大利害关系的公司发行的证券或者承销期内承销的证券。

◆　从事内幕交易、操纵证券交易价格及其他不正当的证券交易活动。

◆　依照法律、行政法规有关规定，由国务院证券监督管理机构规定禁止的其他活动。

同时，相关法律法规规定，基金管理人运用基金财产进行证券投资，不得出现如下情形。

◆　一只基金持有一家上市公司的股票，其市值超过基金资产净值的10%。

◆　同一名基金管理人管理的全部基金持有一家公司发行的证券，超过该证券的10%。

◆　基金财产参与股票发行申购，单只基金所申报的金额超过该基金的总资产，单只基金所申报的股票数量超过拟发行股票公司本次发行股票的总量。

◆　违反基金合同关于投资范围、投资策略和投资比例等约定；中国证监会规定禁止的其他情形。

完全按照有关指数的构成比例进行证券投资的基金品种可以不受该款前两项中规定的比例限制。

6．投资基金应该怎样组合

进行合理有效的基金组合，可以在一定程度上降低投资基金的风险。

由于基金的品种很多，因此其投资组合的方式也是多样化的，投资者应该根据自己的理财计划、收益目标、风险承受能力等情况，进行合理的组合安排。具体来说，有以下几种情况。

第一，对于一些相对保守或者是年龄较大、风险承受能力较低的投资者来说，适合将大部分的资金投入到风险相对较低的基金品种中，如债券型基金，同时可以配合申购一些货币市场基金，而对于股票型基金来说，该类投资者应当尽量减少其投资比例，以降低风险，确保收益稳定。

第二，对于那些能够承担一定的投资风险，又可以坚持长期持有的投资者来说。可以主要投资股票型或者是偏股型基金，同时配合长期持有一定数量的债券型基金，这样既可以获取股市上涨带来的较高收益，也可以获得长期持有基金的潜在获利。同时，投资者还可以申购少量的货币市场基金，货币市场基金的流动性强，持有时间相对较短，可以帮助投资者解决一些应急所需。

第三，对于一些比较激进、能够承受较高风险的投资者，可以将大量资金投入到股票型或者偏股型基金当中，同时配合一些风险较低的债券型基金。这样，大比例的股票型基金可以使投资者获得较高的投资收益，同时少量的债券型基金既可以保证一定的稳定性，也具有较强的流动性，在一定的市场环境中，投资者还可以实时进行基金转换，以确保收益。

7. 基金网上交易的风险测评功能有什么作用

根据中国证监会颁布的《证券投资基金销售业务信息管理平台管理规定》、《证券投资基金销售适用性指导意见》等法规，基金公司作为基金销售机构，应当对基金投资人的风险承受能力进行调查和评价，并且应该定期或不定期地提示基金投资人进行风险承受能力调查的更新，防止违背基金投资人意愿，向基金投资人销售与基金投资人风险承受能力不匹配的产品。

投资基金的网上交易风险评测功能可以保障投资者的权益，同时帮助投资人了解自己的投资行为。

◆ 利用风险承受能力调查问卷，对客户进行风险承受能力的评价，具体的风险承受能力等级有激进型、积极型、稳健型等类型，投资者可以通过问卷调查，了解自己的风险承受能力和投资偏好，以便更好地制订自己的投资理财计划。

◆ 投资者在网上购买基金交易时，应根据自身的风险承受能力和基金产品风险情况进行投资，当投资者的申购情况可能超过其风险承受能力时，网上交易系统将自动给予提示，以此来降低投资者的投资风险，使投资者购买到适合自己的基金。

案例 3：小朱的投资基金故事

曾经对投资理财一窍不通的小朱，从来没想过自己也能在"基市"上大显身手。

事情还要从 3 年前说起。那时的小朱刚刚结婚，由于老公的工作情况和家里的一些因素，不得不辞职，当起了全职太太。单调的家庭生活，使小朱觉得乏味无比，每天除了买菜做饭、收拾家务，就只有宅在家里上网、看电视。时间一长，整个人都感觉倦怠了。

说到买基金，也是机缘巧合。一个周末，表姐约她逛街。聊天之中，小朱得知表姐正在投资基金，她每个月从工资里拿出一部分用于基金投资，这样一年下来比存在银行里划算多了。听了表姐的话，小朱动了心，想着自己的闲暇时间这么多，何不去买基金试一试，这样既有事做了，还能赚钱补贴家用。

于是一回家小朱就上网查阅了有关基金的资料，第二天就去建设银行取了2000 元，准备试一试。从开户、办理网上银行，到选择基金，她的基金理财计划就这样开始了。

在表姐的建议下，小朱选择了定投的方式进行基金投资，每月定投 1000元。也正是这每月 1000 元的投资，改变了小朱的生活。

开始的几个月，并不是小朱想像的那样。因为每个月的 1000 元定投是固定的支出，所以在生活上可支配的钱就一下子变少了。她不得不减少自己的开支，尽量少去商场，看到打折商品绕着走，那些可买可不买的东西尽量不买，甚至都停止了网购。这样的生活慢慢习惯了，小朱逐渐对商场的打折、促销有了免疫力。每次去购物，都会问自己：这件东西我是不是非买不可？买回去有什么用？晚一点买可不可以？如果回答是 yes，她就会毫不犹豫地把它们放回原处。没想到，这样坚持下来，不但每个月可以按时付基金的定投，小朱还节约了不少钱。

时间就这样一天天过去了，偶尔表姐会约小朱出去，逛逛街，一起聊聊基金。到了年底小朱和表姐都从基金上小赚了一笔。

投资基金，对于小朱而言不仅仅是打发时间，也不仅仅是赚钱，更重要的是投资基金，使她学会了理财，也让她的生活有了改变。

以前小朱比较冲动，做事情总是一根筋，不撞南墙不回头。而投资基金之后，让她明白了凡事都要给自己留一条后路，不要把所有的鸡蛋都放在一个篮子里。遇事要多想想，所谓"三思而后行"。心态的平和，也改变了她的生活。

以前的小朱还是一个理财盲，说到理财就只知道存到银行里。现在的小朱每天一打开电脑，就会先看关于基金的最新信息，还经常与那些老基民交流，在交流中学会了要做一个快乐的人，就不要让净值左右自己的情绪，基金是一种长期投资的理财工具，不要每天都惦记着它。于是，小朱不再每天没事就看基金，而是做一些其他的事情，分散自己的注意力。渐渐地，她对基金做到了"淡定"。

人人都渴望财富，然而并不是每个人都可以像李嘉诚、比尔·盖茨、巴菲特那样富有。我们可以从理财开始，改变自己的生活。

附 录

导读

  投资者进行基金投资，其中所必须接触和了解的就是基金公司。同时，不同的基金都有各自固定的基金代码，投资者在认购、申购基金时，只有填写正确、认真核对基金公司和基金代码之后，才能有效地开始自己的基金投资理财。

  以下提供各基金公司的相关信息，以及目前基金市场中各基金的基金代码，供广大基金投资者参考。

精彩看点

  $ 基金名称及基金代码一览表　　　$ 基金公司一览表

附录 A

表 A-1　基金名称及基金代码一览表

序　号	基金名称	基金代码	序　号	基金名称	基金代码
1	华夏成长	000001	2	华夏大盘精选	000011
3	华夏优势增长	000021	4	华夏复兴	000031
5	华夏全球精选	000041	6	华夏沪深 300	000051
7	华夏盛世精选	000061	8	华夏债券 A/B	001001
9	华夏债券 C	001003	10	华夏希望债券 A	001011
11	华夏希望债券 C	001013	12	华夏亚债中国债指 A	001021
13	华夏亚债中国债指 B	001023	14	华夏回报	002001
15	华夏红利	002011	16	华夏回报二号	002021
17	华夏策略精选	002031	18	华夏现金增利货币	003003
19	国泰金鹰增长	020001	20	国泰金龙债券 A	020002
21	国泰金龙行业精选	020003	22	国泰金马稳健	020005
23	国泰货币	020007	24	国泰金鹏蓝筹	020009
25	国泰金牛创新	020010	26	国泰沪深 300	020011
27	国泰金龙债券 C	020012	28	国泰区位优势	020015
29	国泰金鹿保本 2 期	020018	30	国泰双利债券 A	020019
31	国泰双利债券 C	020020	32	国泰上证 180 金融联接	020021
33	国泰保本	020022	34	华安创新	040001
35	华安中国 A 股增强	040002	36	华安现金富利货币 A	040003
37	华安宝利配置	040004	38	华安宏利	040005
39	华安中小盘	040007	40	华安策略优选	050008
41	华安稳定债券 A	040009	42	华安稳定债券 B	040010
43	华安核心优选	040011	44	华安强化债券 A	040012
45	华安强化债券 B	040013	46	华安动态灵活配置	040015
47	华安行业轮动	040016	48	华安香港精选	040018
49	华安稳固债券	040019	50	华安升级主题	040020
51	华安大中华升级	040021	52	华安可转债债券 A	040022
53	华安可转债债券 B	040023	54	华安上证 180 联接	040180

续表

序 号	基金名称	基金代码	序 号	基金名称	基金代码
55	华安上证龙头联接	040190	56	华安现金富利货币 B	041003
57	博时价值增长	050001	58	博时沪深 300	050002
59	博时现金收益货币	050003	60	博时精选	050004
61	博时稳定价值债券 B	050006	62	博时平衡配置	050007
63	博时第三产业	050008	64	博时新兴成长	050009
65	博时特许价值	050010	66	博时信用债券 A/B	050011
67	博时策略配置	050012	68	博时上证超大盘联接	050013
69	博时创业成长	050014	70	博时亚太精选	050015
71	博时宏观债券 A/B	050016	72	博时行业轮动	050018
73	博时转债增强 A	050019	74	博时抗通胀增强	050020
75	博时深证 200 联接	050021	76	博时稳定价值债券 A	050106
77	博时信用债券 C	050111	78	博士宏观债券 C	050116
79	博时转债增强 C	050119	80	博时价值增长二号	050201
81	嘉实成长收益	070001	82	嘉实理财增长	070002
83	嘉实理财稳健	070003	84	嘉实理财债券	070005
85	嘉实服务增值行业	070006	86	嘉实货币	070008
87	嘉实超短债债券	070009	88	嘉实主题精选	070010
89	嘉实策略增长	070011	90	嘉实海外中国	070012
91	嘉实研究精选	070013	92	嘉实多元债券 A	070015
93	嘉实多元债券 B	070016	94	嘉实量化阿尔法	070017
95	嘉实回报	070018	96	嘉实价值优势	070019
97	嘉实稳固债券	070020	98	嘉实主题新动力	070021
99	嘉实领先成长	070022	100	嘉实优质企业	070099
101	长盛成长价值	080001	102	长盛创新先锋	080002
103	长盛积极配置债券	080003	104	长盛量化红利	080005
105	长盛环球行业精选	080006	106	长盛同鑫保本	080007
107	长盛货币	080011	108	大成价值增长	090001
109	大成债券 A/B	090002	110	大成蓝筹稳健	090003
111	大成精选增值	090004	112	大成货币 A	090005

续表

序　号	基金名称	基金代码	序　号	基金名称	基金代码
113	大成 2020 生命周期	090006	114	大成策略回报	090007
115	大成强化债券 A/B	090008	116	大成行业轮动	090009
117	大成中证红利指数	090010	118	大成核心双动力	090011
119	大成深证成长 40 联接	090012	120	大成保本	090013
121	大成内需增长	090015	122	大成货币 B	091005
123	大成债券 C	092002	124	大成标普 500	096001
125	富国天源平衡	100016	126	富国天利增长债券	100018
127	富国天益价值	100020	128	富国天瑞强势	100022
129	富国天时货币 A	100025	130	富国天合稳健优选	100026
131	富国天时货币 B	100028	132	富国天成红利	100029
133	富国天鼎中证红利	100032	134	富国优化强债 A/B	100035
135	富国优化增强债券 C	100037	136	富国量化沪深 300	100038
137	富国通胀通缩	100039	138	富国全球债券	100050
139	富国可转换债券	100051	140	富国上证综指联接	100053
141	易方达平稳增长	110001	142	易方达策略成长	110002
143	易方达上证 50	110003	144	易方达积极成长	110005
145	易方达货币 A	110006	146	易方达稳健债券 A	110007
147	易方达稳健债券 B	110008	148	易方达价值精选	110009
149	易方达价值成长	110010	150	易方达中小盘	110011
151	易方达科汇灵活配置	110012	152	易方达科翔	110013
153	易方达行业领先	110015	154	易方达货币 B	110016
155	易方达增强债券 A	110017	156	易方达增强债券 B	110018
157	易方达深证 100 联接	110019	158	易方达沪深 300	110020
159	易方达上证中盘联接	110021	160	易方达消费行业	110022
161	易方达医疗保健行业	110023	162	易方达科讯	110029
163	易方达策略成长二号	112002	164	易方达亚洲精选	118001
165	国投瑞银融华债券	121001	166	国投瑞银景气行业	121002
167	国投瑞银核心企业	121003	168	国投瑞银创新动力	121005
169	国投瑞银稳健增长	121006	170	国投瑞银瑞福优先	121007

序　号	基金名称	基金代码	序　号	基金名称	基金代码
171	国投瑞银成长优选	121008	172	国投瑞银稳增债券	121009
173	国投瑞银货币 A	121011	174	国投瑞银优化强债 A/B	121012
175	国投瑞银瑞福分级	121099	176	国投瑞银货币 B	128011
177	国投瑞银优化强债 C	128112	178	国投瑞银瑞福进取	150001
179	大成优选	150002	180	建信优势动力	150003
181	银河银富货币 A	150005	182	长盛同庆 A	150006
183	长盛同庆 B	150007	184	国投瑞银瑞和小康	150008
185	国投瑞银瑞和远见	150009	186	国泰估值优先	150010
187	国泰估值进取	150011	188	国联安双禧中证 100A	150012
189	国联安双禧中证 100B	150013	190	银河银富货币 B	150015
191	兴业和润分级 A	160016	192	兴全合润分级 B	150017
193	银华稳进	150018	194	银华锐进	150019
195	富国汇利债券 A	150020	196	富国汇利债券 B	150021
197	申万深指分级收益	150022	198	申万深指分级进取	150023
199	大成景丰分级债券 A	150025	200	大成景丰分级债券 B	150026
201	天弘添利分级债券 B	150027	202	信诚中证 500A	150028
203	信诚中证 500B	150029	204	银华中证等权 90 金利	150030
205	银华中证等权 90 鑫利	150031	206	嘉实多利分级优先	150032
207	嘉实多利分级进取	150033	208	泰达红利聚利债券 A	150034
209	泰达红利聚利债券 B	150035	210	建信稳健	150036
211	建信进取	150037	212	万家添利分级债券 B	150038
213	中欧鼎利分级债券 A	150039	214	中欧鼎利分级债券 B	150040
215	富国天盈分级债券 B	150041	216	银河银泰理财	150103
217	银河稳健	151001	218	银河收益债券	151002
219	易方达深证 100ETF	159901	220	华夏中小板 ETF	159902
221	南方深成 ETF	159903	222	工银深证红利 ETF	159905
223	大成深证成长 40ETF	159906	224	广发中小板 300ETF	159907
225	博时深证 200ETF	159908	226	招商深证 TMT50ETF	159909
227	南方积极配置	160105	228	南方高增长	160106

序 号	基金名称	基金代码	序 号	基金名称	基金代码
229	南方中证 500	160119	230	南方金砖四国指数	160121
231	南方中证 50 债券 A	160123	232	南方中证 50 债券 C	160124
233	国泰中小盘	160211	234	国泰估值优势分级	160212
235	国泰纳斯达克 100	160213	236	国泰价值经典	160215
237	华夏蓝筹	160311	238	华夏行业精选	160314
239	博时主题行业	160505	240	博士卓越品牌	160512
241	鹏华普天债券 A	160602	242	鹏华普天收益	160603
243	鹏华中国 50	160605	244	鹏华货币 A	160606
245	鹏华价值优势	160607	246	鹏华普天债券 B	160608
247	鹏华货币 B	160609	248	鹏华动力增长	160610
249	鹏华优质治理	160611	250	鹏华丰收债券	160612
251	鹏华盛世创新	160613	252	鹏华沪深 300	160615
253	鹏华中证 500	160616	254	鹏华丰润债券	160617
255	嘉实沪深 300	160706	256	嘉实基本面 50	160716
257	嘉实恒生中国企业	160717	258	嘉实多利分级债券	160718
259	长盛同智优势	160805	260	长盛同庆	160806
261	长盛沪深 500	160807	262	大成创新成长	160910
263	大成景丰分级债券	160915	264	富国天惠成长精选	161005
265	富国天丰强化债券	161010	266	富国汇利分级债券	161014
267	富国天盈分级债券 A	161016	268	易方达岁丰添利债券	161115
269	易方达黄金主题	161116	270	国投瑞银沪深 300	161207
271	国投瑞银新兴市场	161210	272	国投瑞银金融地产	161211
273	国投瑞银中证消费指数	161213	274	国投瑞银双债增利	161216
275	融通新蓝筹	161601	276	融通债券	161603
277	融通深证 100	161604	278	融通蓝筹成长	161605
279	融通行业景气	161606	280	融通巨潮 100	161607
281	融通易支付货币	161608	282	融通动力先锋	161609
283	融通领先成长	161610	284	融通内需驱动	161611
285	融通深证成分指数	161612	286	招商优质成长	161706

续表

序　号	基金名称	基金代码	序　号	基金名称	基金代码
287	招商信用添利债券	161713	288	招商标普金砖四国	161714
289	银华内需精选	161810	290	银华沪深 300	161811
291	银华深证 100 分级	161812	292	银华信用债券	161813
293	银华抗通胀主题	161815	294	银华中证等权 90 分级	161816
295	万家增强债券	161902	296	万家公用事业行业	161903
297	万家中证红利指数	161907	298	万家添利分级债券 A	161909
299	长城久富核心	162006	300	金鹰中小盘精选	162102
301	泰达红利成长	162201	302	泰达宏利周期	162202
303	泰达宏利稳定	162203	304	泰达宏利精选	162204
305	泰达宏利风险预算	162205	306	泰达宏利货币	162206
307	泰达宏利效率优选	162207	308	泰达宏利首选企业	162208
309	泰达宏利市值优选	162209	310	泰达宏利集利债券 A	162210
311	泰达宏利品质生活	162211	312	泰达宏利红利先锋	162212
313	泰达宏利大盘指数	162213	314	泰达宏利中小盘	162214
315	泰达聚利分级债券	162215	316	泰达宏利集利债券 C	162299
317	海富通中证 100	162307	318	国联安双禧中证 100	162509
319	景顺长城鼎益	162605	320	景顺长城资源垄断	162607
321	广发小盘成长	162703	322	广发中证 500	162711
323	长信中证央企 100	163001	324	申万深指分级	163109
325	申万量化小盘	163110	326	大摩资源优选	163302
327	大摩货币	163303	328	兴全趋势投资	163402
329	兴业合润分级	163406	330	兴业沪深 300	163407
331	兴全绿色投资	162409	332	天治核心成长	163503
333	中银中国精选	163801	334	中银货币	163802
335	中银持续增长	163803	336	中银收益	163804
337	中银动态策略	163805	338	中银稳健增利债券	163806
339	中银行业优选	163807	340	中银中证 100	163808
341	中银蓝筹精选	163809	342	中银价值精选	163810
343	中银稳健双利债券 A	163811	344	中银稳健双利债券 B	163812

续表

序 号	基金名称	基金代码	序 号	基金名称	基金代码
345	中银全球策略	163813	346	华富强化债券	164105
347	天弘深证成分指数	164205	348	天弘添利分级债券	164206
349	天弘添利分级债券 A	164207	350	工银四季债券	164808
351	交银信用添利债券	164902	352	建信沪深 300	165309
353	建信双利分级	165310	354	建信信用增强债券	165311
355	信诚深度价值	165508	356	信诚增强债券	165509
357	信诚金砖四国	165510	358	信诚中证 500 分级	165511
359	中欧新趋势	166001	360	中欧新蓝筹	166002
361	中欧稳健债券 A	166003	362	中欧稳健债券 C	166004
363	中欧价值发现	166005	364	中欧中小盘	166006
365	中欧沪深 300 增强	166007	366	中欧增强债券	166008
367	中欧新动力	166009	368	中偶偶鼎利分级债券	166010
369	基金普华	184711	370	基金科汇	184712
371	基金科翔	184713	372	基金兴安	184718
373	基金融鑫	184719	374	基金丰和	184721
375	基金久嘉	184722	376	基金鸿阳	184728
377	基金通宝	184738	378	长城久恒平衡	200001
379	长城久泰沪深 300	200002	380	长城货币	200003
381	长城消费增值	200006	382	长城安心回报	200007
383	长城品牌优选	200008	384	长城稳健增利	200009
385	长城双动力	200010	386	长城景气行业龙头	200011
387	长城中小盘成长	200012	388	长城积极增利债券 A	200013
389	长城积极增利债券 C	200113	390	南方稳健成长	202001
391	南方稳健成长二号	202002	392	南方绩优成长	202003
393	南方成分精选	202005	394	南方隆元产业主题	202007
395	南方盛元红利	202009	396	南方优选价值	202011
397	南方沪深 300	202015	398	南方深成联接	202017
399	南方策略优化	202019	400	南方小康产业联接	202021
401	南方优选成长	202023	402	南方宝元债券	202101

序　号	基金名称	基金代码	序　号	基金名称	基金代码
403	南方多利增强债券 C	202102	404	南方多利增强债券 A	202103
405	南方广利债券 A/B	202105	406	南方广利债券 C	202107
407	南方避险增值	202202	408	南方恒元保本	202211
409	南方保本	202212	410	南方现金增利货币 A	202301
411	南方现金增利货币 B	202302	412	南方全球精选	202801
413	鹏华行业成长	206001	414	鹏华精选成长	206002
415	鹏华信用增利债券 A	206003	416	鹏华信用增利债券 B	206004
417	鹏华上证民企 50 联接	206005	418	鹏华环球发现	206006
419	鹏华消费优选	206007	420	鹏华丰盛稳固债券	206008
421	鹏华新兴产业	206009	422	金鹰成分优选	210001
423	金鹰红利价值	210002	424	金鹰行业优势	210003
425	金鹰稳健成长	210004	426	金鹰主题优势	210005
427	金鹰保本	210006	428	金鹰中证技术指数	210007
429	宝盈鸿利收益	213001	430	宝盈泛沿海增长	213002
431	宝盈策略增长	213003	432	宝盈核心优势	213006
433	宝盈增强债券 A/B	213007	434	宝盈资源优选	213008
435	宝盈货币 A	213009	436	宝盈中证 100 增强	213010
437	宝盈货币 B	213909	438	宝盈增强债券 C	213917
439	招商安泰股票	217001	440	招商安泰平衡	217002
441	招商安泰债券 A	217003	442	招商现金增值货币 A	217004
443	招商先锋	217005	444	招商安本增利债券	217008
445	招商核心价值	217009	446	招商大盘蓝筹	217010
447	招商安心债券	217011	448	招商行业领先	217012
449	招商中小盘精选	217013	450	招商现金增值货币 B	217014
451	招商全球资源	217015	452	招商深证 100	217026
453	招商上证消费 80 联接	217017	454	招商安瑞进取债券	217018
455	招商深证 TMT50 联接	217019	456	招商安泰债券 B	217203
457	大摩基础行业	233001	458	大摩增强债券	233005
459	大摩领先优势	233006	460	大摩卓越成长	233007

续表

序 号	基金名称	基金代码	序 号	基金名称	基金代码
461	大摩消费领航	233008	462	大摩多因子策略	233009
463	华宝宝康消费品	240001	464	华宝宝康灵活配置	240002
465	华宝宝康债券	240003	466	华宝动力组合	240004
467	华宝多策略增长	240005	468	华宝现金宝货币 A	240006
469	华宝现金宝货币 B	240007	470	华宝收益增长	240008
471	华宝先进成长	240009	472	华宝行业精选	240010
473	华宝大盘精选	240011	474	华宝增强债券 A	240012
475	华宝增强债券 B	240013	476	华宝中证 100	240014
477	华宝上证 180 联接	240016	478	华宝新兴产业	240017
479	华宝可转债	240018	480	华宝海外中国	241001
481	华宝成熟市场	241002	482	国联安德盛安心成长	253010
483	国联安德盛增利债 A	253020	484	国联安德盛增利债 B	253021
485	国联安信心增益债券	253030	486	国联安货币 A	253050
487	国联安货币 B	253051	488	国联安稳健	255010
489	国联安德盛小盘精选	257010	490	国联安德盛精选	257020
491	国联安德盛优势	257030	492	国联安德盛红利	257040
493	国联安主题驱动	257050	494	国联安上证商品联接	257060
495	国联安优选行业	257070	496	景顺长城优选	260101
497	景顺货币	260102	498	景顺长城动力平衡	260103
499	景顺长城内需增长	260104	500	景顺长城新兴成长	260108

附录 B

表 B-1 基金公司一览表

序 号	基金公司名称	成立时间	旗下基金数量
1	宝盈基金管理有限公司	2001-5-18	13
2	博时基金管理有限公司	1998-7-13	33
3	长城基金管理有限公司	2001-12-27	14

序　号	基金公司名称	成立时间	旗下基金数量
4	长盛基金管理有限公司	1999-3-26	18
5	长信基金管理有限公司	2003-4-28	12
6	大成基金管理有限公司	1999-4-12	28
7	东方基金管理有限公司	2004-6-11	7
8	东吴基金管理有限公司	2004-9-2	11
9	富国基金管理有限公司	1999-4-13	28
10	工银瑞信基金管理有限公司	2005-6-21	21
11	光大保德信基金管理有限公司	2004-4-22	12
12	广发基金管理有限公司	2003-8-5	20
13	国海富兰克林基金管理有限公司	2004-11-15	9
14	国联安基金管理有限公司	2003-4-3	17
15	国泰基金管理有限公司	1998-3-5	25
16	国投瑞银基金管理有限公司	2002-6-13	21
17	海富通基金管理有限公司	2003-4-18	20
18	华安基金管理有限公司	1998-6-4	27
19	华宝兴业基金管理有限公司	2003-3-7	20
20	华富基金管理有限公司	2004-4-19	10
21	华商基金管理有限公司	2005-12-20	12
22	华泰柏瑞基金管理有限公司	2004-11-18	12
23	华夏基金管理有限公司	1998-4-9	29
24	汇丰晋信基金管理有限公司	2005-11-16	9
25	汇添富基金管理有限公司	2005-2-3	18
26	嘉实基金管理有限公司	1999-3-25	28
27	建信基金管理有限公司	2005-9-19	20
28	交银施罗德基金管理有限公司	2005-8-4	17
29	金鹰基金管理有限公司	2002-11-6	8
30	金元比联基金管理有限公司	2006-11-28	6
31	景顺长城基金管理有限公司	2003-6-12	15
32	民生加银基金管理有限公司	2008-11-3	6
33	摩根士丹利华鑫基金管理公司	2003-3-3	8

序　号	基金公司名称	成立时间	旗下基金数量
34	南方基金管理有限公司	1998-3-6	33
35	纽银梅隆西部基金管理公司	2010-7-20	1
36	农银汇理基金管理有限公司	2008-3-18	10
37	诺安基金管理有限公司	2003-12-9	16
38	诺德基金管理有限公司	2006-6-8	6
39	鹏华基金管理有限公司	1998-12-22	26
40	浦银安盛基金管理有限公司	2007-8-28	8
41	融通基金管理有限公司	2001-5-22	12
42	上投摩根基金管理有限公司	2004-5-12	15
43	申万菱信基金管理有限公司	2004-1-15	15
44	泰达宏利基金管理有限公司	2002-7-4	18
45	泰信基金管理有限公司	2003-5-8	11
46	天弘基金管理有限公司	2004-11-8	9
47	天治基金管理有限公司	2003-5-27	7
48	万家基金管理有限公司	2002-8-23	13
49	新华基金管理有限公司	2004-12-9	6
50	信诚基金管理有限公司	2005-9-30	17
51	信达澳银基金管理有限公司	2006-6-5	7
52	兴业全球基金管理有限公司	2003-9-30	12
53	易方达基金管理有限公司	2001-4-17	31
54	益民基金管理有限公司	2005-12-12	4
55	银河基金管理有限公司	2002-6-14	14
56	银华基金管理有限公司	2001-5-28	26
57	招商基金管理有限公司	2002-12-27	23
58	浙商基金管理有限公司	2010-10-21	1
59	中海基金管理有限公司	2004-3-18	12
60	中欧基金管理有限公司	2006-7-19	12
61	中银基金管理有限公司	2004-8-12	14
62	中邮创业基金管理有限公司	2006-5-8	5